# 大自然的收集者

# 华莱士的发现之旅

〔英〕彼得·雷比 著

赖路明 译

ALFRED RUSSEL WALLACE
A LIFE

商务印书馆
The Commercial Press

涵芬楼文化 出品

# 前言和致谢

    写作是一项孤独的职业，但编写传记不可避免地会让作者接触到许多人，而我非常幸运地得到了很多的帮助：华莱士激发了一代又一代人的喜爱和钦佩。我首先要感谢的是华莱士的孙子，约翰·华莱士和理查德·华莱士，以及他们的家人。他们以最慷慨、最亲切的方式提供了他们的家庭文件和档案，允许我使用这些材料，耐心地回答我的问题，并在很大程度上给予我鼓励和支持。

    华莱士的信件、笔记本和收集的标本散落在世界各地，参观它们需要很长的时间。这使得图书馆员和档案员的帮助变得更加重要，我很感激他们对我的询问做出的及时而有帮助的回答。剑桥大学图书馆是我研究的最前线，这不仅是因为它收藏了华莱士的藏书、他写给他的代理人史蒂文斯以及朋友查尔斯·达尔文和阿尔弗雷德·牛顿的信，还因为这里是达尔文项目的选址。具有讽刺意味的是，该领域的许多重要书籍，包括华莱士的自传和已出版的信件，以及贝茨和斯普鲁斯的书籍，都被永久租借给该项目，就像为达尔文服务一样，并且必须在一个特殊的区域中进行查阅。我们可以想象从华莱士到汲尔顿教授对这个问题的评论会多么讽刺。当然，这种安排对我来讲也有好处，尤其是获得了达尔文研究团队的陪伴和帮助。

    我要特别感谢以下机构的受托人、策展人、图书管理员、档案员和工作人员的帮助，允许我引用他们保存的资料：大英图书馆、剑桥大学图书馆、伦敦市档案局、赫特福德档案馆、伦敦帝国学院、莱斯特档案馆、林奈学会

（特别是吉娜·道格拉斯）、伦敦自然博物馆、尼思公共图书馆、牛津自然博物馆（特别是霍普昆虫收藏馆的斯特拉·布雷克内尔）、皇家地理学会、英国皇家植物园（特别是莱斯利·普莱斯）、皇家地理学会、圣何塞公共图书馆、萨里历史中心、伦敦大学学院、伦敦动物学会。

　　还有许多人在不同阶段给了我帮助、建议和鼓励。我想特别提到自然博物馆的乔治·贝卡罗尼，他与我分享了他的知识和热情；约翰·比尔，在波士顿为我做了一些研究；迈克尔·布鲁克，提供了鸟类学方面的建议；安德鲁·卡特；约翰·狄金森，提供了关于华莱士和贝茨以及皇家地理学会的信息；罗伯特·戴斯代尔，提供了他对赫特福德和疫苗接种的知识；罗伯特·弗朗西斯，我们在沙捞越的向导；大卫·汉克，阅读和评论了文章的各个部分；沃尔特·亨德森；理查德·伊隆塞德；鲍勃·拉什马尔；达尔文项目的佩里·奥多诺万；迈克尔·皮尔森，他吸引了我的注意力，还给了我一份华莱士的美国杂志的打印稿；克里斯托弗·罗珀和埃克塞特地标信息小组，提供美国国家测绘局的地图和华莱士在埃塞克斯郡格雷以及多塞特郡布罗德斯通的房屋信息；丽塔修女；彼得·瑟比；瑟罗克地方历史学会的约翰·韦伯；约翰·威尔逊，感谢他的慷慨帮助；还有克里斯托弗·威尔斯，提供了许多意见和见解。伊丽莎白，我的妻子，安排了我的新加坡和沙捞越之旅，并在那次和其他许多探险中担任摄影师，甘愿付出耐心，容忍了我这么多年来对华莱士的热情。我的编辑们，查托的珍妮·乌格罗和普林斯顿大学出版社的温杜斯和萨姆·埃尔沃西，一直非常支持我，我要感谢珍妮·乌格罗在每个阶段的建议和评论；这些，无论当时多么痛苦，更好的结果总会到来的（真正的华莱士法则）。

2

# 目　录

1847年，华莱士在与他的朋友亨利·沃尔特·贝茨在威尔士捕捉了一周的甲虫之后，写信给他说：

> 我已经不满足仅仅收集本地的甲虫，因为我们从中学不到新东西。我想仔细研究一类甲虫，从中发现物种起源的原理。我坚信，我们一定能取得一些成果。

当时，他才24岁，正在急切地自学科学理论，想要成为一个野外博物学家。三年前，贝茨把他带入了甲虫的神奇世界，他惊讶地发现，仅仅在莱斯特市周围10英里（约16公里）之内，就有一千多种甲虫。1848年，在写完这封信的一年之后，他和贝茨一起，一头扎进了亚

阿尔弗雷德·拉塞尔·华莱士，24岁

马孙河两岸的热带雨林，开始捕捉甲虫、蜘蛛、蝴蝶和鸟类。又过了十年，华莱士从香料群岛（即摩鹿加群岛）向英格兰寄去一篇漂亮而缜密的论文，在论文中，他独立地提出了物种是通过自然选择进化而来的理论。他把论文放在信中寄给了达尔文。

华莱士一生的成就十分引人注目。他独自在亚马孙河流域进行了勇气非凡的探险，他的足迹还踏遍了马来群岛，并对这些地区进行了生动的描述。他收集了无数的动植物标本，并首次发现了很多新物种，有昆虫、鸟类和鱼类，最终成了一个十分杰出的野外博物学家。然而，就像他在给贝茨的信中所展示的那样，他还是一个理论家：为了验证一个理论，他不惜四处奔波、仔细观察，孜孜不倦地寻求对这个世界有一个更清晰的了解，使每一点知识、每一个事实都能符合一个有逻辑的、和谐的模式。他十分热爱大自然：阿尔卑斯山的花卉、林中鸟兽、内格罗河里罕见的鱼儿、令人眼花缭乱的极乐鸟、一只千里难寻的蝴蝶，都让他心驰神往。有一次，他捕获了一只雌性红鸟翼凤蝶（*Ornithoptera Croesus*），当他小心翼翼地把它从网中取出来时，激动万分："我的心开始怦怦直跳，一股热血涌上了头顶，我感到一阵眩晕，比我在受到死亡威胁时的感觉更强烈。"他并没有夸张，濒临死亡的恐惧一直都伴随着他。

华莱士对人也十分关注。虽然他珍视孤独，但他也能欣赏丰富多彩的都市文化和享受城市的活力，如巴黎、开罗、新加坡和旧金山。当他在边远地区停留时，他总会对当地的部落进行认真观察和详细记录，其热情完全不亚于他对动植物的痴迷。在很多方面，他不仅是一个野外博物学家，而且还是一个社会学家，他记录了大量的社会风俗、方言和文物古迹，并对这些族群的发展前景和生存机会进行了推测。作为一个把知识和道德看得比物质上的成功更为重要的人，他检验了"文明社会"和"野蛮部落"的差异，并对文明社会的很多方面进行了批评。在他后半生中，他撰写了大量有关社会问题的著作，其数量不少于他的科学著作，他不遗余力地为他的信仰进行了辩护：他坚信，人类的归宿和发展取决于合作，而不是竞争。

格兰特·艾伦在《英格兰文艺界中的凯尔特人》一文中，曾把华莱士列入了充满了想象力和艺术细胞的凯尔特人的行列中，其中包括负有盛名的艺术家威廉·莫里斯、爱德华·伯恩-琼斯、萧伯纳和奥斯卡·王尔德，以及社会思想家安妮·贝赞特和亨利·乔治——他认为"华莱士"是一个威尔士人的名字，而且他出生于威尔士的阿斯克镇。艾伦评论说："凯尔特人又重新回到了我们中间，带来了他们特有的才能和理想：想象力、幻想、装饰技巧和手工艺；还有土地自由、言论自由、人人平等和兄弟般的情谊。"在这里，艾伦把他们与日耳曼人或日耳曼化的英格兰人做了比较。我们先不论华莱士是否真是凯尔特人，但艾伦能把华莱士与这些文人巨匠相提并论，就足以说明华莱士的多才多艺、高尚的审美观和富于同情的品质。华莱士与莫里斯和萧伯纳共享很多理想和理念，他和王尔德一样，相信乌托邦是一个值得涉足的国土。强烈的好奇心和充沛的精力使他的发现丰富多彩，同时，他还具有一种深入探究、不断挑战的精神。他不仅想知道森林里蕴藏着什么，而且还想知道为什么，同时，他也非常渴望能用最全面的证据来诠释这些事实。为了寻求这些答案，他自我设计了一套学习大纲，从植物学开始，一直学习到了博物学的各个领域，然后通过对地质学的研究，加深了对远古时期的了解，由远及近，开拓了很多至关重要的科学概念和哲学概念。他的求知之旅十分不可思议，他没有受过系统的科学训练，而且只能偶尔接触到最新的科学思潮，但他受到了维多利亚时期的自助精神、技工学院、图书馆、流行刊物和期刊的帮助。

　　除了强烈的求知欲，华莱士还具有不屈不挠、坚持不懈、独立自强的精神和永不泯灭的乐观主义。但在这些冠冕堂皇的美德后面，也隐藏着他的另一些鲜明的个性：固执己见、冷酷无情、自我专注和偏执——这些品质鞭策着他披荆斩棘，排除干扰，向着自己的目标挺进，最终确保了他的生存，引领他获得了巨大的成功。他一生都没有什么财富、教育和社会关系上的优势，也不善周旋于19世纪英国科学界的错综复杂的关系网中，因而没有像他同时代的科学家和竞争者们那样，从中获得好处。就像威利·洛曼所写的《推销员之死》中的本大叔一样：他走进了森林，并带回来了钻石。

　　华莱士的性格中也有一些自相矛盾的东西。他自己承认，他非常腼腆，在公共场合显得矜持，有时甚至会感到十分拘束。他平时寡言少语，很少与人闲谈，特别避讳谈论他的个人生活。他十分喜爱旅行，也乐于孤独，这倒是正好。每当他病困交加和被马不停蹄的探险折磨得精疲力竭时，他会幻想着未来：结婚，建造一栋房子，打造一座花园，安顿下来好好欣赏和写作他所收集的标本，瞧，一个多么平常的抱负。然而，生活却没有这么简单。作为一个非常实际和务实的人，虽然他独立地在四大洲生活了整整二十五年，但他在个人生活和公共事业中，仍然保持着令人不可思议的单纯，有时甚至是幼稚。他个子瘦高，戴着一副眼镜，看上去完全就是《水孩子》书中的那个科学家的翻版：那个"在常常不经意中就把整个世界翻了个底朝天的最单纯、最可爱、最诚实和最善良的老巨人多米尼·桑普森"。但他也陷入过困境，还把他人告上了法庭。他因投资不慎把自己的财产耗费一光。他还深深地卷入了一些公共争端和社会问题的辩论中——像唯灵论、接种疫苗和土地国有化——使他的名声在维多利亚时期的精英名流中受到了损害，而正是这些人控制了当时的社会影响力并掌握着职务任命的支配权。

华莱士广泛的兴趣是他力量的源泉和正直的象征。他是一个十分严厉的人，不仅对自己严厉，而且对同事们也一视同仁——他的年轻助手查尔斯·艾伦在新加坡和沙捞越时，就与他度过了一段艰难的时光——他对他的孩子们也非常严厉，虽然他对他们十分关爱。他责备自己不够果断，但我们只要浏览一下他的信件，就会发现他十分乐意，有时甚至是迫不及待地与他的对手们进行辩论，像他与威廉·卡彭特在唯灵论上的争论，还有乔治·罗马尼斯[1]，就连他的朋友们也不能幸免于难，像他与阿尔弗雷德·牛顿[2]在物种分类上的辩论。他认为自己不善语言表达——"我常常发现很难找到适当的言辞来表达或证实我的观点"——但他常常会毫不犹豫地加入对他论文的公开讨论，有时在社会学会或地理学会的会议上，有时在英国科学促进协会的年会上。他责备自己过于懒惰：但他出版了22本著作和700多篇论文，并发表了他的信函和笔记。他从来都不宣扬自己敢于冒险的勇气，他在旅程中多次战胜了致命的疾病，经历了极度危险，并克服了无数的艰难。

华莱士一生持有坚定不移的信仰，这正是他人格的根基和成就的基础。他具有启蒙运动的理想，崇尚自由、个人主义和社会进步。这些对他来说并不是空洞的口号：为了改善大众的生活条件，他积极参与了争取修改法律的运动。和他同时代的很多人一样，他也产生过信仰危机，但他解决问题的方法却与众不同。如果马修·阿诺德[3]仅仅听到了信仰

---

1　乔治·罗马尼斯（1848—1894），英国进化生物学家和生理学家。

2　阿尔弗雷德·牛顿（1829—1907），英国动物学家和鸟类学家，英国皇家学会会员。

3　马修·阿诺德（1822—1888），英国诗人、教育家、评论家。

的大海在退潮时所发出的"忧郁、漫长、渐行渐远的咆哮"的话，那么，华莱士却因此产生了一个不同寻常的坚定信念：即人在本质上是唯灵性的，而灵商塑造了这个物质世界。

作为一个旅行家，华莱士在世界各地都留下了他的足迹，其中最著名的就是马来群岛地图上的**华莱士线**，这是一个被生物地理学证据所证实了的猜测性理论的特例。他的名字与鸟类和昆虫紧密相连。人们可以在伦敦自然博物馆、特灵自然博物馆、剑桥自然博物馆和世界各地的博物馆里，参观他所收集的鸟类、飞蛾和蝴蝶标本。你可以拿着他的《亚马孙河与内格罗河游记》或《马来群岛自然科学考察记》，追溯他的足迹，验证他当年观察的生动性和准确性。在英国，虽然没有设立一个专门纪念他的地方，但我们或许更应该去那些他所涉足过的城镇和乡村中去寻找他那好动、好奇、漂浮不定的踪迹：他在尼思镇居住过的一座坚实而漂亮的别墅；莱斯特市博物馆里的一个纪念牌匾；伯恩茅斯市以他命名的一条街和它大学里的一个讲堂；他亲自在布罗德斯通设计和建造的一栋别墅（它的名字来自刘易斯·卡罗尔的诗《无聊之语》和《图尔杰森林》）；对于一个具有强烈的家乡感和厌恶虚荣的人来说，还有阿斯克河畔的一个长凳，它的对面就是他出生的别墅。坐在这里，你可以看见在阿斯克河上游遥远的山丘，在那里，华莱士第一次开始了他对大自然的探索。

1823年1月8日，华莱士出生在威尔士蒙茅斯郡兰巴多克村的一栋乡间别墅里，这栋别墅坐落在阿斯克河畔的一条大路旁，离阿斯克大约有0.5英里（约0.8公里）距离。据他家的祈祷书记载，他在出生后11天就接受了"半洗礼"，并于2月16日在兰巴多克教堂接受了正式洗礼。他有两个哥哥，威廉和约翰，还有两个姐姐，伊丽莎和弗朗西丝（昵称范妮）。约翰比他大四岁半，与他最亲近，他还有一个弟弟，叫赫伯特·爱德华，是家中最小的一个孩子。他的"半洗礼"或许是一种求安之举，因为他当时十分虚弱。他的另外三个姐姐都在童年时夭折，其中两人还在家中去世。

在华莱士的父亲托马斯·维尔·华莱士和母亲玛丽·安·格林纳尔身上，可以看到英国社会在拿破仑战争之后的很多变化，当时，18世纪的陈规旧习开始发生了动摇或崩溃。他们俩的小幅画像中显示出一种乔治时代的自信。托马斯扎着一条白色的领巾，身穿一件蓝色的外套和带有褶边的衬衣，面色略为红润，显示出一种优雅和健康：这个友善而自信的男子，即将迎娶一个甜美可爱的妻子，她来自赫特福特镇的一个富裕家庭，比他年轻很多。在结婚前，托马斯过着一种悠闲、自立的绅士生活。虽然他曾在一个律师所实习，并于1792年宣誓成为一名正式律师，但由于他得到了一笔500英镑的私人巨款，使他不必再受持照执业之苦，于是，他便开始在伦敦和巴斯市潇洒地追求自己的文学梦和艺术梦："他似乎过着一种十分悠闲的生活。"他的儿子写道。随着婚后家庭的人丁兴旺，他的财政开始吃紧，于是，他投资了一家画报，但它马上就倒闭了。这仅仅是他所做的一系列灾难性投资的开始。而且，这种不明智的投资行为还遗传给了下一代；更糟糕的是，他们没有什么亲戚能够助他们一臂之力。华莱士自传的开头语说："我们家没有什么亲戚。"他从未见过他的祖父、祖母。

为了省钱，他们从伦敦搬到了阿斯克。随后，这家人不断搬家，托马斯也不断变换报酬微薄的工作，其频率之高实在令人感到疑惑和不安。然而，天生乐观和坚强的阿尔弗雷德对他的童年充满了美好的回忆。不管他家当时的财政有多么艰难，他从家人那里得到了很多关爱和安全感。

阿尔弗雷德最早的童年记忆之一，就是坐在他母亲怀里或板凳上，聆听她讲述童话故事，或朗读《桑德福德和默顿的故事》。作者托马斯·戴的理想国理念以及他对自然教养的设想和对卢梭教育思想的反思，在阿尔弗雷德的脑海中留下了深深的烙印。哥哥约翰常常充当桑德福德，带领着阿尔弗雷德和他的姐姐们登上他们家后面的高坡，点燃一堆篝火，在余烬上烤土豆吃。他们还常在花园里或门前的河边，尽情玩耍，观看人们在小船上垂钓鲑鱼和鳟鱼——当时河边还没有建防洪堤；在下游不远的地方，河中有一块大岩石，他们会站在上面用一只旧长柄锅去舀小七鳃鳗，然后拿回家煎着吃。后来，当华莱士回忆起他的童年时，他对

华莱士的出生地，阿斯克镇

华莱士的母亲，玛丽·安·华莱士　　　华莱士的父亲，托马斯·维尔·华莱士

他父母和兄弟姐妹的印象都已模糊不清了，但他唯独对这个地方及其周围的环境记忆犹新：

> 每当我回想起童年的时候，我们住的房子的外形和颜色，它外面的道路，路旁的小河，河上的小桥和桥边的农宅，在桥和我家之间狭窄的田野，屋后树木繁茂的陡峭山坡，还有附近的采石场和我们站在上面钓鱼的每一块石板的形状和位置，大路前面不远处的农宅，兰巴多克的小教堂及通往它的庭院的石阶梯，小河上的垂钓者和他们的小船，荒废了的城堡以及它的旋转式楼梯，还有在城堡上行走的快乐——所有这些情景都历历在目，分外清晰，奇怪的是那些经常在那里伴随着我的人反而在我的记忆中变得模糊不清了。

当时，阿尔弗雷德的大部分时间，至少在他的记忆中，都是在户外玩耍，因此，他的记忆主要是潺潺的流水和小河两岸的田野和森林，还有西北方的阿伯加文尼山脉。在他们讲威尔士语的邻居们眼里，他只是一个长着一头亚麻色长发的"小撒克逊人"。

1826年，他们悠闲的威尔士田园生活突然结束了：玛丽·华莱士的继母格林纳尔夫人去世了，因为可能得到一笔遗产，他们决定搬到玛丽的家乡赫特福特去住。在途中，他们在横渡塞文河口时，经历了一次小风险，他们还在达利奇的舅母威尔逊的富丽堂皇的豪宅里停留了数日，见到了不少堂兄弟姊妹。随后，阿尔弗雷德在埃塞克斯的一所小学短期学习了一段时间，然后便来到了他们家在赫特福德镇中心的圣安德鲁街上的第一个新家。

赫德福特镇坐落在宽阔的利河流域，是一个比较拥挤的乡镇。镇上有六个仍在使用的水磨，其中一个属于玛丽·华莱士的一个堂兄。镇边有一条比恩河，河水并不湍急，它既有浅水沙滩，也有一些深水区，可以游泳——他们到这里不久，阿尔福雷德就差点儿溺水淹死，幸亏被他

赫特福德镇的房子

哥哥及时救了上来。镇外有一大片被称为哈特姆的空地，在通往本杰奥村的小路旁，还有一个长满了冷杉树的沃伦大坡。赫特福德镇虽然坐落在乡下，但它却是一个人口拥挤的城镇。当时，英国正在实行《改革法令》，但它却仍然是一个开放式的自治市行政区。男性户主们只要拥有一定的财产，就有选举权。镇上的政治大家族们——塞西尔家族、巴克利家族和迪姆斯代尔家族——拥有镇上大部分房产，他们为了竞争赫特福德仅有的两个议会议席，甚至在镇上的大住宅旁边的庭院里建造窄小的房屋，以便增加房客，多拉选票。结果，这些庭院空间拥挤、卫生不佳，疾病得以迅速传播，伤寒、肺结核、猩红热都成了常见病。据他家人说，阿尔弗雷德不幸染上了猩红热，几乎"濒临死亡"。（他像往常一样避免谈论他所经历的高烧和噩梦，而只是详细地描述了他躺在床上享受他人服侍的几个星期：有人送茶、送水，还有烤面包和葡萄。）华莱士早期的新家比较宽阔——后来，随着他家收入的减少，房子的规模也变得越来越小——他父亲为了增加收入，在家中招收了六七个学生，使圣安德鲁街的房子略显拥挤。在阿尔弗雷德的早期记忆中，最令他难以忘怀的是那次为庆祝1832年《改革法令》得以通过而举行的露天免费晚餐；还有托马斯·斯林斯比·邓库姆在当选议员后，被抬在椅子上庆祝游行的场景。

除了他父亲的学生外，他们还首次可以和邻居的孩子们一起玩耍。有一次，一个小男孩从花园里的墙上探过头来，问道："喂！你是谁？"这个男孩名叫乔治·西尔克，他成了阿尔弗雷德终身的朋友。几年后，他们一家搬到了几百米之外的老十字街，到这时，他和哥哥约翰在年龄上的四岁之差似乎已经无关紧要了，这栋房子有一个较大的花园，但对孩子们来说，它最妙的地方是它后面的一个带有顶楼的马圈，约翰把它当成了他们的游戏场所。阿尔弗雷德认为，这是他在赫特福德童年生活中最幸福的一段时光，甚至连上学也没有影响他们，因为他和约翰在同一个学校上学。他父亲这时似乎对生活非常满足，平时在自家的一块菜地里种菜和水果，还在一个酿酒室里酿造葡萄酒。放学后，马圈的顶楼给他们提供了一个"美妙的隐藏所"，约翰会指导弟弟制作复杂的鞭炮，或根据《男童指南》来组装玩具和小巧的装置。

这是一段少有的令人惬意而紧张的日子，但它却很短暂，阿尔弗雷德要再等三十年才能又过上这种安定的家庭生活。首先，他姐姐伊利莎在1832年去世，年仅22岁，他说他当时只有9岁，因与约翰和范妮更亲近，还不能真正体验丧失亲人的痛苦，但他仍然感受到了他父母的悲哀。接下来，他家在经济上陷入了困境，其原因是间接而错综复杂的，这种情况经常在华莱士的家务中发生。玛丽·华莱士和她的孩子们从她的父亲那里继承了一笔财产，这笔钱的控股受托人是她当律师的姐夫托马斯·威尔逊。威尔逊在1834年宣告破产，这笔遗产不知何故被卷入了这桩诉讼案件中，致使华莱士家的收入大为减少。随着孩子们长大成人，他们相继离家，出去寻找一条生计。老大威廉此时早已工作：当他们还在阿斯克时，威廉就去了一所测量公司当学徒，后来，他跟一个赫特福德的建筑设计师学习了一段时间，然后，加入了马丁建筑公司，参与了建设伦敦国王学院的一个大型建筑工程。约翰也去了伦敦，跟着总建筑设计师韦伯斯特先生学徒。姐姐范妮十分聪明，并有很好的艺术修养，她被派往法国的里尔去学习法语，准备以后当老师。他们家暂时搬到了一个较小的农舍，阿尔弗雷德因此去赫特福德文法学校住宿了一段时间，家里只剩下了小儿子赫伯特。玛丽·华莱士给她姐夫写了很多诉苦信，并提出了一些迫切的请求，催促他她的孩子们急需用钱：约翰的雇主韦伯斯特先生正在讨要他欠了半年的房租；威廉也不敢回伦敦——他欠一个药剂师20英镑，那人威胁他要把他送进监狱。拖延的利息会付多少？还有应属于阿尔弗雷德的100英镑呢？他在21岁之前是无法提取的。她完全信任威尔逊，但她在当时没有得到任何满意的答复。最终，在威尔逊一家移民到南澳大利亚去开始一个新生活之前，她得到了大部分的钱。与此同时，华莱士一家不得不经常搬家，随机应变。

1831年，阿尔弗雷德像约翰一样，也去了赫特福德学校，校长克莱门特·克拉特韦尔身材矮小、脾气暴躁——他是一个好校长，阿尔弗雷德评价道："因为他能够维持学校的秩序，并能在一间大教室里给80个男孩子井然有序地讲课，从不耽误时间，这通常需要四个老师才能做到"。他明确地表示，尽管"老驼背"（校长的外号，发音与他的姓类似）精通古典文学，但这套教学方法完全不可救药，至少对他来说什么都没有学到。他从克拉特韦尔大声朗读的古罗马诗人维尔吉尔的诗中学到了更多的东西，"而不是他们自己勉强阅读的一些零碎的译文"。拉丁语法对他来说十分艰难，他甚至从未碰过希腊语。相比之下，地理还不是很难（他后来对它非常着迷），只需要记住英格兰各个郡的主要城镇即可。数学也主要是一种记忆性的游戏，而历史则是死记硬背人名和日期，阅读

赫特福德中学

一些"国王和王后们的奇闻逸事，还有关于战争、起义和征服的最枯燥无味的描述。"实际上，这是一个典型的英式教育，它却完全不能给人提供任何回报。他声称，他从莎士比亚的戏剧和斯科特的小说中学到了更多的东西。

华莱士很小就学会了读书和熟练的写作，虽然他家境并不宽裕，在很多方面还很拮据，但他们拥有很多书。首先，他们有一些"经典名著"：《格利佛游记》《鲁滨孙漂流记》《天路历程》《威克菲尔的牧师》，等等，他对这些名著爱不释手，经常会反复阅读。他们每年还会订阅托马斯·胡德的《幽默年刊》。阿尔弗雷德把胡德的诗"第一号"，与他们在圣安德鲁街1号的家联系在了一起，在7岁时就把它背得滚瓜烂熟。《幽默年刊》中的俏皮话和谜语，还有胡德诗词中的才智、忧伤和对社会的评论，在他心中引起了共鸣。不知道胡德的《马尔萨斯先生的颂歌》是否在他的脑海中留下了深刻的印象？特别是因为马尔萨斯也住在赫特福德郡。

啊，马尔萨斯先生，我赞同

我读过你的所有观点！

毫无疑问，世上已人满为患，

需要减少的不止一点……

为什么我们还顾忌重重，

对海运进行检疫控制——

如果我明白你的意思，

我们就应该引进霍乱病！

1832年，赫特福德暴发了霍乱，使华莱士对马尔萨斯的人口控制理论印象深刻。

阿尔弗雷德的父亲是一个读书俱乐部的会员，他在傍晚时会高声朗读芒戈·帕克的游记，或笛福的《瘟疫年纪事》。后来，他在镇图书馆找到了一份收入微薄的工作，阿尔弗雷德在每个星期二和星期四放学后，会去图书馆待上一个小时，这两天被称为"四点钟的日子"。每当星期六下雨时，他都会在图书馆里待上一个下午，蹲在一个角落里看书，阅读费尼莫尔·库柏、哈里森·安斯沃思、马里亚特船长、布尔沃·利顿等作家的通俗小说，以及经典文学著作《堂吉诃德》《蓝登传》和《汤姆·琼斯》。这些作品使他认识到了生活是一个漫长的、充满了冒险的旅程。此外，他还"部分或全部"阅读了经典名著《仙后》《失乐园》、但丁的《地狱》、蒲柏的《伊利亚特》，和"大量的拜伦和斯科特的诗"：这时他还不到14岁。他后来回忆说，他实际上阅读了所有那些他听说是"著名的或有趣的"书。他从来都没有失去对浪漫文学和诗歌的热爱：他的书屋里放满了勃朗宁、柯珀、德莱顿、托马斯·莫尔、蒲柏、雪莱和丁尼生的书。

阿尔弗雷德从小接受了传统的宗教教育。他说，他的父母是"具有传统宗教思想的英国国教徒"。这就意味着，每一个星期天他们会在学习集祷经之后，去参加两次教堂的祈祷；如果雨下得太大而无法走到教堂去的话，他们就会在家里讲一章圣经，或找一本书进行布道。有时候，他们也会换个花样，到公谊会礼拜堂去祈祷，但阿尔弗雷德发现那里肃静得让人感到十分枯燥，而当有人感动得站起来发言时，就会变得更加枯燥。第三种可能就是去"不从国教者的礼拜堂"，它似乎更具活力：它有即席祈祷、热情的布道，还有慷慨激昂地唱赞美歌。阿尔弗雷德后来说，这是他一生中唯一的一段有"宗教热情"的时期；但他接着说，由于"没有足够明白易懂的事实，或前后连贯的证据来满足我的理智，这种感觉很快就离我而去，再也没有重现"。后来，当他询问他父亲有关邪恶的起源时，他父亲"仅仅说，这种问题是个谜，即使是最具智慧的人也不能理解，他们似乎不愿意继续讨论这个问题。"当时，他在家里或学校既没有一套强制性的宗教信仰去反抗，也没有受到那种让达尔文备受烦恼、让塞缪尔·巴特勒[1]备受折磨的传统基督教的教育。

随着家境每况愈下，阿尔弗雷德的正规教育开始告一段落。他最后一年的部分学费被免除，作为回报，他开始辅导低年级学生的读书、写字和算术。这项工作本身并没有让他感到难堪，让他难堪的是这让他显得与众不同。当时，学校里有二十多个比他大的男孩子，但他们只是"学生"。更糟糕的是，他母亲为他缝了一个黑色的棉布袖套，用来保护他的校服的袖口和手肘处，以免在桌子上磨损，或因擦黑板而弄脏，但这让他倍感羞辱。尽管他进行了抗议，但他还是被告知，在进学校之前必须得把它们戴上。他没有勇气这么做，把它们带回了家，如实地告诉了他母亲。后来，有一天早上，他突然遭到了一个"晴天霹雳"：

> 我刚进学校，就被叫到了校长办公室，校长拿出那副可怕的棉布袖套，告诉我说，我母亲希望我戴上它，以便保护我的校服，他让我

---

1　塞缪尔·巴特勒（1835—1902），英国作家。

把它们戴上。我当然不得不遵命。它们很合体，戴着也很舒服，我敢说它们看上去也并不很出奇。毫无疑问，多数男生都很同情我，认为如此让我与众不同有些不近人情。但对我来说，这是一种极大的羞辱，只要我戴着它们，我就感到非常痛苦。这件事持续了多久，我已经记不清了，但在当时，这或许是我所遭到的最严厉的惩罚。

多年之后，当华莱士回想起这个令他十分羞辱的事时，他将它与"不失脸面"和"每一个人必须获得公平对待的基本权利"联系在一起了。他童年的耻辱使他更能理解那些"更文明的东方民族因备受耻辱而遭受的痛苦，他们的欧洲主子们或征服者们对他们完全没有一点尊重，致使他们常常被激怒"。他强烈地认为，自尊是神圣不可侵犯的权利，并称之为"人类最深沉的情感"。他注意到了一些在非欧洲社会中更普遍的现象，例如人们不会在主人不在家时随便进入他的房子，或当一个人在熟睡时去打扰他，更不用说触摸他了。华莱士一生都对冷漠无情和侵犯隐私非常敏感。

他当学生兼老师的噩梦并没有持续多久。他父母准备搬到霍兹顿的一栋小别墅去住。他当时已有14岁：该学一门手艺了。在克拉特韦尔夫人1837年3月18日的账单上，除了"十字面包——2先令"，"理发（27人）——6先令"这两条之外，还有一条"阿尔弗雷德·华莱士离校"；在支出钱数一栏中写着：10先令，这要么是他最后的报酬，要么是退回给他的学费。阿尔弗雷德被送到他最喜欢的哥哥约翰那里，约翰当时已经19岁，住在韦伯斯特先生在伦敦罗伯特大街的家中，这条街在摄政公园和未来的尤斯顿火车站之间，离汉普斯特德路不远。他后半生还会回到伦敦的这个区居住，因为这里走路去动物园很近。

初到伦敦的几个月，阿尔弗雷德首次踏入了成年人的世界，体验了伦敦不断扩张的艰难环境。他最初没有固定工作，只好在车间里打杂，经常听大人们聊天和开玩笑。他们的言谈没有多少能让这个害羞的14岁男孩感到震惊的——它完全不能与他后来听到的骂人的粗话相提并论。有一次，一个"非常散漫的人"大肆吹嘘他的一些劣迹，工头马上"委婉地告诉他要注意影响"。华莱士在家里从来都没有听到过"一句骂人的话，或不礼貌的言辞"。这些记忆或许带有一点新拉那克理想主义，但韦伯斯特的公司被管理得十分有条有序。约翰是一个手艺娴熟的木匠，他后来娶了韦伯斯特的女儿。当时，建筑业还处在前制造业时代，他们公司造房子用的所有材料几乎都是自己生产的：地板、窗户、门、橱柜和楼梯等等。木匠和工匠们每个星期工作六天，每天十个小时，每小时赚6便士，每星期能赚30先令。约翰在五十年后回忆说，甚至连一个拖家带口的男人也可以有些积蓄，他似乎有点过于乐观——这需要他勤俭节约、没有任何不良嗜好、保持良好的健康，并且一直都有工作。如果你在工地上班，是一个砖瓦匠，那么收入就要少一些，因为下雨天无法工作，因此也没有报酬。工人和泥水匠每天只能赚3先令，他们的妻子必须"外出"打工，做些为人洗衣服的工作——以致孩子们在家无人照料。阿尔弗雷德对此耳濡目染，从未忘记大多数人都在为生存而挣扎，更不用说发财致富了。

晚上，约翰有时会带着弟弟去伦敦西区逛商店，欣赏它们的橱窗。但他们更常去的地方是几条街之外，在托特纳姆路附近的"科学厅"，这是一个技工俱乐部。他们会在那里读书、阅览杂志、下国际跳棋和玩多米诺骨牌、喝咖啡，有时还聆听关于罗伯特·欧文学说的讲座，它们有些是关于世俗主义、社会主义、不可知论和理想主义的。阿尔弗雷德还阅读了托马斯·潘恩的《理性时代》：他或许把潘恩的名句当作了自己的座右铭："人为了自己的幸福，就必须在思想上对自己保持真实。"有一次，他聆听了欧文亲自做的演讲，欧文是个"瘦高个儿，抬着高傲的头，但面容慈善，讲话很温和"，令他十分难忘。华莱士后来才注意到，他当时并没有意识到欧文会对他后来的性格产生深远的影响。那时，他年轻的头脑里正在考虑着那些同时代的成年人才考虑的问题。他试图为凶恶的魔鬼与仁慈、全能的上帝共存的问题找到一个解释；他还被欧文的儿子罗伯特·戴尔·欧文所写的一本小册子《一致性》所打动，小欧文在这本小册子里强烈地谴责了"永恒的惩罚"这个"可怕的"教条。他认同欧文的结论，即正统的宗教有辱人格，而且"唯一有益于人类的宗教应该是大力主张为全人类服务的，它的唯一教条应该是友爱"。华莱士对宗教持怀疑态度的根基就这样完全形成了。

1837年夏天，华莱士开始跟着他大哥威廉学习测量。这一次，他一干就是六年半，在此期间，他不仅接受了详细的训练，而且最关键的是，他开始了为他未来的职业做准备工作，当然，这种准备在当时完全是凭着他的直觉，而并非系统的策划。虽然他的工作量很大，但晚上和星期天都由他自己支配。由于工作的需要，兄弟俩不断搬家，常常住在小旅馆里或借宿。平时，他们没有什么别的事干，也没有什么其他诱惑——当然，他们也没有多余的钱可花。阿尔弗雷德有时会长期地独自工作。

他们的第一个合同是测量贝德福德郡的海厄姆戈比恩教区。1836年的《什一税法令》规定，所有教堂的什一税都必须用现金支付，这给测量员们带来了不少工作，测量和测绘英格兰和威尔士的所有教会教区。威廉在克莱巴顿教区的一个客栈里租了一个房间，这个客栈位于从卢顿到贝德福德的大路边，阿尔弗雷德每天都会带着比尔钩、链索、小旗、拉杆和木桩，去测绘一段教区的土地。他学会了测量、测绘和三角学的基本原理。这是一份十分愉快的野外工作，中午，他会在树篱下以面包、腊肉和啤酒作午餐。他学着威廉，也尝试着抽烟斗，结果引发了剧烈的头痛，从此以后，他就再也没有抽过烟。他还学习了一些地质学知识，并对在乌斯河边的砾石和白垩土中所发现的化石产生了兴趣，就像他的著名前辈、由测量员变成了地质学家的威廉·史密斯一样。

在完成了第一个任务之后，阿尔弗雷德徒步行走了30英里（约48公里），回到了在霍兹顿的罗登小屋的家。1月份，他又步行回到了巴顿，经过贝德福德市，又向北走了20英里（约32公里），来到了特威，在这里，他开始了另一个什一税的测量工作。测量工作虽然一个接着一个，但他们所赚的钱并不多，仅够支付开销。在他为威廉干活的那些日子里，阿尔弗雷德最多只得到几先令的生活费。每年回家的时候，如果是万不得已，威廉会给他买一套新衣服，并给他10先令或1英镑作为开销。

在莱顿巴泽德镇附近的索尔伯里做另一个测量时，阿尔弗雷德能够见到18世纪30年代的三种正在运行的了不起的交通系统。在乌泽尔之东2英里（约3公里）的地方，有一条通往伯明翰和霍里黑德的邮车大道；与河相并行的是大枢纽运河；往西0.5英里（约0.8公里）处，伦敦至伯明翰的铁路工程正干得热火朝天。在1838年圣诞节前夕，阿尔弗雷德和威廉乘坐了最早开通的从伯克姆斯特德到伦敦的火车——当然，他们只能购买三等车票，站在一节敞篷的车厢里，当风吹得太冷时，就坐在地板上避风。

测量工作随后遇到了一段淡季，迫使他们改变了计划。威廉当时有一个测量师朋友威廉·马修斯，马修斯在莱顿巴泽德经营了一个钟表店——除此之外，作为一个维多利亚时期的年轻企业家，他还是主管镇上的煤气厂的总工程师。阿尔弗雷德此时16岁，他乖乖地接受了他哥哥的建议，去马修斯家寄宿，开始学习拆装钟表和维修珠宝。他很喜欢这个家庭。九个月后，马修斯去了伦敦工作，威廉过来把他带去了西边的赫德福德郡和拉德诺郡交界处工作。在那里，他们从金顿的一个测量与地产公司，威廉和莫里斯·塞斯，接到了一份合同，威廉当年就是在这个公司做的学徒。华莱士后来认为这个举动是他一生中最重要的几个转折点之一，他被"不知不觉地"引入了一条最适合开发他的特殊智力和体力的轨道。

这里的风景要令人兴奋得多，阿尔弗雷德在给乔治·西尔克的信中写道："我们沿着山势在野外四处（真正地）'穿插'，欣赏着大自然的美丽，呼吸着山里新鲜、纯净的空气，或在炎热的中午，在山谷里享受有面包加奶酪的午餐。"他们借宿在一个年老的枪支制造商家中，同住在一间屋里，并共享一张床。赖特先生"因有一个啤酒肚"而被称为大腹便便的赖特。"如果你能想象狄更斯书中的主角匹克威克先生的鼻子再圆一点、肚子再大一点的话，那么你就知道大腹便便的赖特长的是什么样子了。赖特夫人是一个像尼克尔贝夫人[1]一样的老女人，但她特别笃信宗教（至少在交谈中如此）。"他向约翰描述说——他还请求约翰写信给他讲讲他的新鲜事儿。阿尔弗雷德给他的朋友乔治·西尔克的问题充满了怀旧之情：甚至连他们以前在学校的共同经历也成了一种思念。"克拉特韦尔先生（外号'老驼背'）现在怎么样了——他雇用了更多的'年轻才俊'吗？菲茨姜、古德温和霍尔兹沃思还在吗？ ……镇上的漂亮女孩子比以前更多了吗？我们这里倒有不少。我想你一定很快会找一个**妻子**的吧。"

在威尔士，阿尔弗雷德对周围的一切都投以一种开心和质疑的目光，他身边没有一个亲密的朋友来倾诉衷肠。赫德福德所提供的一点安全感和快乐早已成了遥远的记忆，消失了。它的图书馆已经关闭，书也被卖了。赫德福德图书学会也"关了门"。他十分想念当年与乔治一起下棋的日子，乔治正在学习技术性很强的法律书，不再打曲棍球了。阿尔弗雷德真希望他不用付6先令8便士来接收他的来信，但他从未抱怨过。每当他发现自己待在一个光秃秃的山上，迎着寒冷刺骨的雨雪工作时，他知道他在傍晚回到旅馆时，将会享受一顿烹调得很好、热喷喷的晚餐，尽管它是由令人讨厌、"长着长舌"的赖特夫人侍候的。阿尔弗雷德这时已经17岁了，他个子瘦高，腿较长，行动有点笨拙，但他在精神上和体力上都十分坚强，而且他也别无选择。在2月的一个寒冷天，他在赖厄德的瓦伊河上游测量时，不幸摔进了一个沼穴，他被困在这个冰冷的泥潭里，直到被一个工友救了出来。他的肺因此而受到严重的感染，当地的医生坚持要求他马上到伦敦去求医，那里的拉梅奇医生诊断出是严重的肺脓肿。他的治疗方法也不同寻常，其中包括在他的胸膛上用墨水做一个记

---

1　狄更斯小说《尼古拉斯·尼克尔贝》中的角色。

号，然后在上面放六七个蚂蟥吸血。但他最关键的一招，还是用骨头做了一个小呼吸管，它立即就帮阿尔弗雷德减轻了许多病痛。阿尔弗雷德在霍兹登休养了两个月，健康才得以恢复，有足够的体力回到威尔士边界。他终身都受到了支气管哮喘的折磨。

他在威尔士的经历有两个方面对他后来的发展起了十分重要的作用。他和他哥哥所做的大部分测量工作都是与《什一税法令》有关的。但有一个在兰德林多德韦尔斯的测量工作则是与《圈地法令》有关。这个法令的基本原则——或者说缺乏原则——让华莱士非常愤慨。以前，佃农们拥有对荒地和山丘的公共使用权利，他们能够在那里养马、养牛和养羊，这个法令剥夺了他们的这个权利。有些实际拥有这些土地的人，也因圈地运动失去了它们，他们所得到的补偿非常少；对于佃户和租赁者来说，这简直就是"纯粹的抢劫"。多年之后，他仍然义愤填膺地写道："如果这不是明目张胆地用诈骗来掠夺土地——让制定法律的富人通过抢劫穷人来发横财——那么，语言就都失去了意义。"强者强加于弱者的不公平，还有他对每一个人都应有分享地球上资源的基本权利的信仰，一生都伴随着他，特别是体现在他后来为争取土地国有化而进行的长期运动中。当时，他以为圈地运动尽管是不公正、不明智和残酷的，但一定有一些它的"正当性和理由"。同时，他呼吸着荒原上纯净的空气，读着拜伦的《青铜时代》给他的愤慨火上浇油，但在晚上，他却能尽情地享受一顿令人难忘的威尔士羊腿晚餐。

他还充分利用了金顿和后来的尼思所提供的教育机会。当时，英国的技工协会如雨后春笋般地在各地涌现出来，金顿技工协会在1841年成立，由莫里斯·塞斯负责财务。华莱士这时18岁，他写了一篇有五页纸的文章《论管理金顿技工协会的最好方法》，其中，他引用了培根的名言："知识就是力量"，坚决主张让科学主导这个协会。他提议订阅英国科学促进协会的年刊，而不是《一便士杂志》和《科学杂志》；他给图书馆推荐的书有查尔斯·莱尔的《地质学原理》，罗德里克·默奇森的《志留系》，约翰·林德利的《生物的自然体系》，以及洪堡[1]和邦普朗[2]的《旅行故事》。这是一个令人生畏的愿望书单，它显示了一个系统地研究地球的历史及其生命体系的学习计划。通过阅读莱尔的《地质学原理》，华莱士将学到首次把地质学作为一门历史科学来研究的理论，它不仅描述了地球演变的过程，并且还将成为达尔文《物种起源》的基础；通过洪堡了不起的南美探险，他将得到一个对欧洲之外的自然世界极具诱惑力的认识。华莱士提出，只有通过科学，人类才能得以发展。"我们怎么会知道，我们这儿就没有一个赫舍尔[3]，一个斯蒂芬森[4]，一个辛普森，或一个瓦特[5]；他们仅仅只想得到一个能够获取那种知识的手段，以便能够给这个世界一百倍的回报？"华莱士在很小的时候，就对人脑具有无穷的力量充满了信心：他所需要的只是能得到积累知识的有利机会。他的乐观主义和对知识的渴望展现出了一种永无止境的追求和奋斗精神，就像歌德的浮士德，或他最喜爱的作家拜伦的曼弗雷德一样。

　　他们兄弟俩随后搬到了布雷肯山区去工作了几个月——年轻的赫伯特收到了他们的一封押韵的信，信中描绘了他们的工作进展。阿尔弗雷德在他的出生地阿斯克河上游工作，他独自在讲威尔士语的人家中愉快地借宿了一段时间，测量了布雷肯山的山谷，并愉快地在那里进行了长途考察。1841年秋天，他们顺着布雷肯山谷南下，到了尼思的另一个教区去做测量。他们在镇北的一个叫布林科奇的农场待了近一年——吃的是自己烘烤的面包、奶油、鸡蛋、新鲜牛奶和奶酪——然后搬到了小镇的附近。在第一个教区的测量工作完成之后，威廉便四处奔走去拉生意，让阿尔弗雷德自己打发日子。因为阿尔弗雷德已经学会了使用六分

---

1　亚历山大·冯·洪堡（1769—1859），德国人科学家。

2　埃梅·邦普朗（1773—1858），法国探险家和植物学家。

3　威廉·赫舍尔（1738—1822），德国物理学家、天文学家。

4　乔治·斯蒂芬森（1781—1848），英国工程师，第一次工业革命期间发明火车机车，被誉为"铁路机车之父"。

5　詹姆斯·瓦特（1736—1819），英国发明家。

仪，于是，他便开始对天文学进行了尝试。他自制了一个望远镜，并做了一些简单的观察。然而，他学习的主要领域还是植物学。他先阅读了由"传播有用知识学会"出版的一先令平装书，然后，开始阅读林德利的《植物学基础》，因为这本书没有区分英国的植物，让他有点失望。但他借了一本约翰·克劳迪厄斯·劳登在1836年出版的《植物大全》，并用它对林德利的书做了注释。他在1842年购买了林德利的这本书，并把达尔文的《小猎犬号航海记》中的两段抄写在其中，包括下面这段：

> 我完全被说服并相信，就像在音乐上，如果一个人能够理解每一个音符，并且还有一定的品位的话，那么，他就一定能更全面地欣赏整个乐曲，因此，如果一个人能够认真审视一个完美景色的每一个部分，那么他也就能够更全面地理解由它们所组成的全景。所以，一个旅行者应该是**一个植物学家**，因为植物是所有景色的主要装饰。

他开始收集植物标本，并学着更有效地给标本去除水分，晚上便用来识别他从山上长途跋涉寻来的各种宝贝。阿尔弗雷德从他母亲寄来的一封信中得知，威廉并不赞成他这样做。但他并未放弃，慢慢地对植物的种类、属和目有了一个清晰的了解。对物种的研究形成了他科学思维的中心，虽然他后来以收集蝴蝶和鸟著称，但他最初的爱好是植物。他后来回忆说，这次经历是他人生的一个"转折点"，"这个浪潮没有给我带来财富，但却给我带来了我所获得的声誉，对我来说，它还给我带来了健康的身体和无与伦比的精神上的快乐。"1842年9月30日，他购买了威廉·斯温森在1835年出版的著作《地质和动物分类的论述》——这是他后来全神贯注地研究的两个课题——他对它进行了大量的注释。对华莱士来说，斯温森试图使动物学和地理学与《圣经》相协调的做法十分荒谬："试图把科学与《圣经》相调和的努力将把科学家们引向什么样的荒谬理论！"

1843年5月托马斯·华莱士去世，他身后没有给他的妻子留下什么财产，小儿子赫伯特也等着要上学。在尼思，有报酬的工作很少，测量工作也逐渐枯竭，威廉开始四处寻找建筑方面的机会。他和阿尔弗雷德探测过河道，设计和指导过仓库的建设。威廉获得了一个较大的合同，帮助扩建和装修镇上的监狱，但这些收入都无法让他继续雇用阿尔弗雷德。很显然，威廉无法理解制作干花会怎样导致成功——他肯定认为这和他父亲无数无利可图的嗜好是一样的；还有阿尔弗雷德对记者职业的尝试——他写过一篇《关于南威尔士的农民》的文章——似乎也不会赚到什么钱（但现在看来，这似乎显示了他具有一个永无休止地探究任何问题的头脑的证据——这是他对社会学的首次尝试）。1844年1月，阿尔弗雷德21岁了，他会得到一笔100英镑的遗产：他独立自主的时刻到来了。这时，他的姐姐范妮在侯德森开办的小学濒临倒闭，她开始在海外寻找一份教师职位。他们一家人聚集在侯德森，度过了最后一个圣诞节。然后，他们放弃了那里的家。玛丽·华莱士找到了一份女管家的工作，阿尔弗雷德则搬到了伦敦去与约翰同住，开始在那里寻找工作。他在中介那里发现了一个需要绘画、制图和测量技术的教师职位。他在面试时带去了一幅自制的彩色尼思地图和其他的一些草图，最终得到了这个职位。学校校长是一个年轻的牧师，名叫亚伯拉罕·希尔，对人十分友好，华莱士很快就被派到莱斯特市的克里杰特中学去教书。他住在希尔家，并负责指导寄宿生们的晚间生活。他的工资一年有30或40英镑。他工作十分努力，毫无怨言地又开始了一个新职业。

华莱士一直都不习惯当老师——他声称自己没有受过教学训练——但他一生都对教育充满了兴趣，他对知识的信仰帮助他克服了天生的羞怯。希尔发现他不懂拉丁语，便让他教最差的一班，他还主动帮助他学习数学。在希尔的帮助下，他逐步地学习了海因德的《代数和三角学》，但最终他还是被微积分的"茫茫无际的荒原"所难倒。在教学和辅导之余，他每天仍然有几个小时的空闲时间，这时，他首次有了一点积蓄，便付费加入了镇上的图书馆。一个新天地马上在他面前展开：他阅读了威廉·普雷斯科特的《墨西哥征服史》和《秘鲁征服史》，还有威廉·罗伯逊的《美洲历史》，最后，还有洪堡的《南美洲旅行故事》，最后这本书使他第一次产生了要去热带雨林探险的愿望。洪堡是19世纪旅行家们的偶像。达尔文在小猎犬号上阅读了他的游记："我以前很欣赏他，现在我几乎是崇拜他了。"洪堡把热带雨林描绘得活灵活现，每一页都充满了新的探索和发现。但是，就像在自传《我的一生》中所说的，华莱士在这个时期阅读的"最重要的"一本书或许是托马斯·马尔萨斯的《人口论》，他十分欣赏它"对事实非常精湛的总结和通过逻辑推理所得出的结论"："这是我至今所读的第一本关于哲学生物学的书，二十年之后，在我长期苦苦地寻找有机物种进化的有效机制时，它给我提供了一个重要的提示。"他从马尔萨斯那里得到了"野蛮种族"人口增长的"积极抑制机理"的明确阐述：即疾病、意外事故、战争和饥荒。后来，他和达尔文都把它运用到了动物种群上。这个"二十年"就像是《圣经》中的推算一样，是一个明显但却有趣的错误，它或许是一种下意识的回应，因为华莱士后来发现，达尔文在1858年事件的二十年之前，也想到了马尔萨斯的这个理论，这一年，他们在林奈学会联合发表了关于自然选择的论文。但眼下，他暂时把这些观点存放在了他的脑海里，他自学的重点从文学转向了自然科学。

对华莱士将来成为一个博物学家至关重要的是，他在莱斯特市遇到了亨利·沃尔特·贝茨。贝茨家是做针织品生意的，他当时正在学徒，同时也在追求他对昆虫学的爱好。他也开始了一个严格的自学计划，因此，他们在图书馆里相遇也就顺理成章了。贝茨比华莱士小两岁，但他已经在《动物学家》上发表了一篇文章。他让华莱士参观了他所收集的甲虫和一套英国蝴蝶标本。这些甲虫让华莱士大开眼界，它们几乎都是在莱斯特附近被捕捉到的。在莱斯特周围1英里（约1.6公里）的范围内，大约有1000种不同种类的蝴蝶。华莱士得知，在英吉利群岛上大约有

3000种蝴蝶。很快，华莱士在学习植物学之余，也开始了对甲虫的研究。他买了一个收集瓶、大头针和储存盒，还以"批发价"购买了一本詹姆斯·斯蒂芬斯的《英国甲虫手册》。马尔萨斯和贝茨的组合使莱斯特在华莱士的人生中起到了十分关键的作用。他有生以来第一次完全独立了，身边没有了他哥哥对他如何打发时间的指责。他和贝茨一起到布拉德盖特公园和西北的查恩伍德森林采集标本，这个森林的主人斯坦福德勋爵有意没有严格执行"只准狩猎"的规定。

华莱士的另一个爱好，或者说痴迷，也始于莱斯特。有一次，他与几个高年级的男生去听斯宾塞·霍尔关于梅兹梅尔氏催眠术的演讲，并观看了他的演示。华莱士当时就被他吸引住了，特别是霍尔的态度"非常严肃"，完全不像一个"爱出风头的人或魔术师"。返校后，年龄较大的男孩们对年龄小的男孩做了一些实验，很成功，于是，他们邀请了华莱士来观看。华莱士也决定试一试，结果发现他也能"使人的手脚或整个身体变得僵硬，在这种状态下，它们能够做出一些以前做不到的事，或在正常状态下绝对做不到的事"。幸运的是，他的实验并不过分，因为他明白，这种实验有伤害身体的危险。"例如，我可以让一个人伸直手臂，在他手腕处挂上一个普通椅子，然后让他坚持几分钟，我会坐下来写一封信……"似乎没人考虑过这是否会有产生心理障碍的危险。当他告诉了校长之后，希尔又请了两三个朋友来参观这个实验。

华莱士当时已经接触到了颅相学。威廉向他介绍了乔治·库姆的文章，在他读过这个苏格兰律师关于自然宗教的《人体结构》之后，他又研究了库姆关于颅相学的一些专业文章。在霍尔的演讲中，他看到过"通过触摸一个病人头上的相应部分，便能刺激其颅相脑器官"的演示。因为华莱士没有颅相图，他便买了一个半身的颅相塑像，继续从事他的研究。当他触摸到他的实验者头上的一个特殊部位时，实验者脸上就会表现出"在那个部位的颅相器官"所控制的"自然"情感：好战、害怕和好奇。华莱士的性情中充满了理性、热情和天真。如果他因为亲眼见到的事实而相信一件事是真的，那他就不会轻易地对他所坚信的解释所动摇。他曾公然地说：

> 这些实验的重要性对我来说，就是让我完全相信，以前那些不可思议的东西有可能是真的；还有，科学家们指控他人的仔细观察和声明为欺骗，是毫无根据的，这些人也许与他们一样明智，像我一样，亲自观察和见证了这些现象。

他的这种辩解能够适用于个人的宗教体验。那些对华莱士构思出物种进化理论大有裨益的品质：独立、固执、坚持不懈，后来也会使他对那些反对他的唯灵论和心理论信仰的言论置之不理，奇怪的是，他在进化论上却愿意反思和调整。这些催眠术实验一直被他带到了亚马孙热带雨林，从此再也没有从他的思想中消失，为他以后对唯灵论的迷恋铺平了道路。

1845年初，他得知他大哥威廉突然不幸早逝。威廉成了当时铁路热的一个间接牺牲品。作为一个测量专家，他在为南威尔士铁路法案委员会作证之后，准备从伦敦回到尼思。他晚上乘坐的火车是敞篷的三等车厢，他因此着了凉，并很快发展成了肺炎，不治而亡。阿尔弗雷德和约翰去尼思参加了他的葬礼——范妮当时正在美国佐治亚州梅肯镇的一所学校教书——他们发现威廉的生意比他们想象的要大得多。这时，阿尔弗雷德突发经商奇想，与克里杰特学校商妥在1845年复活节前辞职离校，回尼思去接管威廉的生意。在约翰回伦敦之前，他们俩拜访了威廉的所有债权人，在约翰走后，阿尔弗雷德便有了一些时间去研究植物学，同时寻找测量和建筑方面的工作。他似乎在威廉去世前的几个月与他没有什么联系，这或许是因为他被突然遗弃而受到了一些伤害。他在莱斯特时，完全沉溺在他自己的世界里，从不读报，也不知道当时的铁路狂热，"完全脱离了商业世界"。现在他知道了。一个斯旺西市的土木工程师正在招聘测量师：一天两几尼[1]，外加所有开销（包括旅馆费）——挣大钱的机会来了。

为了能把煤和铁矿石运到斯旺西港口，人们提议修建一条从尼思谷地到梅瑟蒂德菲尔的铁路。华莱士在这次测量工作中干得十分得心应手。此前他并不了解这个山谷的东南面地区，这条线路把他带到了"一个十分荒凉但却风景如画的峡谷"：他和他的工人们有时不得不爬上巨大的岩石，攀登瀑布，在陡峭的河岸和长满树木的峭壁上安置水平仪。大部分被勘测的铁路线最终都没有建成，然而，只要这种投机生意继续存在，测量师和工程师就有钱赚。在整个夏天和秋天，华莱士都在坚持不懈地工作。1845年11月，他在起草这条铁路的提议报告时，暂时住到了伦敦海依市场的一个旅馆里——这对他来说可是难得的奢侈。在空闲时间里，他努力阅读了大量书籍，并向贝茨提出了大量的问题和建议。

回到尼思，他寄宿在镇中心的西姆斯家里，1846年1月，他说服了约翰搬过来与他同住。虽然从威廉的债务人那里讨回资金十分不易，但他们对以此维持生计还是很有信心的。最后，他们在镇上的兰维特教堂旁边租了一个小屋，这个小屋俯瞰前面的一条运河和一条小河，后面还有一个花园、几个棚子和一个鸡舍。他们的母亲也搬了过来与他们同住，弟弟赫伯特在伦敦的一个行李制造商那里学徒，很不满意，于是，他在尼思修道院的炼铁厂找到了一份工作；在生意不忙时，约翰造了一条小船，船并不很重，可以从运河抬到小河里，用完了再抬回来。这条船足够大，可以把他们全家人都运到斯旺西去。

华莱士在他的自传中给人的印象是，他在尼思待的日子短暂而零碎，只是他生命旅程开启前的一个简短的前奏曲。但事实上，他在那里一共待了六年，而这一次，他在那里待了将近三年。他总是很乐观，在困难面前坚韧不拔，他与格诺尔地产商合作，又开始进行另一项什一税的测

---

1 几尼，1663年英国发行的一种金币，等于21先令，于1813年停止流通。

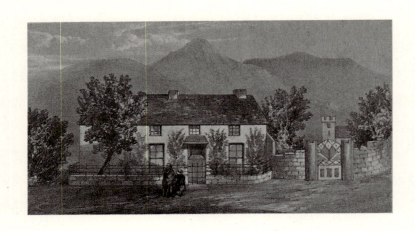

兰维特的小屋

尼思的技工协会

量工作。但令他十分讨厌的是，他还担负起了向农民们讨钱的任务，这不仅很困难，而且还让他十分不快，因为大部分农民都很穷，也不会讲英语，完全不明白为什么要交这份钱。搞建筑就容易多了，因为约翰的专业技能在这里能派上好用场。华莱士兄弟俩给人建造了一个小别墅，但却没有得到设计斯旺西市政厅的合同；不过，他们设计和指导修建了尼思的新技工协会大楼。1848年，在阿尔弗雷德去了亚马孙之后，它才竣工揭幕。

华莱士第二次在尼思停留期间，积极参与了当地的学术活动，这些活动主要围绕着尼思技工协会展开，这个协会是由他哥哥的朋友威廉·杰文斯创立的。有两个冬天，他在协会进行了一系列关于基础科学的讲座。镇上的图书馆也不错，但它只收藏大家都感兴趣的书，这让他有点失望。后来，他成了尼思哲学和文学协会的负责人——它有一个"不错的小图书馆，但它却没有多余的钱来买书"——斯旺西的哲学学会有很多关于博物学方面的书，但却没有关于昆虫学方面的书。他与史凯堤霍尔的刘易斯·维斯顿·迪尔温有通信来往，后者是南威尔士的著名博物学家之一；但他对贝茨抱怨说，他在尼思不认识一个学过博物学的人："在这方面，我独自一人沉浸在我的欢乐之中。"他想要变得更专业化一些，并首次在1847年4月的《动物学家》上被提道："在尼思附近捕获的花金龟（*Trichius fasciatus*）——在尼思山谷顶部的瀑布附近，我在堆心蓟（*Cirsium helenioides*）的花瓣上抓到了这个美丽的昆虫，阿尔弗雷德·R. 华莱士，尼思。"贝茨对他的训练终成正果，尽管主编的评语有点不屑一顾："我的通讯者清单上的其他昆虫都不值得发表。"

这个甲虫的捕获具有十分重要的纪念意义和象征意义。1846年6月，阿尔弗雷德和约翰从他们在尼思的住所出发，登上了山顶，然后他们顺着西边的山脉走到了摇滚石，在那里，华莱士发现了这个花金龟——他说，这是他唯一一次逮到了它。他们一直走到了格拉迪斯和伊南瀑布，然后沿原路返回，去了阿斯特拉德菲尔特过夜：这是一次悠闲的20英里

（约32公里）的步行。第二天早上，他们登上了布雷肯山，在南坡的一个泉水旁进行了野餐，这个泉水是塔夫河的源头；随后，他们又回到了阿斯特拉德菲尔特——但仅仅吃了晚餐，没有留宿。他们接着去了波斯尔奥格夫，这里有一个石灰岩的大山洞，梅特河就在这里的地下流过。据华莱士说："我们俩在这里决定，如有可能的话，我们要到国外一个尚未开化的国家去。仅这一次，我们试图在野外过夜，没有帐篷和床，只有大自然所提供的一切。"他们吃了一点东西，然后，就像他们小时候在阿斯克的森林里一样，点燃了一个篝火，暂时享受着这个浪漫夜晚：火苗在山洞顶上闪烁着，天上的星星透过洞外的树叶时隐时现，潺潺的流水声在地下轰鸣。然而，这种享受很快就消失了。华莱士承认说，在他身体健康的日子里，他从来没有度过一个如此不舒适的夜晚。他们兄弟之间在这里达成了一个共识：英格兰和威尔士已经人满为患、竞争过于激烈，甚至在尼思这个人口不到6000人的小镇上，"华莱士和华莱士公司"只是八个测量公司中的一个。他们俩有公认的技能、精力和冒险精神。当他们躺在草地上时，他们的想象力早已穿越了山谷，飞到了布里斯托尔湾，飞向了澳大利亚、新西兰和南北美洲所提供的机会。三年之后，华莱士将会在亚马孙河上游1000英里（约1600公里）处，而约翰则去了加利福尼亚的金矿区。

更重要的是，华莱士在贝茨身上找到了一个志同道合的爱好者，每个月都与他交换收集到的标本清单，分享各自的想法和读书感想。1845年，华莱士阅读了《创世的自然史遗迹》，这本书在当时非常畅销，虽然它有一些不着边际的推测，但却让他从一个新的角度来看待物种的形成。贝茨对它则持批评态度；但华莱士回应道：

> 我并不认为它是一个仓促写成的概论，正好相反，它是一个十分巧妙的推测，并有一些惊人的证据和类推强有力的支持，但它还需要更多的事实和未来对这个问题的研究所提供的新线索来证明它——无

论如何，它为每一个大自然的观察者提供了一个可以专注研究的课题；他所观察到的每一个事实，要么是支持它的，要么就是反对它的，因此，它既能鼓励人们去收集更多的证据，又能让他们把收集起来的证据应用到这个课题上。

我注意到了很多杰出的作者都支持动植物种类渐进发展的理论。

《创世的自然史遗迹》的匿名作者是罗伯特·钱伯斯，他是一个能在华莱士身上引起共鸣的人。他的著作在当时非常流行，既不枯燥，也不妥协，其中心思想是演变，虽然他并没有发现演变的机理："我们必须承认，宇宙系统是受自然规律所左右的，因此，物种的产生肯定也是受此规律所左右的。"《创世自然史的遗迹》提出了物种会变化、发展和进化，同时，它的作者也不怕把人当成一个物种来讨论，这对华莱士非常有吸引力。他告诉贝茨读一读威廉·劳伦斯的《关于人的演讲》。劳伦斯的讲稿是"以一种廉价的形式"——即盗版——出版的，他和詹姆斯·普里查德一样，都坚决主张"人种的多样性不是由外部因素引起的，而是由于一些人的某些独有的特征在整个人种中传播发展而形成的"。华莱士十分关注人类，他断言黑人、印第安人和欧洲人是人属中的不同种类。大多数专业科学家并不关心这本书的巨大销量和公众对它的兴趣，他们对书中的不少错误提出了尖锐的批评；他们完全否定了他在让·巴普蒂斯特·拉马克[1]和伊拉斯谟·达尔文[2]之后对进化论的支持，他们认为上帝造物的观念，或者说一系列创世的观念仍然成立。

华莱士与贝茨的交流还在继续进行：贝茨正在读莱尔的著作，或许是根据华莱士的推荐，而华莱士又重读了达尔文的《小猎犬号航海记》。他可能为尼思的哲学和文学协会订购了1845年的修订版。在这一版中，

---

1　让·巴普蒂斯特·拉马克（1744—1829），法国博物学家。

2　伊拉斯谟·达尔文（1731—1802），英国医学家、诗人、发明家、植物学家与生理学家，查尔斯·罗伯特·达尔文的祖父。

他可能对达尔文对火地岛人更详细的注释进行了评论；还有他对加拉帕戈斯群岛上的"内部小世界"的暗示，在那里，"我们似乎在时间上和空间上被带到了一个更接近那个伟大的真相的地方，那个谜中之谜——即在这个地球上首次出现了新的生物"。这些岛上有13种"最奇特的雀鸟"，而它们都只属于这个群岛，达尔文说："见到这一小群紧密相关的鸟中有这么多的区别和差异，人们或许会猜测，在这个群岛上最初的少数鸟群中，有一个种类被选中，并因不同的目的而得以改进。"这些暗示引起了华莱士的注意，他一直都牢记着它们。到了1846年4月，华莱士开始做博物学日记 ——"这是一个流水账式的日记，我记录了我在博物学上的所有采集，其日期、地点，等等，还有对它们的特征、习性等描述。"他接受了贝茨的请求，每月与他互换这个清单。

华莱士正在加紧为他的新职业做着充分的准备。贝茨来到威尔士拜访了他，他们一起秘密策划了一个共同的探险计划——"一个非常疯狂的计划"。这时，贝茨的学徒期已经结束了，他现在正在特伦特河畔伯顿的奥尔索普酿酒厂当职员。1847年秋天，华莱士去伦敦与他从美国佐治亚归来的姐姐会面，他带着贝茨给他写的介绍信，在9月的最后一个星期参观了大英博物馆。他买了少量的美国甲虫标本，并花了五个小时从头到尾看了一遍甲虫标本，试图识别和命名它们。然后，他与会讲法语的范妮一起去了巴黎。这是他第一次出国旅行。他很喜欢那里的气氛、时尚和优雅的风格，他兴奋地告诉贝茨——还有免费的博物馆和画廊、图书馆、公共建筑和教堂——"与我们到处都要收费和找关系的首都相比，真是大相径庭。"他对他们的博物收藏也印象深刻，他在植物园逗留了整整两天。受到他的所见所闻的激励，他又回到了那个重大的问题上："我已经不满足仅仅收集本地的甲虫——因为我们从中学不到新东西。我想仔细研究一类甲虫——从中发现物种起源的原理。"他接着十分坦率地说，"我的意思是，我坚信我们一定能取得一些成果，只要能研究一个适度的族类就足够了——你能帮我推荐一个不是很难找，并有大量标本的已知物种吗？"

在伦敦和巴黎的这两个星期大大增加了华莱士要成为一个职业收集家的决心，更确切地说，他想通过这个职业来实现他对物种及其起源的越来越强烈的追求。三年前，他还是一个没有经验的业余爱好者，但现在他已经在《动物学家》上被引用。1848年，当英国科学促进协会来到斯旺西开会时，刘易斯·韦斯顿·迪尔温在他的《关于斯旺西动植物的材料》一文中加了一个慷慨的注释："阿尔弗雷德·华莱士先生给我提供了下面这个昆虫清单，他把它加到了我在1829年印刷的目录中，它现在存于尼思博物馆。"华莱士很自豪地带着范妮去参加了斯旺西文学和科学学会在英国科学促进协会会议期间所举办的座谈会。

华莱士购买美国昆虫标本的目的，是为他职业生涯中的下一个阶段做准备。他从布卢姆伯里街的博物经纪人和经销商塞缪尔·史蒂文斯那里了解到了标本买卖的市场行情和机会。大英博物馆的爱德华·道布尔迪向他展示了他们所收集的昆虫标本——华莱士对蝴蝶标本匆匆一瞥，就立刻着了迷，并有点惊慌失措："这些属之间的差别十分微妙和随机，而物种却是如此之多，真是让人费解。"当然，在遇到贝茨之前，甲虫也曾让他疑惑不解。

那年冬天，他继续进行科学讲座——他在巴黎的那一周也增加了一个讲座——他的计划慢慢地形成了。范妮现在回到了尼思的家中，她和母亲及赫伯特住在一起，这就减轻了华莱士的家庭责任。范妮交了一个男朋友托马斯·西姆斯，西姆斯是他当年在尼思寄宿的人家的长子。约翰和他弟弟一样，不安于现状，并很有进取心，他开始从事奶牛养殖，准备在英国进行最后一次职业尝试。华莱士和贝茨已经做好了出游的准备；但是去往何方呢？华莱士从他的铁路测量工作的报酬中省下了100英镑，这足够支付他的旅费和设备，而且还有一些剩余的钱赖以为生，直到他的收集能够产生一些收入为止。贝茨的身后有一个稳固的家庭产业的支持，但他却有不同的家庭压力：他父亲认为他的计划很荒谬，但最终还是同意给他出钱。即便如此，他们的预算仍然十分拮据。威廉·胡克爵士[1]曾经计算过，英国皇家植物园雇用一个海外植物收集者的一年开销是600英镑，其中包括100英镑的工资。这是一个最直截了当的出行方法。而理查德·斯普鲁斯[2]的方式则更加独立。当他在1849年到达亚马孙时，他与华莱士和贝茨一样，没有工资，但与他们不一样的是，他得到了11个最初订货者的承诺：他们同意事先支付他成套植物标本的钱；而乔治·边沁[3]则负责鉴别和处理这些标本，把它们分发到博物馆和私人收藏者手里，并索取报酬，然后，他会将收入通过在利物浦的船运代理人辛格尔赫斯特先生以信用证的形式寄给斯普鲁斯。但是，斯普鲁斯已经成功地进行了比利牛斯山脉探险，他的地位与华莱士和贝茨不可同日而语：他是一个久经考验的专家和收集家，而且还有一个关系密切的植物学家关系网。这两个年轻人没有得到任何的官方支持，他们得完全依赖他们的收集，还有市场。

最终，一本书解决了他们去往何方的问题。美国人威廉·爱德华兹在1847年出版了《亚马孙河上的航行》。他对亚马孙河的美丽和清新赞不绝口："这条世上最浩瀚的大河滚滚地流过一望无际的原始森林，这里既隐藏着，而且还产生了最美丽多样的动植物。"尽管爱德华兹略带嘲讽意味地援引了一些旅行者的故事——这包括亚马孙河赤身裸体的妇女们、吃人的印第安人和伊壁鸠鲁巨蟒，还有对长着飘逸长发的美人鱼的戏谑的描述：她们在浪头里穿来穿去，就像海仙女一样——但他实际上是一个非常严肃的昆虫学家，他描绘了一幅非常引人入胜的景象：那里的人们很友好，生活成本低，而且气候宜人。据贝茨说，去亚马孙是华莱士的建议。他们向道布尔迪进行了核实：巴西北部有美妙的昆虫，而且还没有怎么被采集过。他们又重读了洪堡和达尔文的描述，最后，他们决

---

1　威廉·胡克（1785—1865），英国植物学家。

2　理查德·斯普鲁斯（1817—1893），英国植物学家，伦敦林奈学会的创始人。

3　乔治·边沁（1800—1884），英国植物学家。

定把亚马孙河口的帕拉[1]作为他们的第一站，他们搬到了伦敦去做出发前的最后准备。在那里，他们又仔细观察了大英博物馆收藏的美洲昆虫标本。他们还与爱德华兹见了面，他给他们向帕拉的美国商人们写了推荐信。他们还询问了英国东印度公司博物馆的托马斯·霍斯费尔德，他是一个经验丰富的热带旅行家。他们徒步走到了英国皇家植物园，去研究那里的热带植物。他们还采访了威廉·胡克爵士，胡克告诉了他们怎样采集的标本是他们能接受的，并答应给他们寄一份植物园发给采集者的操作指南。后来，他们委婉而谦恭地给他写了一封信，提醒他给他们一个书面答复：

> 我们希望能够得到你的一封官方来信，告诉我们你希望我们能为皇家植物园博物馆收集什么样的标本，还有你非常友好地要寄给我们的操作指南，这将对我们非常有帮助。它将显示我们是干什么的，或许能帮助我们深入到内陆探险。

威廉·胡克爵士照办了。这两个单纯的年轻人马上回信向他致了谢——这封信帮助他们获得了去亚马孙的护照。华莱士打了预防针，并买了一副备用眼镜。然后，他们经过贝茨在莱斯特的家去了北部。他们花了一个星期练习射击和给鸟剥皮，还去参观了查茨沃思庄园，他们再次在温室里考察了棕榈树和兰花。当他们在1848年4月26日离开利物浦时，华莱士25岁，贝茨23岁，他们是密思奇夫号船上仅有的两个付费旅客。

---

1　帕拉，即现在的贝伦市，巴西北部最大港市，帕拉州首府。

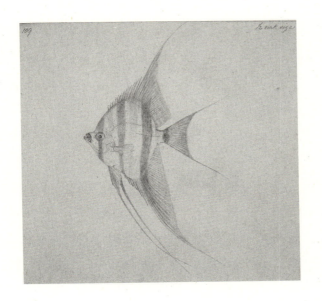

1848年5月26日，在离开利物浦30天后，密思奇夫号抵达了巴西海岸的萨利纳斯市，途中，通过比斯开湾的航行惊心动魄，使华莱士不得不被迫待在他的船舱里。在一个导航员登船后，他们便沿着亚马孙河逆流而上，两天之后，船终于抛了锚："当太阳在晴空无云的天空上升起时，在茂密森林环抱中的帕拉市，出现在我们的视野里，城市的上空浮现出巨大的棕榈树和芭蕉树，让这座隐藏在热带雨林中的城市显得格外美丽。以前，我们常常只有在皇家植物园或查特沃斯庄园的温室里，才能仰慕这些树木。"华莱士有点夸张地说。

这两个即将走进一个新世界和新职业的年轻博物学者从船长那里借来了望远镜：在城市的东面，景色平平淡淡，只有一些起伏不平的荒秃沙丘和零星的树木；但在城市的西面，他们能看到"长长的一片森林，似乎是从水面上升起来的；大片稠密的高大树木延伸向远方，渐渐地变成了一簇簇的树丘，最后，疏散开来，形成了一棵棵单个的树。"这仅仅是这个伟大的原始森林的边缘。"在它的深处，蕴藏着无数神奇、未知的东西，这个热带森林从这里一直延伸到了安第斯山脉，覆盖了2000多平方英里（约5200平方千米）的面积。"在这里，贝茨将度过他一生中最美好的十一年，而华莱士则将度过四个喜忧参半的春秋。

他们在亚马孙河里看见了许多大大小小的船只，还有在岸边穿梭的独木小舟，秃鹫在蔚蓝的天空中翱翔，葱郁的森林映衬着教堂和修道院的塔楼和炮楼，以及盖着红瓦的白色房屋——就在这时，远处突然响起了钟声和爆竹声，当地的天主教节日庆典开始了。这个有15万人口的城市是亚马孙河上最大的城市，城里到处都是植物，有的长在突出的岩石和墙壁上，有的长在墙头，还有的从教堂的窗口垂吊下来，城里的广场和公共场所更像乡村里的大草坪，而不是整齐而威严的城市空间——"天上、地下和城市的外围"，全是连绵不断的森林。

上岸后，他们拜访了密思奇夫号的收货人米勒先生和英国驻巴西的副领事，后者邀请他们在他那里借宿，直到他们找到自己的住所。不久，他们就遇到了那里仅有的几个英国和美国商人，并开始熟悉这个城市和它周围的环境。


我们观光了港口边的几条街道，街边耸立着高大而阴森的建筑，看上去就像修道院一样，这里主要住着商人和店主们；街上站着一些衣冠不整的士兵，他们肩上斜挎着火枪，无所事事地游荡；三三两两的牧师们在街上行走着，还有头上顶着红水罐的黑人妇女和一些面色忧伤的印第安妇女，她们抱着光着身子、两腿跨在她们腰间的孩子们，这个城市的五光十色的生活在眼前一览无遗；我们走过了一条通往郊区的狭长街道，它的尽头有一个草坪，越过草坪，有一条通往原始森林的风景优美的小道。这条长街上住着城里的穷人们。街道两边的房子只有一层楼，看上去参差不齐、破陋不堪。它们的窗户没有玻璃，只有可以撑开的格子窗扉。街面也没有铺，路上有一英尺（约30厘米）厚的散沙。人们成群结队地在外面乘凉——各种肤色的人都有，有欧洲人、黑人和印第安人，但更多的是三者的混血儿。在人群中，有几个漂亮的女人，她们穿着邋遢，赤着脚，或穿着松散的拖鞋，但却戴着装饰华丽的耳环，脖子上戴着几条穿着大金珠子的项链。她们长着黝黑而多情的眼睛，和一头丰满的黑发。这或许是一种幻想，但我认为这些女人的邋遢、丰满和美丽交织在一起，与周围的环境十分协调。大自然的富饶与人类的贫困在这里显得如此触目惊心。

不久，贝茨和华莱士便离开了"修道院式的建筑"、市政区和商业区，投入了原始森林的怀抱，这是他们的一贯风格，他们更愿意在那里去拥抱人与大自然的美丽和多彩多姿，或在荒废的房屋和长满杂草的花园里，在那里，猪、羊和四处觅食的家禽可以在破损的木栅栏之间自由游荡。贝茨通常喜欢描述城里女人的美丽，而华莱士则不愿意为此多费笔墨，除非是在谈论社会学的时候："在这儿可以见到各种肤色的人，"他评论说，"有白人、黄种人、棕色人和黑人 —— 他们是欧洲人、印第安人、巴西人和非洲人，还有这些人种的各种混血儿。"他们像是被磁铁吸引了一样，聚集到了这个森林的周围。在这之中，"弥补了所有缺陷的，是这里令人无法抗拒的美丽的植被"。

刚开始，贝茨和华莱士似乎只是在描述旅游者的第一印象："芒果树巨大的郁绿树冠在居民区四处可见，它们被簇拥在盛开着芳香花朵的橘子树、柠檬树和其他众多热带果树之中；有的鲜花怒放，有的长着不同成熟程度的果实。"然而，随着他们的进一步描述，你可以看到，即使在他们的帕拉笔记中，他们已经开始用一个专业植物学家的眼光在审视着周围的世界：

帕拉附近的树，华莱士绘

到处都是树干光滑的棕榈树，它们高高地凌驾于葱郁的、长着圆顶的大树之上，顶端长着一簇簇蔚为壮观的整齐的棕榈叶。树丛中还有纤细的菜椰（*Euterpe oleracea*），它们三五一群地簇拥在一起，其光滑、略为弯曲的树干有二三十英尺高，顶上长着羽毛状的叶子，呈现出令人无法形容的轻柔和优美的外形。那些看起来更普通、长得更高的树上，依附着一簇簇长着奇异叶子的寄生植物。细长的木质藤本植物像花环一样挂在树枝上，或像绳子和彩带一样地吊着。茂盛的蔓生植物爬满了树干、房顶和墙壁，有的从栅栏上垂下来，在上面铺满了叶子。我以前总是读到大蕉（*Musa × paradisiaca*）是热带植物中最有魅力的植物之一，它在这里长得十分茂盛：它光泽的天鹅绒般的绿叶足有12英尺（3.6米）长，从家家户户的阳台顶上弯曲地垂吊下来，它的叶子在风中微微晃动时所产生的浓淡不一的色青，特别是它与其他树木深色的圆形叶子形成的鲜明对照，足以使这个美妙无比的植物魅力十足。我们每走一步几乎都可以发现奇形怪状的植物。

亚马孙热带雨林十分苍郁茂密、丰富多彩，它既让人感到欣慰，又让人感到惊奇，它强烈地冲击着他们的感官——对这些新来者来说，具有不可抗拒的吸引力，就像贝茨所说的，他的最后一次野外漫游是在"一个雨雪交加的四月天，在十分凄凉的德比郡荒原上"。当黄昏来临时，林中传来了蝉飞来飞去的呼呼声，各种蟋蟀和蚂蚱刺耳的尖叫声，还有树蛙咕咕的哀鸣："这是五彩缤纷的大自然交响曲。"当夜幕降临时，四处还会响起各类青蛙和蟾蜍的大合唱——真是一片"生命的喧嚣"。这正是他们所要寻找的东西：如此之多的物种，在他们走进森林时，向他们扑面而来，让他们目不暇接、耳濡目染；这里的气候非常宜人，黎明前有75华氏度（约23摄氏度），下午大约是85-87华氏度（29.4-30.6摄氏度）：有点热但并不令人窒息。"我喜欢这里的气候就像我喜爱最美好的英格兰夏日一样。"华莱士向西尔克汇报说。

德比郡的风景，华莱士绘

在最初的一阵欣喜消失之后，失望也随之而来，至少是一种调整。帕拉本身并不是热带雨林，鸟类并不像他们想象的那样绚丽多彩，蝴蝶也不多。有一个灯夫到他们住处向他们展示了一条他在街上抓到的大蟒蛇，但比较多的脊椎动物只有蜥蜴，而它们却不易被抓到。于是，他们就让当地的男孩们带上弓箭去捕捉。蚂蚁倒是不少，贝茨对它们特别感兴趣。

他们最初找不到一所合适的房子，米勒就把他在城外0.5英里（约0.8公里）处的乡下别墅借给了他们。他们买了一些生活必需品，像桌子、椅子和吊床等，雇了一个年老的厨师伊西多罗，随后便开始了工作。在没有"考察这个国家的自然资源"的时间里，他们就学习葡萄牙语。两个星期之后，他们听说在城外1.5英里（约2.4公里）的纳扎雷村有一栋房子出租，于是就搬过去住了几个月。（葡萄牙人在一系列的革命叛乱之后，信心尚未完全恢复，很多人抛弃了他们在乡下的房子，搬回了更安全的城里居住。）这栋房子有四个大房间，屋檐下面有一个环绕房子一周的阴凉的阳台，很适合休息和工作。房子的一边是村里的一个小广场，广场大门的对面是纳扎雷圣母的神龛，这里是村民们祈祷的地方；房子的另外三面都是森林，房后有一条大路，路边有很多通往林中的小路，尽管被杂草覆盖，但对那些坚定的收集者来说，还是可行的。在房子的不远处，是著名的德国博物学家约翰·巴普蒂斯特·冯斯皮克斯和卡尔·弗里德里克·冯马蒂乌斯在1819年居住过的房子：能够追随这些著名前辈的足迹，对他们来说，是一个极大的鼓舞。他们一般在天亮后起床，喝一杯咖啡，然后，在这个气候宜人、晴空无云的蓝天下，进行两个小时鸟类学研究。

> 大自然的一切分外清新，新叶和花苞一天一个样。有时候一早起来，前一天傍晚还是一片绿色的林中，会突然出现一棵花朵累累的大树——就像是魔术师突然变出来的一簇鲜花一样。鸟儿也欢蹦乱跳……

当然，鸟类学研究并不主要是观察，它还包括捕猎。在伊西多罗从帕拉市把一天的新鲜供给买回来后，他们会进早餐，然后，从10点工作到下午2点半，从事昆虫研究，"这是在森林里研究昆虫的最好时光，正好在一天中最热的时刻之前。"气温随后会逐渐上升，当华莱士和贝茨在他们的"漫游"后疲惫不堪地返回住宿地时，他们会发现邻居们要么在吊床里午睡，要么在阴凉的地方乘凉。乌云很快会聚集起来，风也逐渐加强，一场午后的暴雨就会倾盆而下。随后，一切又会重现生机，灌木和森林中又会响起"一片喧嚣声"：第二天，太阳又会在无云的天空升起，一切又重新开始；在某种程度上，那里的春、夏和秋会在同一天出现。他们在4点钟吃晚餐，7点饮茶，整个晚上都用来对他们收集的标本进行防腐处理和做记录。他们偶尔也会徒步走到帕拉市去体验那里的夜生活，或者与欧洲人或美国人待上几个小时。他们的住地非常理想。蜂鸟在周围树上的花前"抖动着它们金色的翅膀"。长着黑色大眼睛的印第安女孩们会到他们的花园里采摘鲜花戴在头上。房东雇用了三个人来照料花园里的咖啡树和果树，其中一人叫维森特，他以捕捉昆虫和蛇著称。不久，他就给贝茨抓了一只有0.5英尺（约15厘米）长、能捕食飞鸟的大狼蛛，并成了他们的一个好帮手；不爱说话的伊西多罗是帕拉知道植物和树木的名称和属性最多的人，而维森特则是"一个能端黄蜂窝和找到可怕的蜘蛛穴的极好的伙伴"。伊西多罗对树以及它们的用途和属性的了解，给华莱士留下了十分深刻的印象。

他们收集的标本不断增多。贝茨专门收集昆虫，特别是蝴蝶、蜘蛛和甲虫，而华莱士则同时收集植物和树木标本——当他们在林中行走时，伊西多罗会不断地向他的外国雇主们介绍他们遇见的树木，但他好像是在"对树说话，而不是我们"。华莱士想要一个"卡里佩树"的标本，这种树的树皮被用于陶器的制作。于是，伊西多罗就扛着斧头，带着他们到森林的深处去寻找。他们最终找到了一棵卡里佩树，但因为它太小，而且还没有开过花，于是就放弃了；但他们一路上见到了各种各样奇怪的棕榈树，特别是气根棕榈树。华莱士后来告诉胡克说，在帕拉附近有23种具有当地名称的棕榈树。华莱士尝试着收集一切，房子的阳台很快就堆满了各种标本：一天早上，他们发现户外的一根大木棍上盘着一条10英尺（约3米）长的大蟒蛇。他们用木条做了一个箱子，很吃力地把蟒蛇放了进去：它的喘息声听起来就像大西部火车头喷泻高压蒸汽一样。有一个叫安东尼奥的印第安男孩也加入了他们的狩猎队伍，他带来了一个小树懒，它在一个椅子背上安静地睡了三天三夜，拒绝进食，最后被饿死了：华莱士又得剥一次皮了。

为了寻找新的收集地点，他们去马古里的一个大米和木材厂拜访了两次，它的加拿大经理莱文斯在接到他们寄去的爱德华兹的推荐信后，邀请了他们。他们第一次造访时，12英里（约20公里）的路程走了6个小时，因为路上吸引他们的东西太多了，其中包括很多植物和几种他们从未见过的蝴蝶——像绿宝石晶眼蝶（*Haetera esmeralda*）和欢乐女神闪

驱逐大蟒蛇

蝶（*Morpho didius*），后者没抓到。第一次见面时，他们逗留了很长时间，华莱士在那里第一次"接触"到了猴子，其中一只被射杀："这个可怜的小动物还没有完全断气，它的哀叫声、天真的表情和纤细的小手，就像小孩子一样。"但华莱士又是一个很实际的人："常常听说猴子的肉很好吃，我就把它带回家，切好后，煎了做早餐"——它的味道有点像兔子肉。他还尝过刺豚鼠——"味道干燥无味"。那里还有各种鸟类可供收集。这时，莱文斯正在策划一次在托坎廷斯河上游的大规模考察，去寻找一种名为洋椿（*Cedrela odorata*）的树木，用这种树做的家具和轻舟特别贵重。他邀请了华莱士和贝茨与他同行。在他做准备时，他们俩回到了帕拉，把他们首次收集到的标本包装好，运回了英格兰：553种鳞翅目昆虫标本——其中包括400只蝴蝶，450只甲虫，400个其他目类的标本，一共1300个物种，3635个标本，还有12箱植物。大部分标本都寄给了他的经纪人史蒂文斯；有一箱干植物标本，主要是棕榈树，寄给了皇家植物园的威廉·胡克爵士，华莱士希望它们能值10英镑（外加运费）。

华莱士向胡克提供了他与伊西多罗在森林探险的详细情况，但他同时也指明，由于他们的主要目标是收集昆虫，并打算在下一步主要收集鸟类，他们基本上没有"广泛地收集植物的时间"。华莱士不是一个受过专门训练的植物学家，他无法确定自己在胡克眼中的地位，但他肯定不愿意给自己增加任何义务，尽管他们听起来好像已经被预付了10英镑似的。"我给你寄了一些干植物（有几百个标本），主要是蕨类植物——随你处理和决定它们的价格。"胡克后来对华莱士写的一本关于棕榈树的书很有些不屑一顾。

托坎廷斯之行第一次把华莱士和贝茨带离了帕拉，为他们在亚马孙流域的长途旅行提供了一些非常重要的经验。莱文斯租用了一个双桅船，船上有两个铺盖着棕榈树叶的拱形柳编遮阳棚，一个由他们三个欧洲人使用，另一个则用来存放供给和行李：这艘船有27英尺长（约8.2米），8英尺宽（约2.4米），很结实，能够经得住汹涌的大海——"虽然我们只是在河上航行，但有些地方却像大海一样宽阔。"托坎廷斯河的入海口在帕拉市西南大约80英里（约129公里）处，全长1600英里（约2575公里）。他们带上了枪、装标本的盒子和三个月的供给，团队里还有另外四个人：厨师伊西多罗、安东尼奥、向导多明戈和莱文斯雇用的印第安人亚历山德罗，后者是"一个专业水手和勤勉的猎手"，据贝茨说："我们能够完成这次航行的任何目标，完全归功于他的忠诚"；他是"一个从不张扬、通情达理和勇敢的年轻人"。另一个印第安人在他们即将起航前就"开了小差"——这将成为一个经常发生的问题。即便是这样一个有限的国内旅行，他们也得获得一大堆通行证和审批，幸运的是，莱文斯都为他们办妥了。

仅仅经过一天的航行，他们就发现了他们从未见过的新物种：两只他们在帕拉没有见过的蝴蝶，一条像藤蔓一样的棕色长蛇，还有一个树獭，结果它成了他们的晚餐。他们逆流而行，有时还得划桨，来到了卡梅塔镇，向导多明戈在这里不见了踪影。"如果我们当时对印第安人的性格更了解的话，"华莱士写道，"我们就应该耐心地等到第二天早上，到那时，我们肯定能够找到他。"在亚马孙河上，人的管理是一个十分微妙和非常重要的技能，这一点，他们从爱德华兹的书中基本上学不到什么：当爱德华兹的一个水手不愿操桨划船时，他被扔进了河里；当他在晚上不见踪影时，爱德华兹故作惊讶。

在河的上游，他们停留在不同的人家和种植园里，莱文斯要么在那里有熟人，要么持有介绍信。莱文斯对松柏进行了勘探，并购买了橡胶。华莱士和贝茨则拼命地收集标本，"射杀和捕捉昆虫"，忙得不亦乐乎。贝茨在一棵大树顶上第一次看见了一只天蓝色的雀鸟，可惜它在射程之外。华莱士对鸟的捕获十分成功，他捉到了太平鸟、鸽子、巨嘴鸟、雀鸟、一只棕色的啄木鸟和一只头顶紫色的鹦鹉。当他们晚上在村子里住宿时，总有很多村民会围观他们用大头针把昆虫钉起来或给鸟剥皮。

> 人们在围观我们给鸟剥皮的时候，总是会重复一句话："哦，这些白人真耐心！"然后，一个人会对另一个人说，"他把所有的肉都剔掉了吗？""对，但我绝不会这样做！""看，他们用棉花做鸟的眼睛！"随后，人们常常会谈论着这些鸟会用来做什么。我们通常会回答"展览"，但他们似乎对这个答案并不满意，因为他们不认为英国人会愚蠢到要观看一些鹦鹉和鸽子皮。

旁观者们似乎对蝴蝶的用途很清楚：它们会为印花布提供新的图案，而昆虫则肯定是用来做药的。

他们的进展很缓慢，因为要维持一个团队很困难。他们会诱哄或借用几个当地人，但在下一个村庄，这些人就会不辞而别。就像贝茨所观察到的："这些地方的人好像并不屑为挣钱而工作。他们天性懒惰，此外，他们都有自己的小生意或植物园，为他们提供了一种独立的生活。"还有，他们天生就不愿意把自己托付给一伙行为怪异的外国人。尽管如此，华莱士和贝茨还是一直走到了阿罗亚斯（贝茨称之为"阿罗约斯[1]"），"最后一个有文明人居住的地方"，他们继续乘坐一只小独木舟去观看了瓜里巴斯急流——印第安人帮他们推舟，一步一步地在激流中撑杆逆流而上。最大的瀑布有0.25英里（约400米）宽，"周围被岩石环抱，一条又深又急的小溪从上而下，形成了一大片深绿色的瀑布，在下面的水中产生了旋涡和暗流，对独木舟来说，这比瀑布本身还危险"。他们登上了一处高地，以便更好地观看大瀑布的全景。他们的眼前呈现了延绵起伏、长满森林的山脉和"延伸数英里的旷野"。在这个幽静的地方，大瀑布的轰鸣"真是再恰当不过的美妙音乐了"。他们无法继续前进，只得遗憾地沿着原路返回，当他们的小舟沿着一条较小的激流顺流而下时，水手们疯狂地高声欢呼和歌唱。

在这次探险中，华莱士总是发生意外。当他在林中追逐昆虫时，遭到了一群攻击力极强的小型黄蜂的攻击，身上被蜇了50多处。据理查德·斯普鲁斯说，在一次与黄蜂的搏斗中，他把眼镜弄丢了，但"却没敢再回去寻找"。当然，这只是收集者们每天都要面对的风险：斯普鲁斯还记录了他遭到蚂蚁攻击的类似经历，但这一次，他不得不回去找回他的植物收集箱和他在仓促逃跑时所丢失的一只鞋。还有一次，华莱士和亚历山德罗在一个鳄鱼聚集的湖中打鸟，亚历山德罗开枪击中了一条鳄鱼，它伏在水面上，一只脚伸在空中。当华莱士伸手去抓它的爪子时，发现它仍然活着，它迅速地潜到了小舟的下面，差一点掀翻了它。当他们回到下游时，华莱士的射击生涯差一点就夭折了：他把装满子弹的枪放在独木舟上，自己站在下船的台阶上，他伸手抓住了枪口，这时枪的击锤被卡在了船板上，"轰"的一声，子弹擦着他的手掌，从他的手臂下面射了出去，幸好没有击中他身后站着的几个人。为了不错过涨潮，华莱士用绷带绑上手上的伤口，就起航出发了。

---

1　原文为 Arroyos，在英文中意为"旱谷"，发音接近阿罗亚斯原文 Aroyas。

9月30日，在经过了五个星期的旅行之后，他们回到了帕拉。随后，这些博物学家的第一个任务，就是花了三个星期，把他们收集到的标本整理好运回国去。他们的这次收集，加上上次运回去的标本，让他们的经纪人史蒂文斯感觉非常不错，他在《博物学年鉴和期刊》上登了一个广告：

> 塞缪尔·史蒂文斯，博物经纪人，布卢姆斯伯里街24号，贝德福德广场，冒昧地在此宣布，他最近从南美洲收到了两批非常漂亮、质量很高的各类昆虫标本，它们是从帕拉省收集的，有很多非常罕见和全新的种类……通过私人合同出售。

史蒂文斯还在《博物学年鉴和期刊》上发表了华莱士信件的摘录，把他和贝茨描述成了"两个有进取精神、值得敬佩的年轻人"。贝茨的通信后来发表在《动物学家》上。史蒂文斯的这个做法在他们中间形成了一种惯例，华莱士在他以后的收集生涯中遵循了这个惯例，他在给史蒂文斯的信中，会标出那些适合发表的段落。

在随后的几个月里，华莱士和贝茨突然决定分手，各自独立工作。在他们后来发表的游记和传记中，他们都没有说明是什么原因，让他们在仅仅合作了五个月之后，就做出了这个决定。他们两人都很矜持，一向彬彬有礼；我们没有两人不和的任何证据，但他们的解释却都有点闪烁其词。华莱士的游记率先发表，他对这次分手的描述特别含糊不清。刚才他还和贝茨一起给史蒂文斯写信，一会儿工夫，华莱士就开始独自一人从帕拉出发，进行短途出行 —— 然后，华莱士和贝茨的"我们"就变成了阿尔弗雷德和他弟弟赫伯特·爱德华的"我们"。贝茨后来也提到了这次分手，但同样也没有给出原因。他们之间的紧张关系和相互猜疑最初可能是因为资金困难引起的。他们当时在巴西已经待了九个月，但仍然不清楚他们收集的标本能卖多少钱。没有额外的资金，他们就不能

遭遇短吻鳄的夜晚，亨利·沃尔特·贝茨绘

再冒险对内陆地区进行长途探险。他们在托坎廷斯河上游的经历告诉他们，要想严格地按计划行事和召集一伙船员（更别提留住他们了），是相当困难的。此外，一个19世纪的博物学家必须得带很多工具；人越多，要找一条合适的船和船员就越困难。同时，他们俩在性格上的差异也在亚马孙变得比在莱斯特或尼思更加明显。相比之下，贝茨更容易与人相处、更加宽容、更容易适应环境和逐渐地积累知识；而华莱士则更加发愤图强、更急躁和好胜心强。同时，他受伤的手开始发炎，有两个星期胳膊上都吊着三角巾，"甚至连用大头针钉昆虫都不能做"。这种被迫的休闲至少能让他有更多时间在房子周围观察小鸟，同时还有时间进行思考：

　　在所有博物学的著作中，我们常常会发现动物对食物、习性和环境有极强的适应能力。但博物学家们现在开始看得更远，他们认为，一定有一些其他规律规范着无穷多的动物形态。

他的手伤一痊愈，华莱士就与一个兰花收集者耶茨一起，去了梅希亚纳岛寻找水鸟，这个平坦的小岛是一个牧牛场，位于亚马孙河的入海口处。10天之内，他就捕杀了70多种鸟，并剥了它们的皮，他还参与了一年一度的鳄鱼狩猎。随后，他搬到了纳扎雷的一栋小房子里，离他与贝茨刚到这里时的住所不远，继续从事他的收集工作。贝茨有一段时间也在帕拉，但他并没有与他同行："我与印第安人相处得很融洽，"贝茨说，"我与他们在一起比和巴西人、欧洲人在一起更自在、更友好。"华莱士有幸雇用了刚果人路易斯，他在19世纪30年代曾经为奥地利博物学家纳特雷博士工作过，是一个非常优秀的猎手。华莱士还到瓜马河上游去了一趟，买了一条小独木舟，把它修整了一下，以便能够进行一些小规模的收集探险；此时，他开始策划一个更宏伟的探险，并写信建议他弟弟赫伯特过来和他一起从事收集工作。同时，他勘察了瓜马河的西分支卡平河，因为他持有一封给当地的一个庄园主的介绍信。卡利斯特罗先生对他非常热情，尽管华莱士吃惊地发现，这样一个讲人道、好脾气的人竟然拥有50个奴隶。

> 难道把自己的同胞控制在一个成年婴儿的状态——即没有头脑的童年状态——是对的吗？正是成年人的责任和自立唤起了人类的最大力量和能量。正是生存竞争，或"生命的战斗"，锤炼着我们的道德，激发出人们潜在的灵感。渴求利益、爱慕权力、渴望成名和赞美，能引发人们高尚的行为，并让人类所具有独特的品质发挥最大作用。

但是，这些观点"对于一个巴西奴隶主来说，真是太高雅了"，华莱士评论道；它们更适合一个受到追逐利益、渴望成名——如果不是爱慕权力——驱动的年轻人的观点。

华莱士曾经促使约翰、范妮、赫伯特和他母亲聚集到了尼思，现在这个家庭又开始分解了。范妮这时已经嫁给了托马斯·西姆斯，他们搬到了滨海韦斯顿镇去经营照相生意。赫伯特对生活充满了沮丧，他尝试着以教授法语为生，但不太成功。"在收到阿尔弗雷德的信后，我们考虑了各种可能性，"他在给他姐姐的信中说，"我们认为，我最好还是到帕拉去跟他一起工作。"具有讽刺意义的是，正当他要离开尼思时，人们开始踊跃报名参加他的法语课。"我希望对我来说，这会是一个更好的机会。"他接着写道，情绪变得越来越激动。因为他的全套装备十分昂贵，他没钱亲自去向范妮告别。

我们注定要成为一个四分五裂的家庭，如果这完全是不可避免的，如果命运决定了这一切，那么，让我们勇敢地面对它吧，让我们带着诚实的心向前走，在上帝的眷顾下乐观地去接受现实；再见吧，我亲爱的范妮。或许我们会在未来再会……再见吧，如果不能再见面，现在就永别吧，再见。

就这样，赫伯特离开了尼思修道院的钢铁厂，从斯旺西坐船去了利物浦；约翰在尝试以农场主为生的职业失败之后，去了旧金山和加利福尼亚的淘金区。1849年6月7日，赫伯特起航前往帕拉。他发现植物学家理查德·斯普鲁斯与他同行，还带着自己的助手罗伯特·金，他们的目的地也是亚马孙河。

赫伯特终于与哥哥会合了，他被带到了林中去接受收集者的基本训练。不久，他便打了一只难以捉到的卡罗莱纳长尾鹦鹉（*Conuropsis Carolinensis*），这让阿尔弗雷德非常高兴。他们为了找到一艘能去圣塔伦河上游探险的船，等了很长一段时间，因为华莱士花10英镑买的船不能进行500英里（约800公里）的航行。他们最终在8月初起航。他们在船上有遮挡的地方挂上了吊床，还把一捆兽皮和臭气熏天的咸鱼也放在那里，然后安顿下来，等候着涨潮，或者在无风的时候上岸辛苦地拉船。他们闲下来时，便愉快地读书打发时间。整整12天之后，他们才走出迷宫一般的河道，抵达了亚马孙河宽阔的水域：

> 我们的想象像长了翅膀一样，飞到了亚马孙河远在安第斯山脉的源头，来到了秘鲁古老的印加帝国，还有波托西的银山、淘金的西班牙人和野蛮的印第安人，他们居住在这个拥有它的无数源泉的国土。我们眼前的这条大河，流经了3000英里（约4828公里）汇合而成，那些从安第斯雪山上流下来的潺潺小溪总程加在一起有12 000英里（约19 312公里），在我们面前汇聚成了一个辽阔的褐色水域，真是不可思议！委内瑞拉、哥伦比亚、厄瓜多尔、秘鲁、玻利维亚和巴西——这六个总面积比欧洲大得多的伟大国家——共同促成了这条大河的形成，它把我们安宁地拥抱在它的怀抱里。

阿尔弗雷德和他弟弟一样，热爱读书。他们头脑中充满了故事、历史和旅行：洪堡的《南美洲旅行故事》和普雷斯科特的《征服秘鲁》。现在，他们正沉浸在这个现实中，沿着亚马孙河慢慢地逆流而上，向这个神秘大陆的心脏地区挺进。他们为这次旅行带足了供给，同时还会钓鱼或到岸上购买水果进行补充。这里的一切让他们目不暇接：成群结队、五颜六色的鹦鹉，在早上和傍晚从淡橄榄色的浑浊河面上飞过；苍鹭和秧鸡在岸上的沼泽地里觅食；海鸥和燕鸥在沙滩上飞来飞去；潜鸟、飞鱼和海豚"不断地在水中四处跳跃"，偶尔还有鳄鱼在小溪中慢慢地游走。

一个月后，他们抵达了圣塔伦，这个小镇坐落在湛蓝的（据贝茨说是橄榄绿色的）塔帕若斯河河口，距大海有400英里（约643公里）。这个小镇的地势略高，看上去整洁、明亮：在一片细沙滩的上方，竖立着一栋栋盖着红瓦的白色房子，微风在河面上轻轻吹动。实际上，大风有时十分强劲，以致逆风而行十分艰难。这个小镇大约有2500人："还不是一个现代的巴比伦，"赫伯特告诉范妮，"它大约和尼思一样大，街上长着

圣塔伦的风景，理查德·斯普鲁斯绘

野草，让人想起了一个被遗忘的古老城市。"（三年之后，有一个美国海军军官赫恩登吹嘘说，圣塔伦有了一个台球桌。）他接着逗她说，他在圣塔伦有了一个"动物学上的新发现"：在尼思，有一个酒店的招牌上画着一只"蓝色的猪"，大家认为这是招牌画家的一个稀奇古怪的念头："告诉尼思的人们，我在巴西看到了一只活生生的蓝色的猪。"华莱士持有给希斯洛普船长的介绍信，他是"一个健壮、面色红润的苏格兰人"，在亚马孙河地区做生意已有五十六年了。他收集了很多旧报纸，除此之外，他声称他只读过两本书：康斯坦丁·沃尔尼的《帝国的崩溃》和《圣经》。在喝了几杯葡萄牙的波尔图葡萄酒之后，他喜欢谈论摩西[1]，"一个伟大的将军和立法者，但也是一个伟大的骗子"。希斯洛普船长为他们安排了一栋房子——泥墙、泥地和盖着瓦的高高的房顶，"灰尘很多，而且破损严重"——但它用来暂住还行，于是，他们搬了进去，并接受了船长要求与他们共进晚餐的邀请。他的房子俯瞰塔帕若斯河，晚上，地方官员和头面商人们就会聚集在屋前抽烟、吸鼻烟和谈论政治。华莱士对当地的习俗没有什么好印象："就像在帕拉一样，这里有很多人过着悠闲的生活，完全依赖他们所继承的奴隶们过日子。"然而，他很高兴认识了当地的军事指挥官、警察和法官。他以前在帕拉见过这个法官，法官提出要借给他一条小船——外加一个印第安人——去蒙泰阿莱格雷，这

---

1 《古兰经》和《圣经》中记载的阿拉伯古代先知之一。

个地方在河的北岸，顺流行驶两天才能达到。那里的山大约有1000英尺高（约350米），或许更适合鞘翅目昆虫生活。

华莱士此时精力充沛、热情十足。他在圣塔伦的最初几次勘察显示，它至少是一个很好的蝴蝶栖息地；受到与希斯洛普交谈的鼓励，整个大陆突然似乎都可以去探索。"去库亚巴的马托格罗索如何？"他问史蒂文斯。我们了解玻利维亚吗？在大英博物馆的收藏目录上只有五六只爱尔西蝴蝶，因此，可收集的东西还很多。这两个区域就像安第斯山脉一样，很容易途经亚马孙河到达。同时，他已经开始策划北上内格罗河[1]，向奥里诺科河的源头挺进；在塔帕若斯河里游泳真是一种享受，橙子也很便宜，四便士一蒲式耳[2]。"我在这个国家看得越多，**就越想多看**；我真想象不出，当这个国家被完全探索之后，蝴蝶的种类**会有多少**。"从地图上看，一切都显得十分容易。

华莱士在蒙特阿莱格雷进行了一些探索和收集，但他发现这里并没有他想象的那样诱人，因为这个村的蚊子太多了。于是，他到7英里（约11公里）外的山上去考察了一些印第安人的壁画：他现在离欧洲文化越来越远，并开始对当地人的生活习惯越来越感兴趣。同时，他也开始勉强地接纳了巴西人的不同习俗和办事的轻重缓急。在蒙特阿莱格雷逗留期间，当地有一个节日，"他们的"印第安人需要去拉小提琴；他"没有意识到他需要向我们请两天假"，华莱士提起这件事时，并无抱怨之意——他和赫伯特仅仅接受了这一事实，自己炒菜做饭。华莱士终于买到了一条小船：它有点漏水，以致在随后的航行中需要进行一系列的应急修补，但它至少给他们提供了更多的独立性。他们开船驶回了圣塔伦，并已经形成了一种良好习惯。当时正值旱季，很少下雨，常常连续几个星期晴空无云，只有凉爽的微风能够稍微缓和一下炎热的天气。他

---

1 内格罗河，葡萄牙文 Rio Negro 意思为"黑河"，是亚马孙河北岸最大的一条支流。

2 蒲式耳，英美制容量单位，计量干散颗粒用，1蒲式耳等于80加仑。英制1蒲式耳合36.37升。

们一般在早上6点起床，整理好捕捉网和收集箱；7点享用由村里的一个老年妇女做的早餐；8点出发，走到镇子下方3英里（约5公里）外的一个好地段，一直收集到下午两三点钟，他们主要是捕捉蝴蝶——像美丽无比的撒非喇蝴蝶（*Callithea sapphira*）和非常漂亮的爱尔西蝴蝶；在回家的路上，他们会在塔帕霍茨河里洗个澡，因为这里的河水湍急，鳄鱼无法生存，然后，他们会吃上一顿西瓜；之后，他们会换一件衣服，吃过晚饭后，便开始整理收集的昆虫；最后，在凉爽的傍晚，他们会饮茶和参加社交活动。更妙的是，理查德·斯普鲁斯带着他的年轻助手罗伯特·金抵达了圣塔伦。这是华莱士梦寐以求的：锻炼、纯净的空气、美好的简单生活——有牛肉、鱼、牛奶，和法国面包师路易烘烤的面包；还有轻松就能走到的极佳收集场所和志同道合的同伴："我从来都没有享受过如此美好的生活。"

斯普鲁斯之所以到亚马孙来，在某种程度上是受到了华莱士和贝茨成功收集的鼓舞。他是一个约克郡中学校长的儿子，勉强地当了几年老师，他已经在法国的比利牛斯山脉做了一年的探险考察。现在，32岁的他在威廉·胡克的鼓舞下，以乔治·边沁为经销商，带着对这个职业的满腔热情，开始了认真的植物采集。华莱士因为又获得了一个志趣相投的朋友和学术上的伙伴而感到非常高兴，他们俩对生活的态度和收集的看法十分默契。斯普鲁斯豁达洒脱、善于探究，是一个不可知论者；他办事十分专注、坚持不懈，并且有条不紊；他还是一个随和且没有任何社会和种族歧视的人。或许因为斯普鲁斯像贝茨一样，主要是一个植物学家，华莱士并没有感受到任何竞争。他们俩成了终生的好朋友，在圣塔伦的那些悠然惬意、清新宜人的日子里，华莱士拓展了他的理论探索，特别是对物种的定义和分布的研究，其中包括对人的研究。他开始了思考物种的分布问题：由于他在亚马孙河两岸都收集了标本，他开始推测这条河是有些物种的分界线。

当华莱士和他的搭档还在蒙泰阿莱格雷时，贝茨乘船去了圣塔伦。

他在那里住了一个晚上，应该是与希思洛普船长共进了晚餐，可能还见到了理查德·斯普鲁斯，得知华莱士很快就会回来。他记述道："根据我在这里所获得的信息，我选定了下一个最适合停留的目的地，奥比多斯小镇，我要在那里待上几个星期，以便调查亚马孙河下游的自然资源。"在他后来三年的旅行中，他把它当成了自己的根据地；这时，在圣塔伦相互竞争的收集者太多了。第二天早上太阳一升起，贝茨就去了50英里（约80公里）外的奥比多斯，直到1850年1月底才和华莱士再会。尽管如此，在亚马孙河流域的这一小段地区，当时聚集了他们那个时代的最伟大的三个博物学家，他们是新一代的自筹资金、自由职业的收集家。伦纳德·杰宁斯牧师在回想19世纪20年代后期剑桥对博物学的热情时说，当时从事昆虫学研究的人特别多，"有几个从下层社会来的人靠出售在夏天收集起来的昆虫，获得了不错的收入。"用辉煌的亚马孙河流域取代了剑桥郡的沼泽地，这三个人正要从他们相对低下的地位中，满怀着对胜利的期望，崭露头角。

华莱士从圣塔伦给史蒂文斯寄去了三箱标本，大部分是鳞翅目昆虫，因为甲虫要到雨季才会出现。他把其中一个罕见的撒非喇蝴蝶（*Callithera sapphira*）描述为"我所捕获的最美丽的东西"：

> 它们总是高高地栖息在树顶，捕捉起来非常困难；我爬到树上等候了很久，想捕捉两只做标本，但却没有成功；然后，我用了一根长杆子做了一个网子，放在它们时常出没的树旁，经过近一个月日复一日地坚持，我终于捕获了很多只：虽然我没有在它们交尾时抓着它们，但我一点也不怀疑它们的性别；雌性要比雄性飞得低一些，比较容易捕捉。

他还增加了一条被制成标本的小鳄鱼，"我认为大英博物馆目前还没有这种鳄鱼的标本；它是一个眼镜凯门鳄，尾巴肉用来做饭吃了，味道很好；但给它剥皮却非常麻烦。"他还捕获了一条较大的鳄鱼，再加上一些脊椎动物和他送给经纪人的两个印第安人的葫芦，它们一起组成了一箱货物，被运到了亚马孙河下游。他请求他的经纪人给他寄一本戈达尔的《百科全书》。这时，气候开始发生了变化；天空乌云密布，雨季到来了。博物学家们立即开始了行动。斯普鲁斯乘坐一条商船走了。华莱士也应该逆流而上去内格罗河了，但首先，他必须得修好他的船，用棉花蘸着热沥青来堵上裂缝，同时，他还得等候一个船员的到来。

在1849年11月和12月这两个月中，他们三方交互前进，去了亚马孙河上游。华莱士去了奥比多斯，但他发现贝茨已经离去，而斯普鲁斯却在前一个晚上刚刚抵达此地，尽管他在一个星期前就离开了圣塔伦。在奥比多斯，他对他的船又进行了维修，并继续寻找船员；他在圣塔伦雇用的印第安人都回家去了，他最终为下一阶段的旅程找到了两个印第安人。在下一站的维拉诺瓦村，他们俩又不见了踪影。华莱士虽然对随行的神父十分高兴，但把一些难懂的英语翻译成葡萄牙语是一件很伤神的事儿，特别是在雨中行驶了一个星期之后。他们向当地的司令官发出了寻求帮助的请求，但他去了他乡下的住宅。最后，这个牧师谈妥了一个复杂的交易：他让一个商人"借"给华莱士三个印第安人，而华莱士则把司令官以后送来的印第安人让给他。

> 然而，其中一个印第安人并不愿意跟我们一起去，他是在刺刀的强迫下，一路边打边推才被弄上船的。上船后，他非常愤怒，一脸阴沉，发誓他不会跟我走，并要对那些强迫他上船的人进行报复。

华莱士给他好吃好喝，并发给他丰厚的报酬，但他却十分固执——同时，他也很彬彬有礼，向华莱士保证，他对他本人并无恶意。在到达第一站后，他很有礼貌地向华莱士告别，穿过森林回了家。最终，他们找到了一个代替他的人，然后，便起航缓慢地逆流而上，大部分时间得靠人划船，连绵不断的大雨使他们被淋了个透湿，同时还遭到了蚊子的折磨。1849年12月30日，他们抵达了亚马孙河和内格罗河的交汇处：

> 在驶过了单调乏味、蚊子成群的浑浊的亚马孙河之后，行驶在内格罗河黑色的水面上简直就是一种享受——它的河水黑得像墨水一样，果然名不虚传；它的河岸崎岖不平，风景如画——但最大的享受却是没有蚊子，除了小岛上之外。

再往前走12英里（约19公里），他们来到了巴拉镇[1]，它坐落在内格罗河的东岸，是以当年移民定居地的碉堡命名的。他们马上向当地举足轻重的意大利商人恩里克·安东尼先生递交了介绍信，他是一个热心肠的人和"一个迷途的旅行者的可靠朋友"：他马上就在他新建的房子里找了两个大房间给他们，并热情地款待了他们。

恩里克先生就像曾经对待爱德华兹（还有后来的贝茨和斯普鲁斯）一样，对他们非常热情。他有一个漂亮、聪颖、为人和善的妻子唐娜·莱奥卡迪亚。但是，虽然巴拉镇比圣塔伦要大，有五六千人，但它却没有什么能让华莱士青睐的收集。那些更文明的居民"基本上没有什么娱乐活动"，除非你算上喝酒和小规模的赌博。他们基本上从未读过书，或从事过任何脑力劳动。他们的道德观规范"十分低下，或许跌到了所有文明社会的最低谷"。雨季已经到来了，他们在巴拉镇周围转了几天，发现没有什么鸟或昆虫可以收集："一天能捕获到几个值得带回家的标本"几乎是不可能的。华莱士可不是从帕拉艰难地航行了1000英里（约1600公里）到这里来享清福的，他每闲置一天，就会在他的账本上多加一笔债务。他们雇用了更多的印第安人。赫伯特被派到了附近的一个庄园去看看他能单独干点什么。华莱士则乘他自己的小船到内格罗河上

---

1　巴拉镇，现为马瑙斯市。

游去考察一些小岛，希望在那里能够找到一些羽毛丰满的亚马孙伞鸟，去那里的行程得走三天。

在上游的这一个月中，他有两个重大收获。首先，他学会了简朴地生活。他在林中的一个小部落里找到了住宿，这是一个棚屋里的小房间。它有三个出口，都挂着用棕榈树叶做的门帘，地面比较倾斜，所有的东西稍不留神就会滑到地上。第二，他被迫提高他的外语水平。部落里只有一个人会讲葡萄牙语，但恩里克派给他们的一个男孩可以当翻译，不过华莱士还是决定要尽量多学一点印第安人的共同语言：杰拉尔混合语。在他住的棚屋里，另外两间屋子里住着三家人，这让他可以近距离地观察印第安人的生活方式，他惊讶地发现，他们非常勤劳，而且吃得很少。部落里的四个棚屋就像是"被埋藏在森林之中"——虽然它们相距不到20码（约18米），但却相互都看不见。

华莱士雇用的工作勤奋的猎手终于来了，他马上启程去了那些亚马孙伞鸟栖息的岛屿，华莱士认为，这些伞鸟从未在大陆上出现过。在接下来的几个星期中，华莱士制作了25个伞鸟标本：在他看来，收获不是很大，但却十分不易，因为这种鸟的"脖子的皮下有一层非常坚硬的脂肪，很难去除"。这种伞鸟大约与渡鸦一样大（用贝茨的话说，与普通乌鸦一般大），也是全身漆黑。它们头上长着一个厚厚的羽冠，当它把羽冠展开时，就像在头上戴了一把弧形的流苏式遮阳伞，加上胸前鼓起的一簇羽毛，漂亮至极。华莱士给它的印第安名称为"ueramimbe"，即喇叭鸟，而贝茨则称其为"uira-mimbeu"，或排箫鸟。贝茨后来描述了它的一次表演："它在栖枝上竖起身体，把伞状的头冠展开，鼓起并抖动着胸前光泽的羽毛，然后，为了发出像笛一样的叫声，它会把头向前慢慢地垂下来。"最后一天，猎手给华莱士带来了一只活的伞鸟，它虽被射中，但只是被打昏了过去。华莱士小心翼翼地用香蕉和水果喂养着它，使它幸存了短暂的两个星期，这给华莱士提供了一个仔细观察它的机会，他记录了它展开和收回它的头冠和胸前饰羽的方法。

3月20日，他给史蒂文斯寄去了一批鸟类和昆虫标本，亚马孙伞鸟是其中的精品。还有一个短尾的小鸟和两个"糟糕的钟伞鸟"标本——之所以糟糕，是因为它们被射中了五六次才从树顶上掉下来。然而，对伞鸟的关注帮助华莱士从一个收集者转变成了一个观察者，它成了他在亚马孙所写的第一篇科学论文的主角，论文虽短，但它却不仅仅是一个记录着捕获标本和地点的目录。

当华莱士带着他的珍贵伞鸟回到巴拉镇时，贝茨已经从奥比多斯过来了，恩里克先生把他当作这个大家庭里的一员接待了他。他们两人对当时情况的描述形成了鲜明的对照。华莱士抱怨说，他当时"很无聊"——天老是下雨，而且天气潮湿，使收集十分困难。贝茨的到来很受欢迎，但华莱士却急于离开此地。他告诉史蒂文斯，他最初的方案是在3月份去内格罗上游，尽量捕捉活动物，然后带回帕拉，准备在圣诞前回到英国。但坏天气和资金缺乏把他困在了巴拉镇。这几个星期对贝茨来说，却是一段"愉快的社交"时光。当时，除了华莱士和另一个收集鸟类的博物学家豪克斯韦尔之外，那里还有六七个外国商人，有英国人、美国人和德国人。在从奥比多斯返程的航行中，贝茨被雨水淋透，还备受蚊子和可怕的蚊蚋的困扰，因此，能够在晴天到附近的森林里去漫步，特别是沿着一条通往瀑布的美丽大路行走，真是一种享受：

> 这里最大的一条河流过了阴郁的荒野，从一个10英尺（约3.3米）高的岩石边奔腾而下。这里最吸引人的地方还不是这个瀑布，而是它没有任何噪声的幽静和水池四周丰富多彩的树林、叶子和鲜花。很多人家都会到这里来野餐；绅士们 —— 据说还有女士们 —— 会在中午湿热的天气中，在凉爽而惬意的水中游泳。

（贝茨对女人倒是很上心，他也从不否认这一点。）这个瀑布在1820年也是斯皮克斯和马蒂乌斯最喜欢的地方，因此，它成了"博物学家们的圣地"。贝茨终于可以放松一下了，好好享受这个欧洲小群体所提供的机会："我们，"他回忆说，很大度地包括了他以前的同伴，"一起度过了一段愉快的时光。"

在他长期停留在亚马孙的这段日子里，贝茨对在亚马孙探险产生了动摇，他还受到了来自他父母的很大压力，他们要求他返回英国。他父母在伦敦拜访了史蒂文斯，他父亲仔细向他询问了贝茨的财政收入情况，并"向他阐明了我的意见，你把时间花在制造业上会比你现在的职业更安全、更有利可图"。当时，针织业正在蓬勃发展；自由贸易的政策造成了一个"辉煌的"出口市场——"同时，也使国内的市场非常火爆"。老贝茨把他对收集行业的看法说得十分清楚，他告诉史蒂文斯："这个行业对于一个尝试过其他职业但却没有成功的人来说，或许是一个万不得已的办法，华莱士先生就是一例。"

在巴拉，华莱士和贝茨讨论了他们的未来探险计划，他们像政治家一样瓜分了各自的势力范围。"华莱士先生选择了内格罗河为他的下一站，而我则同意去苏里摩西流域。"——即亚马孙河上游地区。他们的这种划分似乎很友好，也符合逻辑。华莱士在抵达圣塔伦后，就一直为这个旅行策划了好几个月。他们还借这个机会继续进行了对物种的讨论。贝茨暂时很满足于倾听华莱士的意见。3月26日，他启程去了亚马孙河上游400英里（约644公里）之外的额伽城。到了年底，他倍感孤独和沮丧，准备把整个南美大陆都留给华莱士去探索。"我想华莱士先生会继续这个职业，"他很大度地给史蒂文斯写信说，"他或许会采纳我已经策划好的去秘鲁的路线；他现在身处一个了不起的国家，你就等着他干出一番伟业吧。他的坚持不懈和对这门学科的真正了解远胜于我，完全会获得全面成功。"

华莱士仍然在等着从英格兰寄来的信和钱，暂时哪里都去不了。他不愿意待在那里无所事事，于是就去亚马孙河上游一百多英里的地方待了两个月——这个小探险对他来说可能是无关紧要的——他住在恩里克的岳父布兰当先生那里，他是一个受过很好教育的葡萄牙开拓者，似乎对华莱士的经济观很感兴趣，因为他使用了一套系统化的农耕方式。他的言谈"活泼而爽快，没有多少信息但却充满了各种想法"；他种植了一些果树，还在他的牧场里放养了牛、羊、猪和家禽，他还种植了烟草。华莱士叫来了他的猎手在这里尽兴地进行了收集。

　　回到巴拉，他们度过了几周百般无聊的日子。赫伯特发现他和他哥哥一样，也可以对人施加催眠术，他有时会把街上的印第安小男孩们叫过来，在他们面前放一个铜币，"让他们盯着它，铜币来回晃几次之后，就能使他们进入一种催眠状态"。还有一次，当他们在野外收集时，赫伯特"悄悄地对一个和他年龄差不多的年轻人进行了催眠，他没有使他进入催眠状态，但却施加了足够的影响，使他的手臂变得僵硬了。他马上就让他恢复了正常，并请这个印第安人平躺在地上，他照办了。我哥哥在他身上挥动了一下手臂，说，'躺在那儿，等我们回来。'"然后，他们就出发了，认为这种影响很快就会消失。然而，当他们在两个小时之后回来时，发现这个人还躺在地上。赫伯特解除了他的催眠状态，还送给他一个小礼物。"但他似乎并不感到吃惊或不安，很显然，他认为我们是白人巫医。"这种事促使华莱士相信这种现象的普遍性。

　　葡萄牙商人利马先生是一个公认的"心地很好的人"，他承诺要把华莱士至少带到内格罗的瀑布区，但让他们先等一等。8月30日傍晚，布拉德利的船抵达了圣塔伦：他带来了从帕拉转来的信，其中有他在澳大利亚的威尔逊堂兄弟们的来信，他哥哥约翰从加利福尼亚的来信，还有他家人从英格兰寄来的信，但最重要的是史蒂文斯寄来的信用状。华莱士几乎整晚都在写回信，然后为他策划好的航行买了更多的必需品：他正在为一个历时12个月、全长700英里（约1100公里）的探险做准备。他弟弟将留在巴拉。赫伯特意识到自己并不适合做收集者，虽然他在给斯普鲁斯的信中兴高采烈地谈到了这个话题：

终于找到了一个小屋——我们总算来到了巴拉!!——"我们在这儿使用网和猎枪,工作在著名的黑河畔……"——在它静静的午夜河面上,从未听到可怕的蚊子的嗡嗡声——在这里,没有什么会打扰"修补磨损了的思念之袖的睡眠。"

尽管如此,他仍打算挣够足够的钱,以便支付他回家的路费。他哥哥借给他10英镑,这是他从史蒂文斯寄来的钱中能省下的所有钱——"我给他打了一张收条,我会在有能力时还给他。"他在8月份给范妮和他母亲写信时说。"我离帕拉有1000英里(约1600公里),我现在的计划如下:马上雇用一个猎手,到野外去一两个月,捕捉足够多的鸟和昆虫来支付我回英格兰的路费,我还希望能够剩下一点钱以备后用。"为了取代当博物学家的生涯,他家人建议他去加利福尼亚碰碰运气——但这对他毫无吸引力。"我希望我能少点诗情画意;但我就是个这样子,我必须努力做我自己:'琐事轻如空气',滚吧!!我有要紧的事儿要做——必须得赶紧——(这可能是他姐姐最喜欢的口头禅)。另外,我可能在圣诞节回家。"

下午2点,晴空万里,阿尔弗雷德·华莱士站在一条舒适而"比较宽敞"的船上,向他弟弟告别。他"充满了对遥远而未知的内格罗上游地区之内的希望和期待",离开了巴拉。现在,他终于完全独立了,独自一人走向了森林。

第四章　搜寻白色亚马孙伞鸟

　　华莱士满怀着期望，起航向鲜为人知的内格罗河上游驶去。他在巴西的这两年大大增强了他的信心，甚至连他被迫在巴拉停留的日子里也大有收获，他加深了对当地的贸易商团的了解，并顺利地融入了他们的社会，尽管有时他感到并不很自在。若昂·安东尼·德·利马先生中等身材，头发灰白，"长得就像英国国家美术馆里那个被放逐了的勋爵一样"，他非常慷慨地让他的船听候华莱士的差遣。船上载满了货物：大捆大捆色彩鲜艳的棉布和印花布、棉花和手帕，斧头和弯刀，匕首和鱼钩，火药和子弹，珠子和镜子，还有利马家六个月的供给：朗姆酒和葡萄酒、茶叶、咖啡、糖、食用油、奶油、大蒜和胡椒。傍晚，华莱士和利马有时会站在船上用棕榈树叶盖起来的棚子的门边，或坐在门边的木板上喝咖啡，并尽情享受新鲜空气和欣赏四周清凉而黑色的水域，这时，夜莺会在空中捕捉昆虫，树蛙开始发出呱呱的鸣叫，猴子的嚎叫充满了整个夜空。有时候，他们会把船停泊在岸边，在树上挂起吊床过夜；有时候，华莱士会在棚子里睡觉，而利马则睡在外面。他们靠土地为生，有时从村民那里买鸡或鸡蛋，还有橘子和香蕉，有时在林中打一只长得像火鸡一样的凤冠雉或冠雉，有时还会在晚上钓上一条20磅（约10千克）重的鸭嘴鱼。他们经过的很多村庄基本上都被遗弃了，但利马先生在他们停泊的地方，经常会找到他所认识的人，华莱士常常会盘腿坐在铺在地上的垫子上，用银制的刀叉吃乌龟肉。

那里的天气很好。下午经常会突然下一场暴雨，一两个小时后，天气会变得温和而晴朗；但最大的享受还是没有蚊子。一大早，华莱士常常会派两个人去钓鱼，他渐渐地对他们钓上来的鱼产生了兴趣，并对它们进行了详细的绘制和描述，次年，鱼类成了他的主要兴趣和新的收集重点。

一个月后，他们又能清楚地看见河对岸了，两岸的地形也发生了变化，高高突起的花岗岩石片十分引人注目，河中也出现了岩石小岛。又过了三个多星期，华莱士终于能够看清了库里库里亚里山，这令他十分激动。这座花岗岩山约有3000英尺（914.4米）高，呈不规则的锥子形，有锯齿般的山峰，虽然山上长满了树木，但其光秃秃的石英石峭壁仍然是闪闪发光。

他们随后进入了瀑布地区，这简直就是一个新的冒险。由于水道越来越窄，他们把最初的大船换成了两只小舟，后来只留下了一只。有时候，印第安人会像鱼儿在水中穿游一样，把船拉过或推过狭窄的河道；有时候，所有人都得下船，然后用绳子把船拉过河中突起的障碍物；还有的时候，他们得拼命地划船，用河中小岛或者岩石做掩护，左右穿行，争取多前进几米。在圣加夫列尔镇，小船上所有的东西都被卸了下来，利马和华莱士穿上正装，去拜见了港口的行政官。任何人都必须获得官方的批准，才能继续前行。华莱士按惯例呈上了介绍信，他们被邀请在第二天早上共进早餐：当晚，他们与华莱士在巴拉认识的一个年长的葡萄牙商人度过了这个夜晚。

经过了险滩，当他们驶近赤道线时，水面变得十分平静，他们驶过了沃佩斯河河口。它有300码（约274米）宽，河水比内格罗更急，也是一条黑水河。10月24日，在离开巴拉近八个星期之后，他们抵达了吉亚圣母城的一个小村，这里是利马的家：据罗伯特·尚伯克[1]在1839年说，这里住着15户人家，还有一个教堂。华莱士描述了这里的一排茅草泥屋，有的粉刷过，有的还是泥土色。他见到了利马的孩子们：四个女儿，其中两个已经成人，还有一个8岁的男孩；利马把一个漂亮的半印第安人血统的女人介绍给他说，她是"年幼的孩子们的母亲"。华莱士后来得知，年纪较大的女孩们的母亲是一个印第安人，她只会讲她的母语，结果被赶走了，因为他担心他的孩子们以后不会讲葡萄牙语。华莱士注意到，这家人对这个家长的归来表现得"非常冷淡和胆怯"，他们上前向他问好，"就像在前一个晚上才分别一样，而不是三个月前。"华莱士发现自己陷入了一个有点尴尬的境地：他现在完全依赖于利马的好意和帮助，但他又无法容忍他的这种态度。他被安置到了利马房子对面的一个小屋里。他挂起了吊床，收拾好箱子，就到四周去察看。村里的人为了庆祝船员们的归来，一起饮酒和跳舞，而华莱士则取出了他的猎枪，到果树林中忙着去打鸟了。这里的森林里似乎没有什么昆虫，但他很快就在河岸附近发现了一些十分罕见的蝴蝶。利马为他找来了几个印第安人猎手，他们用吹矢枪打了几只鸟，但却十分敷衍了事：他们常常空手而归，华莱士抱怨说："告诉我他们什么鸟都没有发现，但我有很好的理由相信，他们一整天都待在邻村。"令人更烦恼的是，林中几乎无路可行，因此他无法单独进入森林。然而，捕鱼倒是很容易，于是，在他的笔记本里又

---

1 罗伯特·尚伯克（1804—1865），英国探险家及植物学家。

添加了一些鱼的绘画，他还用酒精保存了一些小鱼的标本。很明显，吉亚并不适合做一个永久的收集基地，于是，华莱士开始策划到吉亚以北的花岗岩山区去做一次更长期的探险，据说，那里是冠伞鸟的栖息地。

　　这是一个更大的挑战，因为它离"未知领域"又近了一步——"未知"，更确切地说，是相对欧洲科学博物学家和探险家而言的，而巴西和委内瑞拉的商人和牧师则对它了如指掌。在内格罗河的上游，华莱士正在追寻着几个著名先驱的足迹。1800年，洪堡和邦普朗往北行走了约100英里（约160公里），勘察了内格罗河与奥里诺科河的交汇处。在1897—1835年之间，维也纳的约翰·纳特雷博士也在巴西进行了标本收集，他在内格罗河上一直行驶到了与卡西基亚雷河的交汇处，这条河把内格罗河与奥里诺科河连在一起（在吉亚，华莱士邂逅过一个17岁的漂亮姑娘，他意识到，她肯定是纳特雷的女儿）。1839年，罗伯特·尚伯克在他从圭亚那开始的2000英里（约3219公里）的往返旅行中，曾从这条河顺流而下。

　　现在，华莱士终于能够开始真正的勘察工作了。他向利马借了一只轻舟，带着他的两个猎手和一个返乡的印第安人起航出发了。他们驶入了半英里（约800米）宽的伊沙纳河，从那里又驶入了南岸的一条小河。每天晚上，他们在岸上打上桩，挂上吊床露营。第三天，两岸的地形发生了变化，河岸上到处都是苔藓覆盖着的岩石，还有沿着河岸向上延伸的原始森林。华莱士被带到了森林深处的一个部落，这里只有五六个草棚子，他被分配给了其中的一个：它有三个门，但却没有窗户。他把装鸟的箱子放在地上当桌子，把吊床挂上，就准备去森林里勘察去了。无论他去哪里，村子里的男孩子都会跟着他，给他当侦察员和"指示人"，或者用他们的吹矢枪帮他打鸟。

　　当他得知附近没有冠伞鸟后，华莱士提议穿过森林，到10英里（约16公里）之外的科巴蒂山去。他通过提供优厚的报酬，使全村的男人都加入了他的队伍。他们仅仅带了面粉和盐作为主食，准备以捕猎为生。

华莱士发现他的衣服和设备成了一种累赘：他的枪常常会被低垂的树枝挂住，攀缘植物也会勾住他的衣袖，或者挂掉他的帽子。"所有印第安人都是赤身裸体，如果他们有衬衣或裤子的话，他们会把它卷成一卷，顶在头上。毫无疑问，他们把我看成是一个穿着无用的衣服穿越丛林的倒霉蛋了。"他们在山上快速行走，其速度之快，即使在平地上也会令人惊叹。五个小时之后，他们停下来休整，在小溪里饮水解渴。突然，远处传来了呼噜呼噜的喘息声，这些印第安人马上拿起了吹矢枪，提着刀消失在林中，原地只剩下华莱士和年龄最小的男孩子们。华莱士听到林中有碰撞声和野猪的咬牙切齿声，他把枪推上膛，但野猪并未出现。男人们随后回来了，他们告诉男孩子们带着华莱士继续向科巴蒂山前进，然后，他们继续追捕。孩子们把华莱士带到山脚下的一个山洞里，一会儿，三个男人用木杆抬着一个野猪找到了他们，他们剥了野猪的皮，切好后炖上，然后就抽烟休息。

第二天早上，其余的男人也回来了，他们带着用棕榈叶仔细包好的三头野猪肉。现在，他们分成了几个小组来攀登这座大山——"他们需要攀登石谷，走过大断裂层，并穿过阴暗的山洞"——有时候，他们得抓着树根和爬山虎才能登上悬崖，有时候，他们会爬过锯齿状的巨石。最终，一个年纪较大的印第安人拉了拉华莱士的手，指着灌木丛说："冠伞鸟！"华莱士睁大眼睛仔细看了一会儿，才"一睹这个极其漂亮的鸟的风采，它蹲在一丛阴暗的草丛里，就像一团鲜艳的火团光芒四射"。他开了一枪，但没有击中，鸟惊飞了，他又迅速地补了一枪，这一次击中了。当他捧着这只鸟时，他对它"柔软纤细、鲜艳夺目的羽毛赞叹不已。它身上没有一滴血污，羽毛整洁，毫无一丝的凌乱，它柔软而温暖的身体长着鲜艳丰满的羽毛，没有任何动物标本能与之媲美。"这是一个十分关键性的时刻，华莱士对它充满激情的描述，为他后来发现极乐鸟时的反应埋下了伏笔。当他手中捧着这只羽毛绚丽的鸟儿时，时间似乎在他脑海中停止了，就像这还是一只活鸟。但是，他最终还是在夜幕降临之前剥了它的皮。然后，他们点燃了一堆篝火，在上面熏烤猪腿。在他周围坐着13个赤身裸体的印第安人，讲着他听不懂的语言：

只有两人可以讲一点葡萄牙语，我与他们进行了交谈，回答了他们的一些问题：例如，铁是从哪里来的，印花布是怎样制成的，纸是否在我的国家生长，我们是否有很多木薯和芭蕉；当他们听说我们那里全是白种人时，感到非常吃惊，他们无法想象白人还能干活，而且世界上还有没有森林的国家。他们会问一些奇怪的问题，像风和雨是从哪里来的，太阳和月亮在消失之后又是如何升起的；在我努力回答他们的问题的同时，他们也会告诉我一些关于森林中的美洲狮和美洲豹的故事，还有凶猛的野猪、可怕的蚊子、林中的恶魔和森林深处长着长尾巴的野人。

华莱士这次探险在山里待了9天：他雇用的12个猎手捕获了12只冠伞鸟，他自己还射杀了两只。他还捕获了很多其他鸟类：两只咬鹃，几只有蓝色头冠的小鸟，拟啄木鸟和蚁鸫。回到村里，他又待了两个星期，收集了更多的鸟，画了更多的鱼，然后，再次启程去上游的吉亚镇。他此时急于去内格罗的上游地区，但神父弗雷·若泽当时正在这个地区传教，没人愿意在他到来之前离开此地，因为他们正等着他来举行洗礼和主持婚礼。弗雷·若泽终于来了，他被人用吊床抬上了山："他身材瘦高，被荒淫的生活折磨得精疲力竭，显得有些未老先衰。"华莱士评论道，相比之下，唐璜都显得十分纯真。若泽知道很多粗俗得令人作呕的奇闻逸事，但他却能把它们讲得妙趣横生。华莱士的葡萄牙语进步很快，已经能够听懂若泽的俏皮话了。在这个时期，他是一个坚定的不可知论者，他注意到洗礼仪式中有"七八个程序"与印第安人庆典中的那些复杂程序一样，是为了让人们相信他们会得到好报。洗礼仪式之后，举行了几个婚礼，然后，若泽对他们进行了实际布道。"如果他们能听懂的话，或许能从中获益"；但由于布道讲的是葡萄牙语，他们根本就听不懂。除华莱士和若泽之外，还有两个白人，一个是利马，另一个是当地的行政官，他们两人都有一个未婚的大家庭。神父对此的说法是："不管这些白人干了什么，他们都会下炼狱，但你们不要愚蠢地跟着他们去！"华莱士写到，白人们会哄堂大笑，而印第安人则看上去"十分震惊"；他与斯普鲁斯一样，对把这些基督教仪式强加于当地人的做法持高度的怀疑。

林中探险和捕猎冠伞鸟对华莱士非常重要。他在林中仅仅徒步行走了12英里（约19公里），便离开了由水路网所形成的贸易和基督教文化，融入了他开始能够理解和欣赏的当地人的生活。关于他服装的故事是十分重要的：他认为，印第安人的生活方式在森林中更为适当，他已经能够从他们的角度来看待自己。他在无意中发现了一个更有效的狩猎方式：他不再对他的猎手们指手画脚，而只是紧紧地跟随着他们。当猎手们跑去追猎野猪时，他也没有表现出一点不耐烦，这对他来说是很少见的。他开始适应了森林中的生活节奏，并能从不同的角度来观察这些部落人的生活。

1851年1月，英国的来信终于抵达了吉亚，它们是在1850年5月和7月寄出的，其中一封来自史蒂文斯，他告诉华莱士，伞鸟标本已经安全到达了；另外三封信来自他在加利福尼亚州的哥哥约翰，还有一包"十分珍贵的"《伦敦新闻画报》。约翰刚到加州时，一切都十分艰难，旧金山的季节让他无法去矿山，于是，他卷入了一次失败的伐木生意："他唯一的选择要么是工作，要么就闲着，我认为他做这一桩生意是完全正确的。"华莱士说，他自己一直都在工作，虽然利润不高。他告诉姐夫托马斯·西姆斯，即使他的收集还不是非常成功，但他绝没有闲着，他正在给史蒂文斯寄去一小箱标本：只有十来只著名的冠伞鸟，而不是他所期望的50只，他抱怨说。在这封信中，他没有像后来在《亚马孙河与内格罗河游记》中那样，把这个经历描述得十分神奇和理想化，而是强调了它的艰辛和困难重重。

在这次旅行中，他经历了一个根本性的变化：他认为自己不再仅仅是一个努力奋斗的自费收集者，而是一个职业旅行家和潜在的作家。既然他现在已经在内格罗上游站稳了脚，他就获得了资格成为一种不同的、更为传奇的传统的一部分。他对西姆斯描述了他的下一步计划：首先，追随洪堡、纳特雷和尚伯克的足迹去委内瑞拉；然后，逆流而上到沃佩斯河上游；接下来，再继续航行去伊萨纳河上游：

> ……这并不主要是为了收集，因为我并不认为能在那里挣大钱，而是因为我对这个国家和它的人民都非常感兴趣，我决心要比前人更多地认识它，并了解它的人民。如果我不能得到任何利润的话，我希望我至少能得到一个勤奋、坚持不懈的旅行家的荣誉。

他制订了一个令人生畏的写作计划。首先是他的日志——西姆斯已经收到了它的前半部分，他还在写下半部，而且会写得更好、更有趣。其次，写一本关于鱼类的著作："我对它们非常感兴趣，已经画了一百多种不同的鱼类"——它们都是他在离开巴拉后画的。黑水流域的鱼不同于亚马孙河里的鱼，而在气候温和的安第斯山脉的鱼又与它们各不相同。第三，他画了一些棕榈树的素描，并做了注释：他已经画了30棵棕榈树，应该能写成一个册子。第四，他收集了一些关于大亚马孙河流域的自然与文化的信息，也想把它写成一本书——它会涉及地理、地质、动植物分布（植物对华莱士一直都很重要）、气候和土著部落的历史和语言。第五，他认为，根据"他自己的观察和印第安人所提供的信息"，他或许有足够的资料写一本关于动物的习性和生活史的小册子。最后，还有他所收集的蝴蝶和对所有新品种的描述。他非常乐观地认为，这或许会让他忙上两三年——但他让西姆斯不要公开他的这个计划，因为他知道，他或许连计划的一半也无法完成。华莱士告诉西姆斯，如果他认为他对去

内格罗河的隆头翼甲鲶（*Ancistrus gibbiceps*），华莱士绘

安第斯山脉探险兴奋得有点乐不思蜀的话，那他就完全错了："没有一天或一晚上我没有想念你们。"他只是因为要为自己和全家载誉而归，才决定要"全面地考察这个神奇的国家的，并不是要重蹈前人之辙，而是要为科学知识的大厦添砖加瓦，为这个世界贡献出仅靠个人的力量就能发掘的知识——这才是真正鞭策我的动力"。在华莱士的心中，他已经把自己从一个收集者转变成了一个科学旅行家：他不仅受到了他所面临的巨大机会的鼓舞，而且还受到了他要取得成功的决心的激励。

　　若泽一离开这个小村，华莱士就召集了他的队伍向北挺进，当然，并不是去一个未知世界，而是到一个对欧洲读者十分重要的地方。他借了一条破旧漏水的小船，带着四个印第安人（其中一人略懂一点葡萄牙语），轻装出发了——这里的"轻装"指的是一个维多利亚时期的博物学家的"轻装"。他列举了他所携带的设备：表、六分仪和罗盘、装昆虫和鸟的箱子、枪和子弹、盐、珠子、鱼钩、印花棉布。装盐的篮子就有100磅（约45千克）重，还有四篮子淀粉、一罐油和一个大肚酒瓶装的糖蜜：在哈维塔，所有这些东西至少得让搬运工搬十几次。他注意到印第安人的行装很精练：吹矢枪和有毒的箭、衬衣和裤子、桨、刀、火绒箱和吊床。

五天之后，他们抵达了可可伊山脉，它是巴西和委内瑞拉的分界线。这里天气晴朗，但到处都是蚊子，华莱士在河上游的地平线上找到了他的"老朋友北极星"。2月4日，他们抵达了圣卡洛斯[1]，这是洪堡在五十年前探险之行的最南端；对华莱士来说，这是一个神圣的地方，他大约在10年前读过洪堡的游记。华莱士尽最大努力在葡萄牙语的基础上又学习了一些西班牙语词汇。他们继续向前划船，通过了卡西基亚雷河河口，这条河把整个亚马孙河流系统连接在了一起，他们发现他们已经通过了有蚊子的地区。这里的天气很热，水位较低，有时他们不得不把船拖过裸露的岩石。在托莫，华莱士遇到了一个造船人安东尼奥·迪亚斯，华莱士听到过很多有关他的传闻，"在这个道德品质不高的国家里，他也是以他的重男轻女的倾向而臭名昭著"。托莫是一个造船中心：这里能造200吨水位的船。它们会被装上大量的农产品——木薯粉、棕榈油、松脂油等，在涨水时驶下瀑布区，在那里把货物卖给内格罗和亚马孙河的商人。华莱士的船太大，无法继续前进，迪亚斯给他安排了一条用一根木头制作的小船，他们坐着它去了皮米清——这是一个只有两间房子的"小村"。华莱士在一个旧棚子里安顿下来后，便沿着林中小路步行去考察，这条路从这里穿过森林，一直通往10英里（约16公里）外、坐落在河边的哈维塔村，那条河是奥里诺科河的一部分，他实际上来到了这两条河的分水岭。在傍晚时分，他带着枪，沿着这条路向森林深处走去，这是一个他一直都想来的地方——"结果，我遇到了我梦寐以求的林中霸王"：

---

1　圣卡洛斯，卢巴的旧称。卢巴是赤道几内亚的城镇。

我静静地在路上走着，突然，我看见前面20码（约18米）的地方走出一个漆黑的东西，当时我非常吃惊，没有想到它会是什么。它缓慢地向前走着，整个身体和长长弯曲的尾巴在路当中一览无遗，我终于看清了，这是一头极其漂亮的黑色美洲豹。我身不由己地举起枪，但马上意识到枪膛里只装了小型子弹，如果射击的话，不可能杀死它而只会激怒它。于是，我站在那里静静地注视着它。它在路中间停了下来，回头看了我一眼，我想它肯定有其他事要做。它又继续往前走，消失在灌木丛中。随着它的前行，我可以听到小动物们为逃避这个致命的敌人而惊慌奔跑的声音，还有地上被惊飞的鸟发出的飕飕声。

　　这次遭遇让我非常兴奋。我当时太震惊了，心中完全充满了对它的羡慕，以至于没有丝毫的恐惧感。我终于在它的野生环境中看到了这个美洲大陆最罕见、最强大、最危险的动物。

　　这次晚间的林中奇遇让华莱士兴奋得头晕目眩，他随后回到了自己的茅屋。第二天，他沿着去哈维塔的路向前走去，直到他遇到了一个正在种木薯的印第安人，结果他是这里的村长。华莱士用不熟练的西班牙语让他相信，自己是一个没有恶意的"naturalista"（博物学家），并请他帮忙找几个搬运工来帮他搬运行李。搬运工们很快就来了：一个男人，十个妇女和女孩。然而，华莱士所带的印第安人却跟不上他们的步伐，以致在林中把行李给弄丢了，大家不得不在黑暗中四处摸索寻找——这让华莱士的眼前幻想出了美洲豹在黑暗中闪闪发光的眼睛和美洲矛头蝮致命的毒牙一口咬住他的腿的景象——最后，华莱士被安顿在以前的牧师住过的房子里。哈维塔有一条通往森林的便道，看上去似乎很有希望：这是一个理想的收集地。

　　然而，有一点对他十分不利：当他跌跌撞撞地走入哈维塔的当晚，雨季到来了。这里的季节与内格罗流域不同，他抵达的当天正是这里夏季的最后一天。这对他是一个打击，但却不是灾难性的。这里可收集的昆虫不多，标本的晾干和保存也较为困难。然而，他仍然收集到了40种他从未见过的蝴蝶新种，还有很多非常漂亮的蓝蝴蝶，像蓝闪蝶（*Morpho menelaus*）和海伦闪蝶（*Morpho helenor*），它们成群结队地停在路边的树枝上。他在林中见到了野猪、刺豚鼠、长鼻浣熊、猴子、很多漂亮的咬鹃和数不清的蛇。有人给他带来了一只稀奇的驼背凯门鳄（*Caiman gibbus*），他在众目睽睽之下剥了它的皮，把它制成了标本。他还继续收集鱼类，并把小鱼泡在酒精中保存，在丛林中考察回来后，他会在傍晚时绘画他所收集的鱼的标本。在每天的这个时刻，白蛉十分多，把他的双手咬得又红又肿，像煮熟的大龙虾一样，他被迫把双手浸在水里消肿。即便如此，这也比蚊子咬要好得多。

除去雨和白蛉之外，华莱士十分喜欢他在哈维塔的日子，他住在一个有两百来人的村子里，所有村民在他看来都是"纯血统的"印第安人。他们的勤劳和集体主义意识与华莱士的职业道德十分契合。他们有两个主要收入来源：一是在林中砍伐棕榈树，要么直接出口，要么制成缆绳；二是沿着林中的道路把货物从一个河流系统，运送到另一个河流系统——虽然生意时有时无，在内乱之后再也没有得以恢复，但这条贸易路线还是很成熟的。每个星期，所有村民都会锄地和除草，每天早晚，女孩和男孩们都会到教堂去唱圣歌或圣诗。这是一种欧文主义的乌托邦，在这个热带雨林的环境中更具有吸引力。华莱士观察和欣赏着他所看到的一切，但除了参加过一两次村民的庆典之外，他往往独自一人度过漫长的夜晚，甚至连书也不读。他的西班牙语很有限，而印第安人的语言则完全不懂。在一次"被激发的对文明生活的愤慨"的状态中，他写了一首无韵诗来描述这个村庄。他或许下意识地借鉴了威廉·柯珀1785年的诗《任务》。华莱士的家人对这首诗很熟悉，赫伯特在信中也常引用它。《任务》的第二卷开头写道：

哦，生活在辽阔的荒野上的小屋里

　　周围是一望无际的森林，

　　在那里，压迫和欺骗的流言

　　还有失败和成功的战争，

　　或将永远找不到我！

　　柯珀在诗中想象着"温和"——而高尚——的野蛮人奥迈从欧洲回到了南海，他在沙滩上散步，想知道他脚下的浪花是否也冲击过遥远的英格兰海岸，而华莱士则直接把英格兰的各种束缚与印第安人男孩和女孩们的自由自在做了对比，女孩子像美人鱼一样在清亮的水中畅游，而男孩子则行动矫健而健康：

　　当他们奔跑和比赛，叫喊和跳跃，

　　或在激流中畅游或潜水，

　　或在晌午的烈日下光着头，

　　拿着吹矢枪或弓箭悄悄地匍匐前进，

　　去射杀小鸟或快速穿梭的鱼的时候，

　　我可怜英国的男孩子：他们灵活的四肢

　　被束缚在不能动弹的衣服里；

　　鞋匠使他们的脚趾扭曲，

　　沉重的帽子让他们的前额低垂，

　　躯体被昂贵的服饰弱化。

　　但我更可怜英国的姑娘们，

　　她们的腰和胸部完全被束缚

　　因为她们穿着那折磨人的紧身褡！

　　他解释说，他并没有把"文明人"放在"野蛮人"之下：

金子给我们带来了千条诅咒，

为生计而进行的长期的垂死挣扎……

而野蛮人则幸免于这些竞争的压力。

然而，那些快乐、娱乐和喜悦，

只为良好修养的人所享受；

对美好事物的欣赏

存在于自然和艺术中；无穷无尽的

享受和知识，由书籍提供；

瞬息万变的万千世界

使我们年复一年地生活；——

而这一切，野蛮民族既不知晓，也不享有。

　　然而，这位初期社会主义者推断，这些享乐的代价是非常大的：数以百万的人遭受苦难，而只有少数人能够独享其成；千百万欧洲人在身体和心灵上，都过着一种比红色印第安人"更低下"的生活。柯珀认为城市是社会出了问题的象征，例如伦敦，而华莱士则单纯地把"文明"人的失败归结于他们获得金子的快乐——当然，他的这种想法有点自相矛盾，因为他正忙于把大蓝闪蝶变换成金钱。华莱士所珍惜的一切，大自然的奇迹、哲学的深奥、诗词的美妙、历史的渊博、永恒的美德、崇高的自我牺牲，全被人们因追求财富和财产而忽视：信用被利润所取代。在他的诗文中，他抛弃了物质主义，而决心追求一种简单的生活：

我不愿向这些人一样生活，

我要做一个印第安人，在这儿满足地生活

捕鱼，狩猎，划着我的轻舟，

看着我的孩子像野生幼鹿一样成长，

身体健康，心态平和，

没有财富但却富有，没有金子但却幸福！

　　当然，华莱士完全明白，这种片面的观点是受到了暂时悠闲的田园生活的影响。他承认，诗中的情感并不完全与他在1853年写作《亚马孙游记》时的冷静、就事论事的判断相吻合，那时，伦敦的街道就是用棕榈树枝做的扫帚打扫的。但是，哈维塔给他提供了一个理想的社区生活模式，在他看来，印第安人基本上获得了自治，而且，他们还能利用他们有利的地理位置与外界进行贸易，而不被人利用。在他后来的写作中，他会不断地提到这个模式。他仍然相信，按照这种自然的森林生活方式，可以建立起一种卢梭的社会契约式的社会。但是，斯普鲁斯在两年后给威廉·胡克爵士的信中，却没有透过玫瑰色的眼镜来观察这个国家：

　　　　一个没有牧师、律师、医生、警察和士兵的国家，并不像卢梭所想象的那样幸福；我现在就在这样的一个国家中，自从它与西班牙分离后，它一直都处在一种不断衰败的状态之中，在那个时期（或之后不久），它的居民们便毫无顾忌地取缔了这些公职人员。自从洪堡访问之后，圣卡洛斯似乎就完全败落了。

　　斯普鲁斯虽然和华莱士一样，很能与他所遇到的人和谐相处，但他在这个地区遇到了很大麻烦，最终侥幸保住了一条性命。

　　一天，华莱士悠闲的生活戛然而止。他一大早醒来后，发现他舒适的生活规律被打乱了：阳台上没有生火，他所雇用的印第安人都不见了。这些人生活在异族人中间，变得越来越不安心，他们一直在加紧吃木薯，华莱士认为，是希望供给的减少可以使他们尽早离开此地。现在，他又买了一篮子木薯，使他们失去了这个借口，很明显，他们决定采取行动。华莱士丝毫没有担忧，像往常一样拿着他的昆虫捕捉网去收集昆虫了。傍晚，当哈维塔的印第安人来拜访他时，他们惊讶地发现这个"理智的人"正在自己做晚餐。他试图说服"村里的一个棕色年轻姑娘"过来帮忙，但未成功，这使他很失望——他抱怨说，在内格罗的其他村落，"我随时都可以找到六七个人帮忙"——结果，他不得不自己做了两个星期的家务，奢侈地以委内瑞拉干牛肉、奶酪、烤芭蕉和木薯面包当作晚餐。后来，他的咖啡喝光了，这是一个更严重的问题。于是，他请求一个年老的印第安人"看在上帝的面上"从他的种植园中分给他一些咖啡。六个小时后，当他从林中返回时，咖啡豆已经被挑拣出来、洗干净、晾干、去了外壳、烘烤后在碾砵里磨成了粉，他一生中从未喝过如此美味的咖啡。

这时，雨季真正地到来了，白天黑夜没完没了地下着雨，甚至连几个小时的阳光也变得十分罕见。晾干标本基本上没有多大可能了——这让华莱士非常烦恼，因为他刚刚用捕捉一个甲虫就奖励一个鱼钩的办法把村里的男孩们发动起来了。是离开此地的时候了。他已经策划好了与利马一起到沃佩斯河上游进行探险；相比之下，倾听利马的闲言碎语也比待在这里要好得多。

这一次，华莱士离开了他在吉亚的主要基地大约三个月，尽管他在哈维塔很孤独，也没有与人进行"更文明的"交谈，但他还是带着很大的遗憾离开了。他在那里的收集收获很大，虽然他总是很苛刻地认为自己还能做得更好。他与当地的印第安人相处得十分融洽，他至少能想象与他们更紧密地生活在一起的情景。

在吉亚，他们受到了烦人的例行耽误，但在6月3日，他们终于启程向沃佩斯河口的圣若阿金城出发了。他们逆流而行，行速十分缓慢，因为水位很高，他们很难找到一个合适的地方停船做饭。一个晚上，华莱士受到鼓动烤了一条水蟒吃——它的肉十分难嚼，而且黏性很强。四天之后，他们来到了一个亚马孙土著人居住的长屋前，这个长屋长100英尺

82

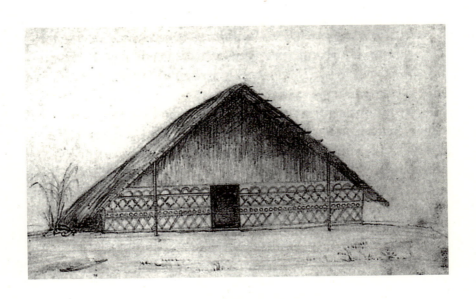

一个亚马孙原住民居住的长屋

（约30米），宽40英尺（约12米），高30英尺（约9米），中间有一条宽宽的通道，通道两边靠墙处有一间间用棕榈叶隔成的房间，"和伦敦的饭厅或者戏院里的包厢一模一样"：每一个房间里都住着一家人。一进门，华莱士就非常高兴地发现，他"终于置身于真正的森林住民之中了"。他们与那些他寄宿过的"半文明民族"完全不一样，以至于他好像突然被放到了地球的另一边。两天后，他们到达了一个村庄，那里正在举行一场载歌载舞的庆典，他们走进了当地人的长屋：

　　屋里大约有二百个男人、女人和孩子。他们有的躺在棕榈叶做的吊床上，有的蹲在地上，有的坐在绘了画的小凳子上，这种凳子只有在这条河上才能见到。他们几乎都是赤身裸体，身上画着各种图案，头上戴着用羽毛做的各种装饰品。有人四处游逛，或在聊天，有些人在跳舞或吹横笛和口哨。当天上午，正常的庆典结束了：酋长和重要人物已经卸下了他们的羽毛头饰，但口嚼酒还没喝完，男女青年们便继续跳舞……男人和男孩子们占有了所有的装饰品，就像大自然中雄性常常被打扮得色彩斑斓、花枝招展一样，这与文明国家的习俗正好相反……这些健美、赤身裸体的印第安人身上画满了图案，给人一种野蛮和怪异的印象，他们奇异的装饰和随身携带的武器，他们跳舞时的歌声、跺脚声和摇鼓声，他们用陌生的语言进行交谈时的嘈杂声，用横笛和长笛吹奏出来的优雅乐声，加上用芦苇、骨头、乌龟壳做的乐器的伴奏声，还有不断传递的装着口嚼酒的大葫芦和被烟熏黑了的阴暗的大屋，这种景象完全是无法用语言来描述的，那种常见的由六七个印第安人举行的舞蹈表演只能让人们对此略知一二。

华莱士对这一切十分着迷和好奇，同时，他也发现自己成了被观赏的对象，因为"他们第一次见到眼镜，完全不能理解它作何用"。这正是一种他所渴望的经历，当他和利马抵达了在险滩下的加维莱特时，他们无法继续前进，于是，停下来休整了一个星期，利马补给了更多的木薯和菠萝，华莱士则从事博物学考察。这里的印第安人饲养了各种各样的鸟和动物，这让华莱士产生了一个要在当地收集活动物的想法。到这时，他完全适应了以鱼为主食的饮食，还有山药、甜薯和各种棕榈树果实的甜美饮料。他还第一次提到了女人的魅力——虽然有一些女人很胖，但"大多数都身材优美，不少人还非常漂亮"。在利马的建议下，部落的头人组织了一次庆典活动。华莱士有幸观摩和记录了一场复杂而精巧的舞蹈表演。跳舞的大部分妇女都穿着坦加（巴西式两截游衣），这是一种用珠子做成的小围裙，有些则是赤身裸体。"还有几个人戴着圆筒状的铜耳环，它们被擦得很亮，看上去就像金子一样。"这些装饰，加上脚环，就是她们所有的打扮——项链、手镯和羽毛则完全归男人独有。"这些女人身上的图案画得十分巧妙，给人一种穿着衣服的印象……"华莱士评论说，"在舞蹈台上跳舞的女人所穿的透明服饰远比这些森林女儿的赤身裸体更为放肆。"接下来，是两组年轻男子和男孩表演了"蛇"舞。他们各自抬着一条用树枝做的40英尺（约12米）长的假蛇，在长屋里前奔后跑，仿佛在进行一场搏斗；后来，屋外点燃了篝火，年轻的男子会从火上跳跃而过。三小时后，华莱士回到了自己的房间去休息，他对这场表演做了详细的记录。他让利马帮他抽了礼节性的雪茄，但他喝光了一葫芦口嚼酒，并宣称它的味道非常好（尽管做口嚼酒的木薯糕事前"被一帮老年妇女"嚼过了）。但他不像理查德·斯普鲁斯在另一个场合所做的那样，而是错过了尝试毒性很强的通灵藤的机会。

当他们顺流而下向吉亚行驶时，他们在圣热罗尼穆做了短暂停留。这时，华莱士修改了他的策略。这里不仅有吸引人的印第安人生活方式，还有比任何欧洲人在亚马孙河上行走得更远的机会，此外，其他机会也在向他招手。在离他停留的村子1英里（约1.6公里）处，他发现了大量兰花——在一个小时的步行中就发现了30多种，简直就是一个兰花圃；那里还有很多鱼。他还可以用便宜的货物交换到各种各样的活标本，像猴子、鹦鹉和其他鸟类。他在笔记中写道："听到很多关于上游地区的传说，像彩色龟、白伞鸟等。决定先去巴拉，然后回来在这条河上度过旱季。目前打算放弃所有去秘鲁的计划。"捕获一只白伞鸟将是他梦寐以求的奖赏。令他沮丧的是他必须得去趟巴拉，其往返行程有1500英里（约2414公里），但他却别无选择。他打算在低水位时在沃佩斯河待上四个月，因此，他需要新的供给和做交易的商品。他尽快返回了巴拉，沿途在停留的村庄里收取了交换商品的佣金，并于9月15日抵达目的地。那里粉刷过的房子和开阔的环境，与掩埋在内格罗流域丛林中的草棚相比，具有奇特的吸引力；他的朋友理查德·斯普鲁斯也在这儿，他住在纳特雷博士以前住过的房子里。他还得到了一个极坏的消息：帕拉的副总领事米勒来信说，赫伯特得了黄热病，而且病情十分严重。这封信是三个月前写的。

华莱士后来说，这让他"非常忐忑不安"。如果赫伯特已经恢复了健康，他一定会在返回英格兰之前给他写一封信。如果他已经病逝，那么帕拉的人肯定会给他传个信。（华莱士当时还不知道这个传染病的严重程度：两个年轻商人布拉德利和伯琴伯瑞克已经死了，贝茨的病情也十分严重。）去下游的帕拉要花上三个星期；如果再返回的话，还要好几个月。此外，跑这么一趟也不一定有什么用。于是，他决定留在巴拉，为重返沃佩斯流域做准备。

1851年6月8日，赫伯特·爱德华·华莱士因病去世。贝茨照料了他四天四夜，结果自己也染上了黄热病，他"作为唯一一个与您儿子在此关系密切的人"，向华莱士夫人报告了这个不幸的消息。赫伯特是在5月底抵达帕拉的，他住在他与阿尔弗雷德以前住过的房子里，并预订了返回利物浦的船票。在他生命的最后时刻，他告诉米勒说："死得这么年轻，实在令人悲伤"，但他没有提到他哥哥，或他的朋友们，也没有留下任何遗言。他当时只有22岁。贝茨在10月份再次给他们家写信时，仍然不知道阿尔弗雷德是否知道所发生的一切。"没有人知道他在什么地方，他最后一次给帕拉来信已经是几个月前了。但我刚刚听说他随时都可能带着很多标本到达巴拉。我打算在第一艘去他那里的船出发时就给他写一封信。"

华莱士拼命工作了两个星期，在尚未收到任何来信之前，又出发了。在这段时间里，他做了一些标本买卖，整理了他的收集，并在当地唯一的一个木匠不在时，自己做了几个昆虫收集箱，把收集到的标本装了箱。在他少有的空闲时间里，他与斯普鲁斯进行了"理性的交谈"。斯普鲁斯这时正焦急地等候着他的船员的到来，急于出发去内格罗河上游。在华莱士离开时，斯普鲁斯划着一只小舟，伴随着他走了一天，然后返回了巴拉。华莱士继续前行，经历了各种各样的拖延和困难。他发了一场高烧，"头痛、背痛和四肢疼痛使他筋疲力尽"。他服用了泻药，并开始了一个疗程的奎宁和酒石水治疗：他雇用的印第安人继续划船前行，但有很多天，他"完全不在乎我们是在航行还是已经沉没了"。他在恍惚中常常回想起他的过去，还有对未来的希望，或许这一切都注定要终止在内格罗河上；他弟弟命运的阴影也一直都笼罩着他。他后来说，随着他健康的恢复，这些绝望的念头渐渐地消失了，他安慰自己说，这将是他最后的一次航行。但在圣若阿金，他旧病复发，又开始发高烧。幸运的是，利马这次也在那里：有很多天，华莱士躺在吊床里，无法起身，无法写信，甚至还说胡话。这时，斯普鲁斯已经在圣加夫列尔建立了基地。他在12月底给英国皇家植物园的信中，对他朋友的状况深表担忧：

> 他用另一只手给我写信说，他得了致命的高烧，非常虚弱，已无法起床或自己吃饭，几乎濒临死亡。给我送信的人告诉我，他已经有几天没有进食了，只喝了一些橘子汁和腰果汁……内格罗或许应该被称为"死亡之河"——我从来没有见过一个被如此遗弃的地方……

采购足够的营养品这种简单的事儿，也会花费不少的时间和精力。斯普鲁斯发现，把植物标本晾干所需要的体力劳动，耗费了他的所有精力，以致他无暇顾及其他事，像进行地理方面的观察等。一个博物学家的生活是艰辛而危险的，常常使人精疲力竭。

斯普鲁斯抽空去看望了他的朋友；华莱士一旦能够拄着拐杖走到河边，他便乘小舟去圣加夫列尔回访了他。斯普鲁斯在那里过得并不舒适：他没有住在舒适的船舱里，而是住在岸上的一个旧棚子里，它的茅草屋顶藏着很多老鼠、蝎子、蟑螂和吸血蝙蝠，泥地也被切叶蚁弄得坑坑洼洼，它们还毁坏了他晒干了的植物标本。吸血蝙蝠也特别猖狂：当斯普鲁斯刚进屋时，他注意到了地上大摊的血迹。于是，他在睡觉时穿上长袜子，在身上裹上了毛毯，脸上也盖上了一个手帕，还整夜都点着一盏油灯。他和华莱士有谈不完的话题。首先，斯普鲁斯必须得委婉地告诉他赫伯特去世的消息，他是在华莱士离开了巴拉的当月得知这一消息的。他们三人在一起时相处得非常融洽。华莱士在悲伤之余，肯定感到了一丝内疚，因为是他和自己的榜样鼓励了赫伯特参与了这个收集标本的行业。现在，所有那些鼓吹在亚马孙健康生活的说法，似乎都成了往事。

他们俩还对物种的问题进行了探讨。多年之后，当达尔文发表了《物种起源》之后，斯普鲁斯向华莱士重新提起了他们的这次讨论："如果你还记得我们当年在圣加夫列尔的那次谈话，你就会明白，我从来就不相信任何一群有机生物——不管是在属还是种的分类层面——会有永恒不变的极限。"后来，斯普鲁斯写了一篇更详细的《关于进化论的笔记》，把他关于进化论的结论定在"大约1852年"：

> 当我在南美旅行时（早在我听说达尔文和他的猜测之前），我对这个问题就有很多思考，我当时得出的结论是，那些现存的规律和力量肯定自古以来就存在，而且将来会同样存在，**直到永远**。还有，有机体的进化是连续的，没有任何间断。由此可见，生物的多样性是由连续的演变所产生的——而不仅仅是在某些固定点上的突变，我们称这些突变为物种；因此，如果在我们面前呈现出所有现存的和已经存在过的任何（被称为）物种或属的话，我们应该无法在它们中间画出一些分界线来区分这些物种或属——或者找到一些区别它们的中心点。

华莱士因为发高烧，思维变得十分敏锐，就像他的感官因此而变得十分迟钝一样，他应该已经为他和贝茨一起探讨过的观点找到了证据。他应该会赞同斯普鲁斯关于演变和发展的如下想法：

> 有一点是可以肯定的（至少对我来说），那就是宇宙是遵循着永恒的规律运行的；想要发现这些规律——无论是物理的，还是道义上的——我们就应该与制造这些规律的"至高智慧"形成更密切的关系，它绝对远比神话家们（或神学家们，我认为他们没有区别）所杜撰出来的一切神灵都伟大。实际上，这些神灵以及建立在它们之上的宗教

确实能够持续，直到它们最终被自然选择用与人类不断增长的需求和智慧更和谐的理论所取代。

斯普鲁斯的这个陈述发表于1870年，在他返回英格兰很久之后。但他写给华莱士的信中关于他们在圣加夫列尔的交谈，却暗示至少他关于物种演变的观点在当时就已经形成了。所有这些想法华莱士都放在了一边，以备后用。

与斯普鲁斯在一起的日子给华莱士带来了极大鼓舞。他从当地的司令官那里买了少许的葡萄酒和饼干，考虑到与其在吊床上休息，还不如在船上恢复，于是启程向沃佩斯河上游驶去。这肯定是他在亚马孙河上的最后一次旅行了：他的目标是白伞鸟、彩色龟和尽可能多的活鸟和动物。

这次航行并不像他的首次沿江而上那样激动人心。由于没有利马，他所雇用的印第安人也变得不靠谱了，在帮他行驶了一两个行程之后，他们就不辞而别，或找来一些缺乏经验的人来替代自己，有一次，他们还把封了口的酒瓶子也打开了，这是他用来保存标本用的。华莱士的耐心开始丧失，他的高烧又复发了。尽管如此，他仍然坚持不懈地继续逆流前行，整个航程穿越了50个瀑布。有时候，小船得由船员们推着向前走。有一次，他不得不到附近的一个村子里去叫人来增援，一共用了25个人又推又拉，才把卸空了的小船从光秃秃的石头上拖了过去。河水一直都在下降，他等了五天，让人建造了一艘更小的船。3月13日，他抵达了穆库拉，这是他所到过的最远的地方：到下一个瀑布还得走一个星期，华莱士决定到此打住，他对自己到达了一个没有任何欧洲人到达过的地方感到十分满意。他尽力绘制了一幅当地的地图，尽管他的沸点温度计丢失了（或损坏了），他只有一个能装在口袋里的六分仪。他派人前去购买供给和所有能发现的鸟和动物。在这两个星期的停留期间，他尽力地进行了标本收集，但在这个季节，鸟和昆虫都很匮乏，他责怪自己在圣若阿金半死不活地在床上躺了几个月，耽误了时机：果季已经结束了，鱼也不多，甚至连为他关在笼子里的彩色龟也逃跑了；而且，白伞鸟也不见踪影。华莱士开始怀疑它们是否真的存在，像斯普鲁斯和贝茨一样，这种孤独和充满危险的生活使他感到非常疲劳，情绪也变得十分低落。然而，有些印第安人的手工品却很容易收集。他买了一些他们的武器、工具、装饰品和服装，而且还对当地的方言进行了记录。该回家了，英格兰这个到处都是绿田、花径和整齐花园的遥远的天堂在召唤他，他的眼前出现了壁炉边的茶桌，奢侈的面包和黄油，还有四周坐着的熟悉的面孔。

他开始沿着来路返程，在驶入内格罗河之后，他在圣诺阿金靠岸，向利马先生告别，并为他捕获的鸟制作了一些鸟笼，他还去圣加夫列尔向斯普鲁斯告了别。他在离开圣诺阿金时，有52只活动物。这个数目有增有减。有些后来跑掉了，一个猴子还吃了两只鸟；他又买了一些活的动物，特别是鹦鹉。在巴拉，他带上了四大箱标本，这些标本本来应该在一年前运回英格兰的，但因海关规定而给耽误了。等到他起航驶向帕拉时，他所收集到的上百个动物只剩下了34个：5只猴子，2只金刚鹦鹉，20只鹦鹉或长尾鹦鹉，1只长着白鸡冠的雉鸡，一些小鸟，还有他最喜欢的1只非常温顺的成年犀鸟。后来，在亚马孙河下游，别人又送给他1只森林里的野狗。在他启程的前一个晚上，犀鸟飞过了船边，掉在河里淹死了。这是一个很不祥的征兆。在他向亚马孙河下游航行的途中，他在圣塔伦做了短暂停留，去拜访了他的朋友们。希斯洛普船长当时正在那里，但贝茨在一个星期前就去了塔帕诺斯河的上游。华莱士继续遭到了阵发性高烧的折磨，当他抵达帕拉时，他除了预订双桅船海伦号的船票外，几乎什么也没做。黄热病还在继续引起更多人死亡。华莱士履行了他的最后一个悲哀的义务，他去为他弟弟赫伯特扫了墓。墓地里密密麻麻地插满了十字架：城里的每一个家庭都是"一个哀悼之家"。他给斯普鲁斯写了一封信，于7月12日，带着他的货物和剩余的小动物，启程回国了。

　　两天之后，他又发了高烧，其来势之凶猛，以致他怀疑自己是否得了黄热病。在服用了一些甘汞之后，他退了烧，但一直都很虚弱，大部分时间里，他待在自己的船舱里读书。在启程后的第三个星期的一个早上，特纳船长在早餐后进来说了一句令人震惊的话："很抱歉，船失火了，你出来看看该怎么办吧。"浓烟从前甲板滚滚而来 —— "更像是煮蔬菜时产生的蒸汽，而不像是着火时升起的浓烟"：船上的货物主要是橡皮，还有可可粉、香脂和棕榈树纤维。水手们试图闯入货舱寻找火源，但却被浓烟击退。船上的救生艇被放到了海中，华莱士回到他的客舱，找到了一个装着几件衬衣的铁盒子，把他画的鱼和棕榈树，还有几件值钱的东西，像手表，放了进去。在令人窒息的浓烟中，他无法再继续搜寻：他的衣物、日记和大量的绘画被留在了船上。"我并不想再次冒险进入船舱，实际上，我当时对挽救任何东西都感到漠然，现在都想不起来它们是什么了。"他们逃到了救生艇上。橡树脂被烧得噼啪作响，大火把船帆烧着了，甲板上大火熊熊。猴子和鹦鹉逃到了船首的斜桅上面，当它也着火时，它们又跑了回去，消失在火焰中。只有一只鹦鹉吊在一根绳索上，最后落在水里，被他们救了上来。海伦号烧了整整一夜。第二天早上，救生艇撑起了帆，向700英里（约1100公里）之外的百慕大岛驶去。

　　华莱士后来在给斯普鲁斯的信中说，他当时有很多时间去思考他的损失。为什么他会费心去抢救手表和一些纪念品？帽子、外衣和裤子或许会有用得多。然而，要挽救他收集的标本是毫无希望的，他估计它们值500英镑。更糟糕的是，他一直都保留在身边的私人收集（昆虫和鸟）也都丧失了，"那是几百个漂亮的新物种，至少在美洲物种方面，它们将会使我的收藏室（我曾经很高兴地希望）成为欧洲最完美的收藏之一"；同时丧失的还有他的素描、绘画、笔记和最令人感兴趣的三年的日志："你会明白我为什么需要有哲人般的听天由命的态度，来心平气和地耐心

Fowls on the 50 — cost on a average 6-8
books a ½ $ each — a fin string of fish
a half a dozen fine apples cost the
same — Canas or yams, sweet
potatoes, bananas, cassava bread all
in the same proportion —
Umbyuara — above falls — River now
risen — walked high the foot to the
village — Can can in the afternoon
near'ly lost very dangerous — wet
weather — Stay at St Jeronymo
falls the first. abundance of
Orchids — new fish — Heard much
about the upper part of the River —
painted turtles, beautiful birds —
White Umbrella bird &c. Determine
to go to Barra & return to spend the
dry season in this River & from up
of the first my journey to Peru.
Reasons which render this advisable

Sudden return of Ignez — Two of the
boys eaten that — Carpenteira releas poison
Jumping monkey And late
Death of a boy in the village — enjoys
being mesquine &c —

23

华莱士的亚马孙日记

对待我的命运了。"

当他们在离百慕大不到200英里（约320公里）处被乔德森号海轮解救之后，他们的担心远没结束。乔德森号是一条旧船，不仅开得很慢、很笨拙，而且还漏水；让华莱士更不放心的是，有一天晚上，船长睡觉时在身边放了一把斧头——"以便在翻船时砍断桅杆"；新添的这些旅客使船上的供给行将告罄。洗漱的水也没有了，华莱士的衬衣"肮脏得让人不能容忍"。他们捕获了几只海豚，其味道还过得去。他们的主食一点一点地被吃光了——先是奶酪、火腿，然后是豌豆和黄油，最后是猪肉，以致他们只能以水和饼干度日。但最可怕的，还是9月29日在英吉利海峡遇到的一场十分凶猛的风暴。在风暴最强劲的时候，华莱士与特纳船长一起坐在船的尾楼上。当他们随着不同寻常的巨浪上下颠簸时，特纳船长小声说道："如果我们被这种巨浪拍中的话，我们将会藏身海底。"他接着说，他宁愿下次驾驶船上的两艘救生艇，也"不愿再乘坐这个糟糕的破木盆"。

然而，他们在这场可怕的风暴中侥幸生存，尽管船舱里灌满了4英尺（约1.2米）深的海水。10月1日，晴空万里，在离开帕拉80天后，他们终于登陆了，住进了一个客栈：他享受了一个极其美妙的热水澡，"并与我们的两位船长共进了一顿美餐！啊，牛排加李子馅饼，真是饥饿的罪人们的天堂。"然而，尽管他已经沉浸在英格兰舒适的怀抱中，他还是开始羡慕斯普鲁斯，他还在"那个总是阳光明媚的伟大国土上，那里有丰富的木薯和永不匮乏的香蕉和芭蕉！"这与华莱士在沃佩斯河上游时所想象的荣归故里似乎有点落差。

# 第五章　策划下一次探险

　　在海上经历了80天的航行之后，华莱士受到了他的经纪人的热烈欢迎，他穿着棉布外套，全身冷得发抖，双脚无力。史蒂文斯先把他带到一个成衣店去买了一些应急的衣服，然后让他的裁缝给他量身定做了一套新外装，他把他请到了自己在诺伍德的家，让他母亲对他进行了精心照顾，使他在一个星期之内，就恢复了"正常的健康和精力"。史蒂文斯为他的货物买了200英镑的保险，让他避免了一场经济灾难。（他收集的真正损失或许更是学术上的，而不是经济上的：贝茨曾经把他在20个月的收集所带来的利润定在26英镑19先令。）华莱士现在已经安然无恙，他又准备策划下一次探险。在海伦号的救生艇上经历了黑暗无望的日日夜夜，还有乔德森号潮湿、拥挤、痛苦不堪的航行之后，他发誓再也不会把自己托付给大海了。但美好的决心很快就瓦解了：第二次探险是西行去亚马孙上游的安第斯山脉呢，还是向东前往菲律宾？同时，他告诉史蒂文斯，他至少得在伦敦待上六个月，尽情地享受一下生活，以弥补他失去的时光。史蒂文斯向他介绍了最新形势，告诉他铁公爵威灵顿已经去世了，水晶宫被拆了重建：他们买了哈克尼的洛迪奇斯花圃的花草和植物来装饰它，由于采纳了约瑟夫·帕克斯顿爵士聪明绝顶的供暖方案，世界上所有植物，热带的和亚热带的，都可以展示在一个没有分隔的大厅里。一个繁荣昌盛的展览业和博物馆业对收集业的发展与生存非常关键。

　　10月4日，华莱士作为一个旁听者，参加了昆虫学会的大会。此时，他在伦敦科学界已经很有名气了，尽管没有多少人见过他本人。史蒂文斯已经把他的来信摘录发表在《博物学年鉴和期刊》上，他还把贝茨的来信摘要发表在《动物学家》上。在昆虫学会的大会上，他经常会展示华莱士和贝茨寄给他的新物种标本；例如，在1851年4月7日，"史蒂文斯先生从刚刚收到的华莱士收集中，展示了一只横阔凤蝶（*Eurytides serville*）"；5月5日，他展示了贝茨从额伽寄来的鳞翅目和鞘翅目昆虫标本，"他正在返回的途中"；8月4日，他又展示了贝茨从额伽、华莱士从吉亚寄来的更多标本。值得注意的是，在1851年9月1日举行的一次特别会议上，学会对其章程进行了修正，设立了一类新会员，即非正式会员，"容许从事实际工作的昆虫学家们参加学会的会议，使用它的图书馆和收集"。1851年，史蒂文斯当选为学会理事会的委员，次年又出任了它的财务主管。因此，他理所当然地带着华莱士参加了这次特别会议，作为一个典型的从事实际工作的昆虫学家，他的遭遇被详细地记录在会议的记录里——即有关于他失去了"所有"珍贵收集的事实，并用比他自己的描述更为形象的词汇，描述了他"从一艘敞篷船上侥幸逃生，随后又经历了长期的食物匮乏和焦虑，最终在大西洋上被一艘开往伦敦的轮船救起"。当贝茨听到华莱士的损失后，向他表达了最诚挚的同情："假如这件事发生在我的身上的话，我想我会完全绝望，因为这些独一无二的标本、日志等损失是无法弥补的。"

1853年，华莱士向学会宣读了两篇论文。它为他提供了一个结识其他博物学家的好机会，同时通过学会的期刊，也使他声名鹊起。达尔文也是学会的会员，但他很少参加会议；会员中还有林奈学会主席托马斯·贝尔，大英博物馆的乔治·沃特豪斯和J. E. 格雷[1]；当时的皇家外科学院亨特讲席教授理查德·欧文；达尔文的邻居、社会学家约翰·卢伯克；昆虫和贝类专家托马斯·沃拉斯顿；动物学会的鸟类学家和动物标本剥制师约翰·古尔德；昆虫学家和艺术家约翰·柯蒂斯；博物学作者和爱好者爱德华·纽曼。像华莱士这种从事实际工作的昆虫学家还得通过一番努力才能入会。1854年1月，纽曼在他的学会主席就职演讲中，特别强调了"实际收集者"的价值，而不是那些伦敦博物馆的专家、教区牧师以及住在乡间别墅里的鉴赏家的重要性：

> 专著作家不能对收集者说，他已经详述过了，我不再需要你；仅仅认同这种想法就会变成一个绊脚石……我希望人们能够明白，我的最后这个评语特别是指那些实际收集者；他不论有什么职业，不论在白天还是黑夜，不论在什么季节和气候中，不论在国内还是国外，都会全心全意地捕获和保存我们用于所有观察的标本；他才是这个领域的真正劳动者，如果我们要让科学的明灯永远不熄灭的话，那么，我们只能依靠他为它提供燃料。

纽曼指的这些人，有英国本土的职业收集者，像布沙尔和福克斯克罗夫特，和海外的收集者，像华莱士和贝茨。他在演讲中多次间接地提到了他们两：

---

1 约翰·爱德华·格雷（1800—1875），英国动物学家。

这些人一直在为我们做了不起的、永恒的益事：他们为我们的科学提供了一种毋庸置疑的服务，而他们的动机并不比那些靠自己的正当劳动所获得公正报酬的艺术家和作家的动机更引人质疑。

然而，在海外工作的代价是很大的。纽曼对此进行了概括，并提醒他的听众，贝茨和华莱士并不仅仅是收集者，他们还对"观察和撰写手册"做出了贡献，他们从来都不会错过对标本的习性、行为、饮食和蜕变进行必要的描述。当纽曼感到他必须为他们进行呼吁的时候，这表明了当时还存在着对从事实际工作的收集者们的一些偏见。但是，这个封闭圈已经被打破，史蒂文斯带着华莱士穿了过去。1854年，华莱士和贝茨都当选为学会的通讯会员。

同时，华莱士还得重建他的个人生活。在1850年至1851年冬天，他的哥哥约翰返回了英格兰，与玛丽·韦伯斯特结了婚，玛丽是他当年跟着学徒的建筑师的女儿，婚后，约翰又返回了加利福尼亚。由于约翰定居海外，姐姐范妮的丈夫又是一个不很成功的摄影师，华莱士自认为他是他们家族的领头人。他无法远离伦敦，于是便邀请了他母亲、范妮和托马斯·西姆斯到伦敦来和他同住。他在摄政公园附近的上奥尔本尼街44号租了一栋房子，在圣诞节前夕，他们一起搬了进去。现在，他终于有机会阅读赫伯特在亚马孙写给范妮和他母亲的信，还有贝茨对他的最后时刻的辛酸描述。

在他们三个移民了的兄弟中，阿尔弗雷德算是最成功的，这让他相信，他当年去亚马孙的直觉是正确的。他被颁发了一张访问动物园的通行证——史蒂文斯也是那个学会的会员——并应邀参加了动物学会的科学大会：在12月，他宣读了一篇《论亚马孙的猴子》的论文，还倾听了T. H. 赫胥黎[1]关于"斑马肝脏里的细粒棘蚴的成长和解剖"的讲座。赫

---

1　托马斯·亨利·赫胥黎（1825—1895），英国著名博物学家、生物学家、教育家。

胥黎的演讲非常流畅和自信，让华莱士印象特别深刻，他还以为他比他年龄要大得多——实际上，赫胥黎比华莱士要小两岁。在1853年2月8日的会议上，G. W. 厄尔散发了关于马来半岛的动物学的笔记；华莱士说他经常参加这些会议，所以，十有八九这一次他也在场。皇家地理学会也向他敞开了大门。他关于内格罗上游和沃佩斯河流的笔记和相关资料，尽管不完善，但被保留了下来，华莱士及时宣读了它：这是他作为一个成功探险者的充分证据。

华莱士作为一个旅行家和博物学家的声誉，因他的美洲探险大增。他获得了一次拜访语言学家罗伯特·莱瑟姆的机会，并向他请教了他所收集的南美印第安人的词汇。莱瑟姆还负责水晶宫的人类学部，华莱士去那里对他们所制作的印第安人真人黏土模型进行了指导。他们的主要模型制作人是意大利人，他们所制作的模型全是罗马式雕像的风格和表情。华莱士能够说服他们向更真实的原型靠近。这一切，虽然非常有意思，但却没有给他带来什么物质利益，他从一个实地收集家向一个知名的作家和博物学家的转变带有很大的尝试性和不确定性。他在沃佩斯河上游时所列出的那些令人兴奋的计划中，只有两件事他真正做到了。他自费出版了《亚马孙的棕榈树及其用途》，他自嘲它是一本流行的小册子，它的大部分费用被用于支付沃尔特·菲奇[1]的制图费。这本书的印数不超过250册，华莱士刚刚能够收回他的开销。《亚马孙河与内格罗河游记》一书是根据他的一些信件和在海难中残留下来的日记写的，他在这场海轮大火中损失了两年的笔记，他后来对乔治·西尔克称之为"那本杂乱无章的书"。这本书是在共享利润的基础上出版的，他一直等了九年才得到一点可共享的利润。很明显，他需要再进行一次重大探险。

华莱士把它在马来群岛八年的漫游称之为他一生中"最重要，而且有支配性的一件事"。在他的自传中，他给人的印象是，他使用了一系列

---

1　沃尔特·菲奇（1817—1892），英国植物科学画家、平版印刷师。

有逻辑和系统性的排除法，才最终选定了这个目的地。他认真参加了各种学会的会议，并仔细研究了大英博物馆的收藏。他以最快的速度认识了沙捞越的第一个白人酋长布鲁克，他答应让他安全地访问婆罗洲[1]的部分地区：1853年4月，当他要离开英格兰时，他写信告诉华莱士，他会非常高兴在沙捞越见到他。当时，博物学家们还没有考察过马来群岛，在当地执政的荷兰当局愿意为他提供安全和后勤保障。当然，南美总会有非常丰富的自然资源，但在大西洋的另一端，贝茨已经决定继续留在巴西，并在昆虫收集方面完全得到了肯定，而且，在亚马孙河上游，也已经有了一个十分成功的鸟类收集家豪克斯韦尔。所有这一切都告诉他，应该到东方去。华莱士开始对那些更稀罕、更珍贵的鸟、蝴蝶和甲虫进行记录，并画了素描。

虽然华莱士很天真质朴，但他向人求助却从不犹豫，特别是当他认为自己已经获得了这个资格的时候。他在一次给皇家地理学会作关于里奥伦格罗的报告时，认识了罗德里克·默奇森爵士。1853年6月，他精心准备了一份非常有吸引力的探险计划，要求这个学会帮他申请一次免费的航行。

> 他提议在当年秋天或冬天从英格兰出发，以新加坡做基地，然后访问婆罗洲、菲律宾、西里伯斯岛[2]、帝汶岛、摩鹿加群岛[3]、新几内亚，以及那些最容易到达的类似的地方。根据当时的情况，在每个地方待上一年或多年。
>
> 他的主要目的是要比以前更全面地探索这些东方群岛的自然状况；但他也会对地理倍加关注，以增加我们对这些岛屿的了解。

---

1　婆罗洲，即加里曼丹岛，是世界第三大岛。

2　西里伯斯岛，即苏拉威西岛。

3　摩鹿加群岛，马鲁古群岛的旧称，古时以盛产丁香、豆蔻、胡椒闻名于世，又被称为香料群岛。

他强调说，他打算进行大量地理调查和测量——实际上，他暗示他无法负担这些所需要的仪器和旅费，并在他的请求信结尾处提醒学会的理事会，他在大西洋的航行中因大火失去了大量珍贵的收集、书籍和仪器。7月22日，华莱士的申请在学会的滑铁卢宫办公室接受了探险委员会的审查，华莱士也应邀到场。在讨论之后，决定出来了：

> 为了让华莱士先生能够成功地达到他航行的科学目的，我们祈求罗德里克·默奇森爵士，向政府为华莱士先生申请一次去新加坡的免费旅行，并从西班牙和荷兰政府那里获取去他们的东印度殖民地的介绍信。

华莱士在提交了他的申请之后，把他的《亚马孙河与内格罗河游记》的手稿送到了出版社，然后，他和乔治·西尔克一起去了法国和瑞士旅行度假。他没有想到罗德里克·默奇森爵士很快就把这些事办妥了，并安排他去亭可马里[1]航行。当华莱士最终在法国接到地理学会的这封信时，他发现自己处于一个不得不推辞这个提议的尴尬地位："从亭可马里到新加坡，再从新加坡到婆罗洲要花很长时间，而且开销也很大。"他在8月27日用这个借口向皇家地理学会秘书长诺顿·肖解释说。同时，他意识到这或许显得有些失礼，于是，便提出了一个折中方案："去东非的雪山探险，而不是婆罗洲。"这实际上是奥古斯特·彼得曼的建议，"去与不去，完全服从地理学会的决定"。他让肖和地理学会来决定"哪一个航程他们更感兴趣"。他会在两个星期之后返回英格兰；同时，肖可以在夏蒙尼找到他。华莱士完全无意放弃他在欧洲的旅行。他和西尔克去了日内瓦，目睹了勃朗峰的雄姿，并在夏蒙尼、蒙特维和弗列雷等地对阿尔卑斯山脉进行了探索。从那里，他们穿过了泰特努瓦尔通道，来到

---

1　亭可马里，斯里兰卡港口城市。

桄榔（*Arenga pinnata*）

了马蒂尼。然后，乘坐一辆轻便马车，沿着罗讷河谷去了洛伊克，接下来，他们艰难地攀登了洛伊克巴德山（他们雇用了一个搬运工为他们挑行李），并在杰米通到山顶的客栈留宿，最后，他们下山去了图恩。这是华莱士对瑞士多次访问中的第一次，这次访问使他对地质学的兴趣大增，同时，也增加了他在威尔士时就开始的高山植物采集。

秋天很快就过去了。时间的流逝似乎不再是一个问题。他的两本有关亚马孙河的书也出版了，得到了适度的关注。《博物学年鉴和期刊》对这两本书的评价很高 —— 关于棕榈树的那本书是"对马蒂乌斯的伟大著作《棕榈树》的非常有价值的补充"。但威廉·胡克爵士却对书中的错误抓住不放，他盛气凌人，话里带刺儿，十分苛刻。他质疑书中对棕榈树的识别，认为作者竟然鲁莽地与伟大的马蒂乌斯不一致：

我们绝没有质疑过华莱士先生声明的准确性，他说他的树现在被大量用来制作扫帚；我们也不能否认植物学家们从未见过这种棕榈树；然而，我们所不满的是，作为一个"对它的地理分布知道得如此精准，还在那些以采集这些树的纤维为生，并对它的产地无所不知的土著人中间生活了两年多"的博物学家，他竟然从未尽力采集一些这种令人感兴趣的植物的花和果实，以作演示。

"我们相信，"他巧妙地转动着刺入伤口的刀，"现在正在那个国家的斯普鲁斯先生会弥补这个缺陷的。"他最后又补了一刀，总结说，这本书"更适合放在客厅的咖啡桌上，而不是植物学家的书房里"。这个当年给华莱士和贝茨写了介绍信，并让他们初到帕拉时大受裨益的人，却对华莱士进行了毫不留情的打击，这也是一个警告，提醒他必须准确无误——他肯定没有在棕榈树地区连续待了两年。

万幸的是，这个书评直到华莱士离开后才发表，因此，没有影响到他的信心。书的平版印版图没有华莱士的铅笔素描那么准确，植物学也不是他的强项；即便如此，有五种亚马孙流域的棕榈树都是他命名的，他的书的重点主要是棕榈树的经济应用，他描述了印第安人是如何用各种棕榈树来造房子、做武器和当食物。胡克虽然很严厉，但却很公正，他后来对此做了弥补，发表了一封信建议对两种棕榈树，纤维直叶椰（*Attalea funifera*）和纤维膜苞椰（*Leopoldinia piassaba*），进行商业开采。同时，他还发表了一封斯普鲁斯写给他的信，它透露了一些关于这个棕榈树项目是如何开始的：

1851年9月，当华莱士先生从内格罗河上游回来时，他向我展示了一些棕榈树的树苗。我告诉他，它们好像是新种类，并鼓励他继续画。我还提议我们应该一起研究它们，我写文章，他绘图，但他拒绝了。

显然，胡克发表这段摘要的意思是想说，如果华莱士与一个专家合作的话，他对科学事业的贡献就会大得多。更刻薄的是，他发表了斯普鲁斯的私下"评论"（华莱士给斯普鲁斯也寄了一本他的书）："书中的描述简直是一文不值，很多地方没有一点值得植物学家们参考的东西；然而，他对它们的用途倒是描述得十分好。"一般人对他的游记更宽容，因为他们对华莱士所遭到的损失很同情。游记中有很多精彩段落，但华莱士却对他到底应该把它写成个人游记，还是一部系统的科学考察著作，拿不定主意。他试图两头兼顾，结果却写成了一个四不像，例如，在书的最后一章"关于亚马孙的土著居民"中，有些段落描述了很多细节，使人注意到前面章节中的一些遗漏，毫无疑问，这主要是因为他遗失了手稿的缘故。但它仍然不愧是一本非同寻常的书，只是与他后来的著作，或贝茨的《亚马孙河上的博物学家》相比，有点稍逊风骚。

同时，华莱士买了一本吕西安·波拿巴[1]在1850年出版的《鸟类百科大全》，并在它的较宽的书边上写上了关于马来西亚鸟类的注释。他还买了一本布瓦杜瓦尔[2]在1836年出版的《昼间活动的蝴蝶：凤蝶科，粉蝶科》以帮助他识别蝴蝶。他还读了一些人们普遍感兴趣的书籍，其中赫伯特·斯宾塞[3]的《社会静力学》一书对他产生了很大的影响，特别是其中关于"土地使用权"一章。斯宾塞的广泛进化演变观点和它在社会问题上的应用，及罗伯特·钱伯斯的《创世的自然史遗迹》中的一些观点，在华莱士脑海中落下了深深的烙印。他在大英博物馆的昆虫室里花了很长时间。有一天，他在那里被介绍给了另一个参观者查尔斯·达尔文。如果这次见面真的发生了的话，那么他们两人都对此印象不深。

他要求探险的第二次申请又被送到了海军部。肖博士被授权向马来半岛和东方蒸汽航行公司为华莱士申请一次免费旅行。华莱士则待在奥

---

1　吕西安·波拿巴（1803—1857），法国博物学家和鸟类学家。

2　J.A. 布瓦杜瓦尔（1799—1879），法国昆虫学家和植物学家。

3　赫伯特·斯宾塞（1820—1903），英国哲学家、社会学家、教育家。

尔巴尼上街等候消息。在此期间，他为他哥哥约翰的朋友，詹姆斯·威尔逊写了一封介绍信，威尔逊自愿报名参加了地理学会赞助的去北澳大利亚的探险活动——"一个很好的丛林人"，华莱士评价威尔逊时说——当然，去澳大利亚探险的念头也在他的头脑中闪现过。但海军部的关系终于办妥了华莱士的探险事项。华莱士先把沉重的仪器和大部分书籍通过较廉价的好望角航线运送去了新加坡，然后，在1854年1月，他南下去了朴次茅斯港，登上了开往悉尼的皇家弗拉里克号战舰。他将从悉尼再前往东马来群岛。1月22日，纽曼在对昆虫学会所做的主席讲话中，大篇幅地引用了华莱士的《亚马孙河与内格罗河游记》，并代表学会预祝华莱士一路顺风。

华莱士在船上安顿下来之后，受到了诺罗斯船长的热情欢迎，他让他把小床安放在舰长室里，还为他提供了一张小桌子以便写作和读书用。华莱士开始期盼着与这些情投意合的军官相伴而行，他还自娱自乐地按照马里亚特船长所写的航海小说中的人物，给这些军官对号入座。他肯定一时把自己想象成了在小猎犬号上的达尔文。弗拉里克号战舰在海上航行了数个星期之后，突然接到了航行计划被取消的命令。于是，它改变了航向，转而驶向克罗米亚。华莱士给海军部写了一封信，一肚子怨气地拉着他的所有行李去了波特西港的科佩勒斯·赫德旅馆，他现在面临着一个不很吸引人的选择：乘坐皇家朱诺号军舰"绕道"去澳大利亚。朱诺号的船长是弗里曼特尔，华莱士写信告诉肖，人们"对他的评价不高"。他正尽力地"像在亚马孙河上时一样"保持耐心，但如果能够得到任何确定的消息，而不是"无休止的焦急等待"的话，他将会非常高兴。他不停地写信请求。他已经有了一封给英国领事馆的介绍信，现在他要求海军部再给他在澳大利亚和东印度基地的海军军官们写一封介绍信，以便请求他们在军舰停靠在那些鲜为人知的小岛时，为他的探险提供帮助。他回信接受了乘坐朱诺号的建议，但很快又改变了主意。几天之后，他回到了伦敦，又去敲了罗德里克·默奇森爵士的门，他的坚持不懈终于为他获得了一张去新加坡的黑海号轮船的头等舱船票。

这可是一个完全意外的惊喜，它可以让他再带上一个助手，这可是军舰上所不容许的。他的收集学徒叫查尔斯·艾伦，个子不高，只有16岁，但看上去更像13或14岁，他父亲是一个木匠，曾经为华莱士的姐姐做过木工活儿。这个决定肯定是双方的一时冲动，后来他们都有理由为此而感到后悔。

黑海号在3月起航驶向直布罗陀、马耳他和埃及，终于把华莱士带离了他在英国这段短暂的挫折。他们被公共马车从码头带到了亚历山德里亚港的一个旅馆，然后华莱士决定带着查理（查尔斯的昵称）出去安静地走一走。结果，他们完全融入了一个东方城市的嘈杂和喧嚣之中：

> 现在，瞧瞧你的长腿朋友吧，他正在亚历山德里亚港的街上骑着一头公驴；身后跟着一个男孩，牵着它的尾巴吆喝着它前行；查尔斯骑着另一头驴，消失在后面的人群中；我的向导骑着第三头驴；人群中混杂着犹太人和希腊人、土耳其人和阿拉伯人，还有戴着面纱的妇女和叫喊着赶驴的男孩们，就这样，我们开始了这个城市的观光。我们逛了街市，还有奴隶市场（在这里我们被他们拉来拉去要小费，都快被拉成碎片了）。我们看见了带有优雅的尖塔的清真寺，还参观了伯夏（旧时奥斯曼帝国和北非高级文官员）的新宫殿，它的内部装修得非常漂亮。我们在路上还遇到了很多土耳其士兵，他们队伍不整地在街上随便地行进着；我们在熙熙攘攘的人群中痛苦地度过了两个小时之后，回到了旅馆，从那里，我们将动身去乘坐运河的游览船。

华莱士作为一个旅行家，有一个很大优点，那就是他能够强烈地感到自己行为的荒谬性，并能通过他人的目光来看自己，无论他们是沃佩斯河上的印第安人，还是阿鲁岛上的人，或者是亚历山德里亚港的赶驴人。他的另一个长处，便是他对不同生活方式的极大热情和他极其向往


大自然的收集者：华莱士的发现之旅

能亲眼见到他在书中所读到的那些地方。他写信告诉西尔克，再重读一下撒克里的《初到东方》，"你就会理解我现在的感受了"。他对一切都充满了好奇——坐驳船畅游尼罗河，"泥地里的村庄，棕榈树，骆驼，由水牛拉动的灌溉水轮，一览眼底——这是一个完全平坦的国家，到处都长着绿油油的玉米和扁豆；河中有无数挂着巨大的三角帆的船只"。然后，他们参观了金字塔和开罗——啊，大开罗！一座充满了浪漫的城市——他们漫游了这座风景如画，但却肮脏的城市；最后他们找到了一个英国人开的安静的旅馆，享用了黑面包和新鲜奶油；第二天早上，他们乘坐着一架由四匹马拉着的双轮公共马车，去了苏伊士港，每过3小时就停下来用餐，路边有很多骆驼的尸骨——"无数的驼队"在路上行走，它们驮着寄去印度和澳大利亚的邮件，还有旅客的行李。在每次进餐的地方，他都会采集一些沙漠里的植物，拾一些贝壳。在午夜时分，他们抵达了苏伊士港，第二天，便登上了孟加拉号轮船，终于可以松一口气了，这艘船的船舱又大又舒适，比黑海号强多了。他们在荒无人烟的火山岛亚丁停留了一天，然后，驶向锡兰[1]的加勒岛。在那里，他们第三次换了船，乘坐波廷格号去了槟榔屿，那里山清水秀，有很多香料树和瀑布。最后，他们向南通过了马六甲海峡，驶向新加坡。

　　1854年4月20日，华莱士抵达了新加坡，开始了他在马来群岛的"八年的漫游"和对东方的了解。他在那里待了三个月，对这个岛上丰富的甲虫和蝴蝶进行了收集。新加坡当时在英国的管制下，那里的中国人让它充满了活力，它的人口来自马来群岛的各个地区：除本地的马来人外，还有通过马六甲海峡来的葡萄牙人、西印度的克林贡人、孟加拉人、帕西人、爪哇的水手和在它的东西方的岛屿上来的商人。华莱士十分喜欢这座城市的喧嚣和勤劳，特别是中国人的商业精神：在岛的内陆，中国人正在伐树取木，并在开垦出来的空地上种菜和胡椒。华莱士与住在岛

---

1　锡兰，斯里兰卡的旧称。

中央的武吉知马山的法国耶稣会传教士们成了朋友。伐木人的小路给他提供了方便，落叶、树皮和锯末也为昆虫和它们的幼虫提供了丰富的营养。他按照他在帕拉形成的习惯开始了工作：

> 早上五点半起床，洗澡，喝咖啡。然后，坐下来整理并收藏好前一天收集的昆虫，把它们放在稳妥的地方晾干。查尔斯修补捉昆虫的网子，在针线包里装满大头钉，准备开始一天的工作。八点钟早餐；九点出发去森林。我们都得爬0.25英里（约400米）的陡坡才能到达目的地，到达后已经是大汗淋漓了。然后，我们沿着中国伐木人开辟的小路，在凉爽的林中转悠，直到下午两三点，我们一般会捕捉到五六十只甲虫，有些非常罕见或漂亮，有时还会捉到几只蝴蝶。回来后更换衣服，然后坐下来杀死并钉上昆虫，查尔斯则负责整理苍蝇、黄蜂和其他虫子；我还不能放心地让他处理甲虫。四点吃晚餐，然后工作到六点钟。随后读书或交谈，如果昆虫很多的话，再工作到八九点钟。最后上床睡觉。

这一切对华莱士来说或许是习以为常——但对一个16岁的伦敦男孩来说，却是一个坎坷的开端。

这片森林面积虽然不到1平方英里（约2.6平方千米），但却拥有大量的蝴蝶和各种昆虫，甲虫的种类特别多——不少于700种，很多还是"新"种类，其中有130种"奇特而优美的天牛，它们备受收集者的青睐"。这不论在商业上，还是在知识上，都是一个很好的开端。然而，这里的鸟和兽却不多，除了老虎（华莱士认为，它们每天都会吃掉一个中国人，主要是在种植场，它们偶尔的吼叫使在锯木坑中捕捉昆虫的他俩十分紧张）。他决定到马六甲去试试运气，他在那里待了两个月。他雇用了两个葡萄牙人，一个做饭，一个打鸟和剥皮，然后便向内陆行进。他在那里收集到了很好的鸟类标本：东方的咬鹃、绿色的拟啄木鸟、一只

在野外工作的华莱士

像冠伞鸟的绿色阔嘴鸟、翠鸟、杜鹃、鸽子和吸蜜鸟，这让他"一直都兴奋不已"。回到马六甲，他开始发高烧，根据当地医生的建议，他吃了比他在亚马孙时更大剂量的奎宁。然后，他去了内陆的亚逸巴那士，在政府的平房里休养了两个星期，他的体力恢复得很快，他开始策划到30英里（约48公里）之外的俄斐山去探险。他在当地遇到了一个对博物学很感兴趣的人，他雇用了六个马来人，随后开始了他的第一次重要的长途跋涉。

　　这次步行十分艰难，他们常常在"长满了蚂蟥"的泥潭里行走，身上爬满了"随时随处都咬"的蚂蟥。最终，他们抵达俄斐山脚下，他的随行人员在一条石溪边搭起了一个小棚子，扎下了营，还捕捉到了一些很好的新品种蝴蝶，随后开始登山。山上有很多蕨类植物——大片双扇蕨（*Dipteris horsfieldii*）和罗伞蕨（*Matonia pectinata*）——和猪笼草。因为缺水，华莱士尝试着喝了猪笼草里积攒的大约半升水，水里虫子很多，看上去很恶心，但喝起来却味道不错，尽管水是温热的。休息之后，他继续登上山顶，这座山海拔4000英尺（约1219.2米）。他在煮咖啡时，用沸点温度计进行了测量，并用弯管流体压力计进行了核对，以确认山的高度（这是他为地理学会所执行的任务）。山顶是"一个岩石平台，上面长满了杜鹃和其他草丛。当天下午，天气晴朗，山上风景优美 —— 由森林覆盖着的山丘和山谷一望无际，闪闪发光的河流蜿蜒在其中"。在景观方面，他更喜欢瑞士，甚至还有斯诺登山。但这里却有另一些令人十分兴奋的东西：了不起的大眼斑雉的叫声，大象的粪便和犀牛的踪迹。他们点燃了一堆篝火，"以防这些动物的出现，我们中的两个人声称他们有一天看见了一只犀牛。"俄斐山以"容易使人发高烧"而著称，当他们返回马六甲后，人们都对他们在那里鲁莽地待了如此之久而感到惊讶。

华莱士在他的《马来群岛自然科学考察记》中，极力想在这次相对平凡的探险中，创造出一些危险和令人兴奋的情节，他为书中的"贫乏和简练"找借口说，这是因为他丢失了一些信件和笔记，他还抱怨说，他寄给皇家地理学会的一篇论文"没有被发表，也没被宣读，因为在会议结束时时间不够，而且现在连原稿也找不到了。"（事实是，这篇论文被认为太简短而没有发表，现在存放在皇家地理学会的档案里。）然而，威廉·胡克爵士在他的《植物学》上，发表了华莱士的一封描述他攀登俄斐山的长信。或许华莱士有意要忘掉这封信，因为它含有一些未经深思熟虑、不太实际的想法。例如，下面这段关于马来人的描述：

> 他们个子不高，身体强壮，但却长得并不好看；就拿我偶尔见到的妇女和姑娘们做例子，她们完全没有必要躲避人或遮住自己的脸，除非她们因为太丑陋而感到害羞。

这完全就是一个在海外的糟糕的英国人所说的话，它从华莱士口中说出来是非常罕见的，他似乎是站在一个新加坡俱乐部的阳台上，用歧视的目光傲视着公众。然而，婆罗洲将会完全改变他。尽管如此，这次探险仍然是一次有用的最初尝试，他永远都不会忘记他第一次在东方热带雨林中的经历。

第六章　猩猩的国土

　　1854年9月，华莱士回到了新加坡，他一边忙于向史蒂文斯发送收集的标本，一边拜访老朋友们，并为下一次大探险做最后的准备。他从英格兰寄出的书籍和仪器经过好望角抵达了新加坡，因此，他装备齐全了。他趁机让一个中国裁缝为他量身制作了多套西装，一套两先令。布鲁克酋长当时也在新加坡，他正在极不情愿地准备为一个特别委员会出庭作证，这个委员会正在调查他的颇具争议的反走私活动。布鲁克的好客和影响将对华莱士的成功十分关键。华莱士在9月拜见了布鲁克，布鲁克非常友好地提出要向他"在他所管辖的领土上所进行的探险提供一切帮助"，于是，他决定下一站先去婆罗洲，而不是与他在武吉知马山遇到的法国耶稣会的朋友们一起去柬埔寨。1854年11月1日，他在婆罗洲海

山都望山

岸登陆，他将在这里停留近15个月，这是他在东方行中连续停留时间最长的一次，在这里，他将创作迄今为止他所写的最重要的科学论文，并首次在野外看见了与人相似的婆罗洲猿猴——红毛猩猩。当他乘坐的轮船接近海岸时，雄伟的山都望山出现在眼前，用意大利博物学家奥多阿尔多·贝卡里的话说，"就像是一座镇守在沙捞越河河口的堡垒"。山都望山是一座石灰岩大山，从平坦的大地上拔地而起，陡峭的山壁覆盖着森林；一些小岛散布在海岸线上，岸边点缀着沙滩、红树林，还有一些延伸到海边的森林。在沙捞越河的河岸上，长着水椰和里蒙棕。华莱士现在终于站到了他在东方的第一个伟大的收集地的岸边，这个地方和亚马孙河流域一样，物种丰富，而且还没有被博物学家们开发过。"这个国家看上去让我非常满意，"华莱士在给肖博士的信中说，"（虽然我到这儿还不到三天）这里能够**测量**的山比我预期的要多得多，我相信我能很好地抓住这个机会。"他牢记着地理学会给他提供的帮助，时刻都在强调他的探险计划中的地理方面，他还随信附上了一份对俄斐山的描述，作为他正在努力工作的证据。

　　在最初的两个月中，华莱士主要依靠沙捞越河和山都望河作为出行

布鲁克酋长在沙捞越河上游的住所

的选择——因为没有别的选择——他从河口一直收集到了沙捞越市，然后，又逆流而上，走到了中国人正在开发金矿的石龙门。当时正值雨季，按照华莱士的高标准，收集成果不大。他应布鲁克之邀，在沙捞越度过了一个美好的圣诞节，与他做伴的有酋长的小圈子里的几个欧洲人，还有与他们截然不同的英国圣公会的传教士们。之后，他顺流而下，回到了山都望山脚下的沙捞越河口——正好在现在的巴科国家公园的对面——他在这里的一栋小屋里读书、做笔记和思考，等候雨季的结束，只有一个马来男孩为他做饭；查尔斯·艾伦被留在了布道所。他在新加坡时，每天晚上都做笔记，最终形成了一个写书计划，暂时取名为《变化的生物规律》。现在，他孤独一人，于是他充分利用了他暂时不能进行收集的机会，撰写了一篇名为《论制约新物种出现的规律》的论文，从而开启了他理论创作的第一个阶段。

华莱士写作这篇论文的主要动机是为了驳斥爱德华·福布斯[1]的《反向性理论》，福布斯是一个坚定的神创论者，他支持"有序的自然是神的策划"的观点，这完全是"一个标准的谬论"，华莱士后来对贝茨说。1854年2月17日，福布斯在他的地质学会主席演讲中提出了这个理论，这正好是在华莱士出发去东方之前，但华莱士更可能是在史蒂文斯寄到新加坡的期刊中读到它的。华莱士当时还受到了查尔斯·莱尔的《地质学原理》，弗朗索瓦·朱尔斯·皮克泰的《古生物学条约》，拉马克的进化论和罗伯特·钱伯斯的《创世的自然史遗迹》的影响。在他简洁的论文中，华莱士提出了他的简单定律："每一个物种的出现，在时间和空间上，都是与一个现存的、与它近缘的物种同时发生的。"他在这里所提出的一个核心思想就是，物种的进化是通过渐变而产生的，因此，他的定律可以解释"有机体分类的自然体系、它们的地理分布、它们的地质秩序、它们变种中的代表性和被反代性属类现象，还有解剖结构上最奇特的特征"（华莱士所描述的这些"特征"就是他称之为"发育不全的器官"，像"企鹅带鳞片的阔鳍所形成的适用于飞行的翅膀的反型初形"，他当时没有意识到，大部分这种例子都是"退化"的特征）。虽然华莱士在这里只是综合了现有的知识和理论，总结了被广泛接受的关于有机地理和地质的一些命题，但他的观点是建立在自己观察的基础上的。他通过旅行和仔细观察一些纲、目、科、属和种的分布模式，证实了他的结论是符合事实的。例如，他用他实际收集到的鸟类标本证实了一个重要的地理命题："当一个群体被局限在一个地区时，而且群体内的物种很丰富，那么最近缘的物种不可避免地会出现在同一个地区，或者非常邻近的地区。因此，物种的亲缘性也会体现在地理分布上"——这个提议可以帮助回答如下的问题："为什么紧密相关的棕背咬鹃只在东方可以见到，而绿背咬鹃却只生活在西方？为什么金刚鹦鹉和凤头鹦鹉的分布也

---

1 · 爱德华·福布斯（1815—1854），英国博物学家。

是如此?"

他的论文中有一段引人注目的论断直接来源于达尔文的《小猎犬号航海记》:

> 加拉帕戈斯群岛是一组相当古老的火山群岛,它们或许从来没有像现在这样与大陆紧密相连。就像其他新形成的岛屿一样,它们上面的物种肯定是最初由风雨和海流带到岛上的,这个年代一定非常遥远,以至于岛上的原始物种都灭绝了,存活下来的都是它们的变种。同样地,我们也可以解释不同岛上所存在的特有物种,它们要么是因为当初飘移过来的物种占据了整个岛屿,并随后产生了不同的变种,要么是各个岛屿上的物种不断地相互移植,最终,新物种从现存的物种中产生。

(华莱士在这里所用的"产生"这个词,很明显是指"进化"。)他还用一棵树——一棵扭曲的橡树——或人体中的血管系统,来说明过去和现存物种之间的关系:

> 让我们再考虑一下,如果我们只知道这个巨大而复杂的系统中的一部分,假如我们用一棵大树的根和主干来代表那些我们不知道、并已灭绝了的物种,而我们的任务是把这棵大树剩下的一大堆树干、细枝和落叶重新恢复成它们的原型,那么,建立一个真正的物种分类的自然系统的整体难度就一目了然了。

华莱士声称他的定律

> 比以前所有的假设都更合理,因为它不仅能用来解释我们现有的一切,而且还能说明它们为什么会存在。假定这条定律成立的话,那

沙捞越的树，华莱士绘

么，自然界中的很多重要的事实几乎必然是从这个定律演绎而来的，绝不会有两样，就像行星的椭圆形轨道是由万有引力定律产生的一样。

华莱士把这个理论陈述得十分清晰，但他却没有涉及它的机制问题，即这是如何发生的。他当然不是故作神秘地进行小心谨慎的试探，这是一个公然挑战：福布斯当时已经被任命为爱丁堡大学的讲席教授，因为他为人慷慨和率真，人们即使不赞同他的观点，也对他的人格十分赞赏。他极会对此进行回应。很明显，华莱士希望挑起一场辩论，尽管他身在远方，但他不知道的是，正当他在山都望的暴雨中撰写他的论文时，福布斯在11月就去世了，年仅39岁。他把论文放入了信封，寄给了史蒂文斯，让他转送给《博物学年鉴和期刊》的编辑。然后，他继续读书，在他的物种笔记本中做了大量的笔记，并全面发展他正在思考的理论，直到雨季结束。当他注意到莱尔关于"物种的平衡"的观点后，他评论道，"对人类来说，这不是平衡，而是一个物种灭绝另一个物种的斗争。"此后不久，他又写道："在我的书的最后一章，先介绍这个观点，并反驳莱尔的全部观点。"看来他的大脑正在高速运转。

迄今为止，他的收集比较零碎，绝非成绩斐然。他需要深入婆罗洲，或者至少应该离开沙捞越和山都望流域，到新的领域去。回到沙捞越，他开始向人征求建议。在东面的一座孤山下，有一个新开发的煤矿，它坐落在实文然河边，这条河是沙东河的一个小支流，路德维希·黑尔梅斯建议他到那里去试一试运气。华莱士接受了这个建议，搬去与那里的约克郡人主管、工程师库尔森居住。他发现这个地方可以收集的东西很多，于是就为他和查理·艾伦建造了一栋有两个房间的小屋，用来存放他们众多的行李，像行军床、茶杯、茶匙。当然还有他的科学仪器、指南针、温度计、气压计、弯管流体压力计，以及他的书、药和一个用来保存钱和珍贵物品的结实盒子。但占据空间最多的，还是他的收集工具：捕捉网和箱子、装着化学药品和酒的瓶子，还有更多用来装他捕捉的标本的板子、箱子、罐子和桶。

在接下来的九个月中，实文然成了他的家。在一个昆虫学家眼里，这是一个很理想的地点。它四周数百英里都是"覆盖着平原、山冈、岩石和沼泽的壮观的森林"；雨下得少了，出太阳的时间越来越长；在他停留的地方，中国劳工和迪亚克劳工正在为采矿而砍伐这个原始森林，以便在此铺一条2英里（约3.2千米）长的到达沙东河的轨道。林中有很多锯木条、木板而留下的锯末，到处都是木头、树皮和干枯腐烂了的树叶，为甲虫和昆虫提供了一个繁盛的生长环境；在阳光充足的空地和路径上，到处都是飞舞着的蝴蝶和黄蜂：

在婆罗洲实文然河所发现的各种特别的甲虫


3月12日，天气晴朗——到处都是苍蝇、膜翅目昆虫和黄蜂，有时会有几只天牛，偶尔还会有一只亮绿色的吉丁虫嗡嗡地飞过去，落在被炙热的阳光照耀着的树干或伐木上，然而，只要我们稍微接近它，它就会马上飞走。

华莱士开始从劳工那里买昆虫，一分钱一只。在这之前的四个月里，他收集到了320种不同的甲虫；但现在两个星期之内，他就收集了同样多种类的甲虫，平均每天收集24种。有一天，他收集到了76种昆虫，其中34种是他第一次见到的，实在是令人难忘。他在婆罗洲收集标本的总数——华莱士一直很关注他收集的总数，因为它代表着他未来的银行存款——整整有2000种，其中1900种都是在实文然不到一平方英里的面积上收集到的。他现在对没有到澳大利亚去探险感到非常幸运。婆罗洲是一个最佳地点，他甚至还和酋长谈起了让乔治·西尔克也到这里来的计划。

受到这个开门红的鼓舞，华莱士准备在此长期停留。他养了一些鸡和猪，还种植了南瓜和洋葱——"要不然我们什么吃的都没有"。但鞋却是一个问题——他一直都在忙着对它修修补补，对它的内部结构变得十分精通。另外一个问题就是查尔斯·艾伦。姐姐范妮威胁着要给他再派一个助手来：他需要有些什么素质？这包括整洁和坚韧

婆罗洲的"飞蛙"

不拔吗？"不要告诉我，他得是一个'年轻可爱的男孩'，那是肯定的。查尔斯还是一个很好的男孩子呢，但我绝不会再找一个和他一样的助手的。"查尔斯是一个木匠的儿子，但他却对木工活儿一窍不通，在"12个月"不断的练习和传授之后，他仍然不会安放蝴蝶和悬挂鸟的标本。然而，查尔斯在户外却干得相当不错，他是一个高效的收集者，射击也越来越准，而且还很会剥鸟皮。但是，要让标本制作不停顿的话，一个昆虫和鸟的安置手是十分关键的，要不然的话，华莱士永远也不可能离开他的桌子。

当然，他收集的还不仅是甲虫。虽然当地的蝴蝶不多，但它们却十分绚丽多彩，特别是那种长着长长的、尖尖的翅膀的漂亮蝴蝶，在它"天鹅绒般的黑色翅膀上，有一条弯曲的、发着耀眼的金属绿的斑点，从翅膀的一端延伸到了另一端，每一个斑点就像一个三角形的羽毛"——他以酋长的名义把它命名为 *Ornithoptera brookiana*，现称为红颈鸟翼凤蝶（*Trogonoptera brookiana*）。有一个中国人给他送来了一只很大的树蛙，这是一种"飞蛙"，他对它进行了素描，并认为这是树蛙中的一个新种类。有时候，天空中会布满密密麻麻的以水果为生的蝙蝠，使天空黯

119

灰袋貂

然无光。他当时没有雇用职业猎手，而且还得忙于捕捉昆虫，因此，遇到的鸟儿很容易就逃走了，其中包括犀鸟，但他还是捕捉了五只松鼠、两只豹猫、大鼠猬——"介于猪与臭鼬之间"——还有很罕见、像水獭一样的獭灵猫。他在笔记中不仅仅描述了动物的习性："袋貂——以果子和树叶为食——肉很嫩，味道极佳"；"鼷鹿——非常好吃——**炖了**"。但这些都是无意中的收获。有人告诉他，实文然是找到红毛猩猩的最佳地方。在这里待了一个星期之后，他到离住地四分之一英里的地方去捕捉昆虫，突然，他听到附近的树上有一阵簌簌声响：他抬头一看，第一次看见了红毛猩猩，它正缓慢地在树枝间移动。他跟着它在森林中穿行，直到沼泽地变得太泥泞而无法行走。他在笔记本中记录道："3月19号，星期一。这是我的一个吉日。我第一次在红毛猩猩生活的原始森林里看见了它，也就是迪亚克人口中的'mias'"。在附近的一棵树上，他发现了"它们用树枝在一个树杈上建造的窝，或者说是住的地方"。

华莱士的目的是要在"猩猩的原产地"见到它们，研究它们的习性，并捕获一些好的标本。作为一个19世纪中叶的博物学家，他并不认为同时做这些事儿有什么不妥。当地的猩猩似乎很多，它们消耗不少水果，特别是榴莲，因此，迪亚克人把它们的消灭者看成是自己的恩人。华莱士在笔记本中按顺序记录了每一个捕获的标本，之后又加上了最终的购买者——大英博物馆、德比博物馆——和售价。在随后的六个月中他射杀了15只猩猩，使查尔斯·艾伦和一个中国男孩一直都忙着给这些动物剥皮。它们的头骨和骨骼被晾干，皮被浸泡在药用烧酒里。骨头会被放在一口大锅里煮，在晚上，还得用木板把锅盖上，并在上面压上很重的石头；即使这样，迪亚克人的狗还是把一个猩猩的大部分骨头给拖走了，它还把华莱士的靴子给咬破了，蚊帐也被咬掉一块。华莱士对猩猩的追捕可谓是不屈不挠，有一次，他为了找到一个更好的角度来射杀一只年迈的雄猩猩，不惜走进齐腰深的水中，随后，他把它拖在小船的后面顺流而下，因为在岸上找不到一个合适的地方，他只好把它放在一堆树上进行了测量和剥皮。长期的狩猎和追捕给他提供了很多直接观察猩猩的饮食习惯和在林中行走的多种方式的机会，他还从迪亚克人那里获得了很多有关它们的信息，特别是当地的一个酋长克西姆。

　　同时，他还获得了一个非常罕见的机会来照看一个幼小的猩猩。5月16日，他射杀了它的妈妈（第7号，他给标本的编号）。第8号正面向下躺在一个泥坑里。他把它清洗干净后带回了家，一路上，它紧紧地抓着他的胡子。小猩猩只有四个星期大，因为没有牛奶，他就把饭水装在一个瓶子里，在瓶盖上插一个羽毛管喂它，有时还在水里加点糖和椰子汁。他用一个小盒子给它做了一个窝，准时记录了它长出的第一颗牙齿，他很快就能用勺子喂它了。他还为它找了一个伴，一只小兔唇猴子，名叫托比——这个名字取自《项狄传》中的托比大叔。在《马来群岛自然科学考察记》一书中，他很有感情但却客观地记录了所有的细节。但在给他姐姐的信中——还有他寄给《钱伯斯杂志》的一篇文章中——他用描

大自然的收集者：华莱士的发现之旅

迪亚克人攻击红毛猩猩

122

述人的口气描述了"一个孤儿",它的母亲是一个野生的"林中女人":"很遗憾,这个孩子很丑,它长着棕色的皮肤和红色的头发,嘴很大,但它的小手和脚看上去很美……"他希望有一天,能够把这个小女孩介绍给动物园里参观的人们,但他的这个愿望落空了。小猩猩没能茁壮成长,他在7月16日写道,"之后,它得了严重的浮肿病"。在《马来群岛自然科学考察记》一书中,他记录了它的死亡和他失去这个小宠儿时的悲伤。他的笔记显示,他结束了它的痛苦——"杀了";"皮和四肢被浸泡在烧酒里";"大英博物馆6英镑"。

在7月和8月,华莱士因为脚脖子溃疡而无法行动,这使他有空写了一些关于猩猩的文章,其中包括一篇给《博物学年鉴和期刊》的科学论文。他还为他所规划的书做了很多笔记。他在实文然时,收到了国内寄来的邮件,其中有一双他急需的鞋,还有一块腊肉。"我担心腊肉不能吃了,"华莱士告诉他姐姐。她到底是怎么想的?这块腊肉没有经过科学包装和密封。下一次,他会直接向福南·梅森食品店购买。早餐后,他又在信尾加了一句口气稍微委婉的话:"腊肉刚好能吃!只是已经变成了棕黑色。"他还收到了有关他家人的消息,当然他通常也有很多建议告诉他们。范妮和托马斯·西姆斯在康迪街上租了房子作为他们的照相馆——他建议他们在摄政街的拐角处立一个漂亮的牌子,写上"摄影官"来做广告。他母亲也应该搬到伦敦附近的小屋去住,这比在他们家寄宿要好。他哥哥约翰和他妻子玛丽已经在加利福尼亚安了家;华莱士这时计划继续向东旅行,绕地球一周返回英格兰,或许,他会在美国做一些测量工作,如果这能给他带来更多收入的话。

随着时光流逝,雨季到来了。华莱士开始策划他的下一步行动。他需要更多的资金来进行下一次重大探险,这意味着他必须先回新加坡。首先,他决定继续深入内陆探险,因此他让查尔斯先从实文然坐船把他收集的标本和大批行李运回沙捞越,自己则带着一个会讲迪亚克语的马来男孩乘船去了沙东河上游。在这次旅行中,他寄宿在迪亚克人的长屋

迪亚克青年

里，借机观察到了他们的生活方式，并记录了他们巧妙地使用周围的植物和树木的方法，特别是竹子："它是热带雨林中最美妙、最漂亮的产品，大自然赐予这些原始人的最有用的礼物之一。"他还发现了猪笼草和兰花，很快就不费时地收集到了各种蕨类植物。但有一件事让他迷惑不解：为什么迪亚克人的村落都很小、很分散，而有利于人口迅速增长的条件都存在——丰富的食物、宜人的气候，还有早婚。华莱士认为只有一个马尔萨斯的抑制因素在起作用——女人们的不育，他提出的原因是：她们持续的繁重体力劳动和平时携带的沉重货物。然而，他没有待很长时间来了解他们复杂的社会和文化——他对他们的舞蹈并不看重，但他记载了他们待人友好和具有好奇心：那里的很多妇女和小孩都从未见过欧洲人，他不得不卷起裤腿让他们看他的白皙的皮肤。晚上，他在长屋的走廊上过夜，床的上方常常挂着好几个用烟熏干了的人头，这使他对那里流行的防卫方式和诚实感叹不已。他随后去了附近的山区，和沙东河与沙捞越河之间的分水岭。然后，顺流而下回到了酋长那里，住在他的平房里进行休整。

这时已经是1855年12月初，在1月底之前没有去新加坡的航船。于是，他接受了布鲁克的邀请，与他和他的秘书斯宾塞·圣约翰一起去布鲁克的山区修养一段时间，这个小别墅建在沙捞越河上游的一座2000英尺（约610米）高的大山的山峰下。这个山很陡，必须得通过一系列的梯子、竹桥和很滑的山路才能抵达。路上到处都长着茂密的榴莲树和椰子树，但他们仍然能够在山的一面看见通往深山的沙捞越山谷，和另一面通往大海的绿色平原，远处山都望大山的轮廓也清晰可见。燕子在天空中飞来飞去，在小屋的下方，有一条从山洞里流出来的山泉，可供饮水和洗一个凉爽的澡。当地的迪亚克人每天会给他们送来可口的水果，像山竹和椰色果。这一切对华莱士来说，既是一种奢侈，也是一种刺激。他与布鲁克相处得十分融洽，两人都喜欢下国际象棋，由于没有布道所的人在场，他们的谈话无拘无束。布鲁克是一个坚定的

阿里，1862年

神创论者，但他也喜欢推测和辩论。据圣约翰说，华莱士在当时就"在他的脑海里思索着物种起源的理论，达尔文当时也在思考这个问题；即使他没有说服我们认同这些丑陋的邻居猩猩是我们的祖先，他滔滔不绝的巧妙辩论也使我们的谈话十分愉快和具有启发性——非常好的交谈。"（布鲁克自己对猩猩的观察在1841年发表在《动物学会会议录》上。）随后，华莱士返回了沙捞越去过圣诞节，然后便与查尔斯和一个马来男孩阿里一起回到了小屋，进行了三个星期的紧张收集：蕨类植物、兰花、陆生贝类、蝴蝶，还有飞蛾：在一个黑暗的雨夜里，他一共捕捉了260只，他不断地捕捉并把它们钉起来，一直忙到半夜。他在这儿一直待到他不得不启程去附近的新加坡为止，他只给自己留下了一个星期来整理收集到的标本。

1856年1月25日，当他起航时，他把查尔斯·艾伦留在了身后。麦克杜格尔主教需要一些传教教员，他提出要把这个年轻人培训成一名教员，

而且艾伦也"适合从事宗教工作"。但他学习得十分吃力。华莱士提出要给他更好的待遇，并答应按收集的件数来支付他，但他更愿意留在沙捞越。华莱士真不知道应该是高兴还是沮丧："这给我省了不少麻烦和烦恼，没有他让我大大地松了一口气。"他向范妮坦白道。"但话又说回来，这对我来说是一个极大的损失，因为他刚刚开始在收集方面能够提供一些帮助。"他认为查尔斯在麦克度格尔和布鲁克的照顾下，不会让人担心。于是，他用15岁的阿里取代了他，阿里是一个很有前途的射手，更听话，而且他比一个欧洲学徒在饮食住行方面更省钱、更简便。

华莱士在新加坡等候着资金和船的到来，大约被困了四个月。在婆罗洲度过了一段激动人心的时光后，成天等待从英格兰寄来的邮件令他十分烦恼，特别是史蒂文斯的下一封信主要是在抱怨他最近寄去的标本是"很糟糕的一批婆罗洲标本"。华莱士马上进行了辩护，说它们是在雨季时节捕获的——在实文然宜人的气候开始之前——而且除了飞蛾，他自己也认为这是一批"糟糕的收集"。他对那些看不上小昆虫，或错误地认为热带昆虫一般来说都是又大又鲜艳的标本爱好者感到绝望。在他离开伦敦之前，人们一直都在要求他"不要忽视小东西"；"我们想要的就是小的东西，因为它们从来没有在热带被收集过。"

同时，他急需下一次探险的资金。他刚到婆罗洲时在实文然收集的标本，在1855年8月搭乘科务比亚号船离开了新加坡，它经过好望角驶向英国。史蒂文斯在1856年1月6日的信中告诉他，它们已经抵达英格兰。华莱士在3月10日给他写了回信。在这些标本被卖掉之前，资金是不可能寄往新加坡的——这或许还得三个月。这个过程不仅漫长，而且还有很多不确定性。实际上，史蒂文斯为华莱士尽了最大努力。1855年4月2日，他向昆虫学会描述了红颈鸟翼凤蝶，并在6月4日展示了一个"极好的标本"；11月5日，另一箱从婆罗洲寄来的鞘翅目昆虫被展出。1856年1月7日，一箱装有三种非常好的锹形虫以及一个了不起的红颈鸟翼凤蝶的变种的标本被展出，它们前一天才刚刚抵达伦敦。华莱士的名字、信件摘录和他的最新标本一直都是学会事务中常谈的话题，但这并不一定能带来利润。华莱士对"很糟糕的一批婆罗洲标本"所隐含的责备感到十分不快。史蒂文斯还告诉他，有几个博物学家对他"创立理论"的做法表示遗憾，他们认为现在最需要的是收集更多的事实。换句话说，他应该停止撰写推测性的论文，集中精力搞收集。

1855年9月，他的沙捞越论文被发表。他徒然地等候着人们的反应，反对的或赞同的都行。然而，除了史蒂文斯那个令人恼火的指责之外，什么也没有。达尔文阅读了这篇论文，在他的副本的空白处写道："没有一点新意"——"用了我的树的明喻"——"对他来说，似乎一切都是神创。"达尔文肯定没有仔细阅读这篇论文，他或许是被华莱士在谈论加拉帕戈斯群岛的物种时所用的"创造"一词所误导，要么就是因为华莱士对"反型"一词的不同寻常运用，在这里，"原型"一词或许更为适当。他也可能阅读了华莱士的前后矛盾、相对业余的亚马孙游记，认为他是一个有潜力的轻量级理论家。但是，有些人却看明白了这篇文章的含义，他们提醒了达尔文。爱德华·布莱思[1]（他的文章受到了华莱士的认真关注）从加尔各答给达尔文写信说："总体来说，是篇好文章！"我的朋友华莱士"把这件事描述得非常清楚"。布莱思直接问达尔文，"难道它一点都没有扰乱你关于物种的存续性的想法吗？"他当时完全不知道达尔文私下在想什么。"这或许不是一个新颖的观点，但他却对事实和现象整理得十分清晰。"查尔斯·莱尔关于地质记录的里程碑式的著作给达尔文提供了一个理论基础，当然也为华莱士奠定了根基。他能看出沙捞越论文的重要性，也就毫不令人吃惊了。他开始了对物种研究作记录，同时还思考着跨物种变异这个可怕的可能性。有一次，他到达尔文在肯特的家——唐恩庄园——去拜访，达尔文向他介绍了自然选择的理论，他敦促达尔文应尽快发表他的理论，以防他人捷足先登。

---

[1] 爱德华·布莱思（1810—1873），英国动物学家，曾在印度加尔各答的印度亚洲协会博物馆担任动物学馆长。

　　华莱士对他的论文在科学界产生的影响全然不知，他很快又卷入了收集的经济和实际问题中。3月5日，婆罗洲公司的荷花号轮船起航驶向英格兰，运载着一批红毛猩猩的皮和骨骼，还有5000只待售的昆虫（其中有1500只飞蛾），这是他辛勤劳作的成果：他声称（不完全正确）他为此"一个人在山顶上待了一个多月"。他还为约瑟夫·戴维斯博士寄去了一个人头骨，出处不明。

　　华莱士在新加坡逗留期间，并没有徒劳无益地打发时光。他与一伙传教士朋友待在一起，每个星期五都进行禁食，只吃煎蛋饼和蔬菜，"一个非常有益于健康的习惯。"史蒂文斯给他寄来了一箱书，这使他能够继续从事他的研究工作，在他的物种笔记中做了注释和抄录——新加坡还有一个图书馆和一些期刊。他还向阿里学习马来语，并让史蒂文斯帮他买一套克劳弗德出版的马来语字典，让他把第二卷邮寄给他，他不用学语法也能对付。他在新加坡还在继续进行收集，也顺带着训练阿里。他还与其他博物学家取得了联系：他与在爪哇岛从事收集的约翰·鲍林有通信来往，并与植物收集家托马斯·洛布见过面，洛布去过毛淡棉，他现在正准备去婆罗洲的纳闽岛为维奇植物园收集植物。华莱士经史蒂文斯提醒，给贝茨写了一封信，但他没有提到他的沙捞越论文。5月12日，他的船基本准备就绪，于是他们起航前往望加锡[1]，他们将逆着季风航行，大约要花费45天，中途会先在巴厘岛停靠几天，这令华莱士十分沮丧，他告诉史蒂文斯，**"六个月的时间就这样完全被浪费掉了，而且开销也十分巨大。这些都是人们在估算收集者的利润时从来都不会考虑的。"**但他让他的经纪人放心，现在的前景非常好："我已经做好了大量收集的准备，我雇用了一个很得力的人（不是阿里，而是一个叫费尔南德斯的葡萄牙人）来帮我打猎和给鸟和动物剥皮。我想在我将要去的国家里，这会给我带来很好的报酬。"为了确保他收集的继续成功，史蒂文斯应该让

---

[1]　望加锡，南苏拉威西省首府。

汉密尔顿·格雷公司给他寄一些钱来。当时，他们最多只容许他提取100英镑，而他的生活开销和为旅行所准备的供给已经花去了很大一部分钱。人们想要什么样的动物呢？他假定应该有吸蜜鹦鹉和凤头鹦鹉。"如果我能到极乐鸟的故乡阿鲁群岛去的话，我会制作一些这种漂亮无比的鸟的标本，这是我所盼望的最大乐趣之一"。在接下来的两年中，他在这些群岛之间来回穿梭，精心策划着避开雨季。

最终，去巴厘岛的航行十分顺利：从新加坡出发，20天便抵达了巴厘岛北端的布莱伦镇，他们乘坐的是一艘中国商人的纵帆船，名为日本玫瑰，船长是英格兰人，船员是爪哇人。他们在那里仅仅待了两天，但这已经足以让华莱士对那里的大规模农耕感到震惊和高兴，他在那里还捕获了一些蝴蝶和几只鸟。（当时，他没有意识到这个岛的重要性，后来为失去了这个机会而感到后悔。）然后，他们去了龙目岛的阿帕潘，他准备在那里等船去望加锡。最终，他和他的行李一起安全地驶过了波涛汹涌的海峡，抵达了望加锡，他和一个名叫卡特的英国商人住在一起，这个人以前还当过船长。

龙目岛与巴厘岛一样，农耕十分发达：它大量出口大米、咖啡、棉花和兽皮。"我们的制造商和资本家正在世界各地寻找新的棉花生产地，"华莱士告诉世人，"这里是一个唾手可得的好地方。"这里的农耕程度意味着它并不适合收集；于是，华莱士去了岛的南部，那里的情形却大不相同。他发现那里的鸟类完全出乎意料，令他十分激动，它为"东方动物的地理分布规律提供了非常重要的线索"。巴厘岛和龙目岛基本上一样大，有同样的土壤、地貌、海拔和气候；两岛隔海相望——龙目海峡的最宽处还不到20英里。然而，这些岛上的动物群却完全不一样；实际上，华莱士指出，它们"属于两个完全不同的生态圈，而且是处在它们的边缘"。他列举了凤头鹦鹉的例子：

……这类鸟生活在澳大利亚和摩鹿加群岛，但它们在爪哇岛、婆罗洲、苏门答腊岛和马六甲却不见踪影。然而，它们中的一种——小葵花凤头鹦鹉（*Cacatua sulphurea*）在龙目岛到处都是，而在巴厘岛却不见踪影。龙目群岛是它的那个岛链和动物群中最西端的一个岛屿。很多其他物种也支持这一事实。我现在正在准备发表一篇短文来解释这个现象。

华莱士偶然地发现了亚洲与大洋洲生物区的分界线，这是他在对物种及其分布和进化思考中的一个重大发现。

受到这个突破性发现的鼓舞，华莱士在龙目岛度过了一段愉快的时光。他又雇用了一个马六甲的葡萄牙人曼努埃尔帮他剥鸟皮，他还租了一艘小船，沿着海岸线找到了一个更原始的地方，在那里捕获了很多鸟：凤头鹦鹉、绿色的大鸽子（很好吃）、彩虹蜂虎（*Merops ornatus*）、漂亮的华丽八色鸫（*Pitta elegans*）、黑红色的啄花鸟、黑杜鹃（*Cuculus clamosus*）、具有金属光泽的乌鸦、金色的黄鹂、八种翠鸟和漂亮的原鸡——"我们所有的家禽都起源于它"。虽然能收集的动植物十分丰富，但收集工作却比平常要困难得多。他只能在一间小屋里吃饭、睡觉和工作，至于储藏室和解剖室：它没有架子、橱柜、椅子或桌子，所有的捕获品不仅要与房主共享，而且还有大量的蚂蚁来争食，有时候狗、猫和家禽也会进来掺和。他把一条旧长凳的四条腿放在灌满了水的椰子壳里，以防蚂蚁爬上来，加上他给鸟剥皮的箱子，这是两个唯一能安全存放他的两箱昆虫和上百张正在晾干的鸟皮的地方。他解释说，动物身上的一切都需要一定时间才能晾干，而"在晾干前，它散发的味道非常难闻。"尽管如此，他仍然经过新加坡给史蒂文斯寄去了一箱标本，其中包括大约300只待售的鸟标本。"家鸭是给达尔文先生的，或许他也会要原鸡，这里的人常常会驯化它们。毫无疑问，它们应该是家禽的原型之一。"这时，华莱士已经被吸收到达尔文的收集者网络中去了——这也包括布鲁克酋长——他们为他在世界各地收集鸽子和家禽皮，为他研究驯养的和野生家禽的种类提供标本。1855年12月，达尔文第一次给华莱士写了一封信，他给他开了一份所需要的标本清单，从而开始了他们之间的频繁通信。

龙目岛并不像沙捞越那么安宁。一个与英格兰男人同居的女人，因为接受了另一个男人献的一朵花，被酋长下令用一种很锋利的马来匕首杀死。（对更严重的不忠贞，女人和她的情人会被背靠背地捆绑在一起，扔进海里喂鳄鱼。）华莱士不想见证这种酷刑，他独自走到野外去了很长时间。后来有传言说，酋长下令要砍几颗人头，以便能够确保一个好的稻子收成：曼努埃尔从此不愿独自一人出去打猎，而阿里非得拿着长矛才肯出去打水。华莱士对这些谣言并不在意，但是费尔南德斯却已经受够了，他乘下一班船回到了安全的新加坡。几天之后，一条小纵帆船抵达了龙目岛，华莱士获准乘船去北面的西里伯斯岛西南角的望加锡。他于9月2日抵达。

这是华莱士第一次访问西里伯斯岛，他一共来了四次，去了岛上不同的地方，这里给他的第一印象让他非常失望。三个星期之后，他除了察看它光秃秃的地形之外，几乎什么收获都没有——"它真是一无所有，"他向史蒂文斯抱怨说，"我从未见过比望加锡周边地区更为枯燥乏味的地方了。"没有昆虫，没有甲虫，蝴蝶也很少，鸟类稍微好一点，特别是猛禽类。他希望能够在内陆更有希望的地方找一所房子，但这意味着他必须和酋长商量。后来，阿里染上了疟疾，华莱士照顾他恢复了健康，但他自己却病倒了，他服用了一个星期的奎宁方才痊愈，之后他对阿里也施行了同样的疗程——虽然他的身体状况还过得去，早上还可以做饭。但很明显的是，他需要帮助，于是华莱士雇用了一个叫巴德隆的男孩帮他们做饭和打猎，还有一个"12或14岁的缺乏礼貌的调皮蛋"巴索帮他扛枪或捕捉昆虫的网子。如此准备之后，他向一个荷兰朋友借了一匹驮马，把行动地点移到了森林里更有希望的地段，他这时发现这个岛上的物种"具有很多独特的特性"。"虽然它们种类不多，但形态却是多种多样，有些很奇特、很漂亮，有些还是地球上独一无二的。"这些形

阿鲁群岛的原住民射猎大天堂鸟

态将会令他困惑多年。同时，他必须得赶紧行动。雨季马上就要来了，而他和阿里又开始生病了——他认为这是由于饮用水被污染的缘故。回到望加锡，他有一些信要回。詹姆斯·布鲁克爵士写信向他通报了最新消息。英国议会对布鲁斯专横地镇压叛乱的报道感到震惊，把他召到了新加坡，在专门设立的调查委员会面前接受调查。他告诉华莱士，他头上的狂风暴雨现在"终于过去了"，但英国政府仍然不愿意承认他拥有沙捞越的"独立的最高统治权"。关于华莱士的得意门生查尔斯·艾伦的消息却并不鼓舞人心："他们说他读书不怎么行。"布鲁克读过了华莱士的"小册子"——关于物种问题的沙捞越论文——对它非常满意，"但我对这些学科不是很了解"：至少**有人**读到了它。华莱士还没有收到任何英格兰对它的反应，但他首次给达尔文写了一封信，主要是谈论驯养的和野生种类问题。一个非常自豪的华莱士夫人写信告诉他，他哥哥生了一个儿子。既然华莱士成了叔叔，他又多了一个理由绕道美国回国："远东对我来说，就像远西对美国人一样，它们双方都在加州会合，我希望有一天我会到那里去。"华莱士即将开始他到目前为止最富有冒险精神的航行，情绪很有点顽皮："伊丽莎·罗伯茨把胡子剃了吗？"他问他姐姐。"请在私下告诉她，用镊子每天拔一根，一两年之后就能全部拔光，而且没人会注意到。"他即将向他的"最终目的地"出发，乘坐一条当地人的船，行驶1000英里（约1600公里），到达那个首次给欧洲带来两种极乐鸟的岛屿，林奈[1]称它们为王极乐鸟（*Cicinnurus regius*）和大极乐鸟（*Paradisea apoda*）。华莱士通常对典型的旅行者故事冷嘲热讽，但他说，甚至连望加锡人都认为去阿鲁群岛的航行"是一个疯狂而浪漫的远航，它充满了美景和奇遇"。

---

1　卡尔·冯·林奈（1707—1778），瑞典生物学家。

　　最初起航的失败，加上因大雨在望加锡港被困四天，都没能削弱华莱士的热情。马来人的快速帆船与中国人的平底帆船相似，挂着一只帆布大帆，吃水70吨。船上有一个盖着草棚顶的船舱，华莱士在那里占了一块地安置了下来——6.5英尺长（约1.98米），5.5英尺宽（约1.68米），4英尺高（约1.22米）——"这是我在海上航行时所待过的最舒适、最安逸的一块小地方"。船舱的地板是用劈成两半的竹子铺的，上面盖着用很细的藤条做的垫子；在船舱尽头的墙边，靠放着枪盒、装昆虫的箱子、子弹和火药袋、衣服和书，床垫放在中间，四周放着餐具、油灯、一小箱奢侈品和用来做交易的烟草和珠子，而长枪、手枪和猎刀则挂在了顶棚上。（这些少量的奢侈品和生活用品种类还不少。除可供八个月的糖、咖啡和茶之外，还有一小罐奶油、16瓶油、一些切得很薄并且烘烤过的干面包，加上几瓶马德拉葡萄酒和啤酒。他还带了一些普通淀粉，"适用于清洗鸟的羽毛"。）船上的一切都散发着一股芳香的气味，没有油漆、沥青、新绳索、油脂、烧油或青漆，只有竹子、棕绳和棕榈，"完全是植物纤维，如果有味道的话，也是非常好闻的，让人想起了绿树成荫的幽静森林。"船长瓦尔兹卑尔根先生有一半日本血统，30个船员都是望加锡人；船上还有几个商人，和华莱士的三个雇工，阿里、巴德隆和巴索，巴索已经学会了做味道一般的饭。巴德隆这时干了一件很丢脸的事儿，他说服了华莱士提前支付给他四个月的工钱，说是买房需要钱；结果，他拿去赌博全输光了，当他回到船上时，身上一无所有，就连换洗衣服和生活用品都输掉了。船一起航，华莱士就安定下来，专心享受他的航海生涯中最平静、最愉快的一次航行：船长沉着而老练，船员们友好而和气，吃饭、衣着也没有任何限制——这种享受远远超过了"我们文明的最高成就、了不起的蒸汽外轮船所提供的"享受。他尝试了煎鲨鱼肉，为了庆祝圣诞节，除了吃米饭和咖喱之外还多喝了一杯葡萄酒。当他们驶过班达群岛时，他第一次看见了活火山，还有像燕子一样在水面上飞起落下的飞鱼。到了年底，他们的船来到了卡伊群岛。这里的海水清晰得像水晶一样透明，颜色时而像绿宝石，时而像青金石：

> 大海像湖面一样平静，热带灿烂的太阳把一切都抹上了一层金光。这个景象美得让我无法用语言来描述。我来到了一个全新的世界，只能梦想那些隐藏在这些布满岩石的森林中和漫游在蔚蓝的深渊里的美妙的东西。我眼前的这片海岸，还没有踏上欧洲人的脚印；我们对这里的植物、动物和人都一无所知，我情不自禁地幻想着，当我在这个岛上转悠了几天之后，会发现什么。

首先，岛上的男人们给他留下了深刻的印象。他还未登陆，就马上有了一个比较"地球上两个最不寻常、有明显特点的民族"的机会：和他站在一起的是安静而不动声色的马来船员，而卡伊岛的男人们则唱着歌，高声吆喝着，挥舞着食火鸡的羽毛，划着他们装饰着贝壳的长独木舟向他们驶来，上船后，他们无比兴奋地四处奔跑；他们在身体上的差异与他们在"品德上"的差异一样大，都显示出人种的"绝对多样性"。接下来的几天十分繁忙，他们在船长的监督下打造了两艘较小的快帆船——卡伊岛人很善于造船——而船员们则忙着做买卖；华莱士自然也做了一些生意，他告诉当地人，他愿意用香烟来交换墨绿色甲虫。很快就有人送来了装在竹筒里的昆虫，但它们在被关了一天之后，常常相互咬得肢零体碎。然而，他对其中一个特别大——也很"新"——的甲虫非常满意，它的背上闪烁着深红色和翠绿色的光彩：这是一个吉丁，它最早是在一个烟袋上被发现的，被用作装饰。这里的便道不多，地形崎岖不平，尽管如此，他在4天之内还是捕获了35种蝴蝶，其中很多是欧洲人没有收藏过的，还有13种鸟类、194种昆虫。他在森林里还遇到了一个老人，这个老人一直在静静地、有礼貌地看着他抓了一只昆虫，用针钉上，放进他的收集盒里，最后实在忍不住"大笑得弯了腰"。华莱士一直都在思考着人的多样性，现在，他更加意识到了欧洲人的文明社会和未开化或野蛮社会的区别。随后，他坐船航行了30个小时，去了多波岛和地势平坦、到处都覆盖着森林的阿鲁群岛。

多波岛是布吉人和中国人的贸易点，它的一片沙洲上建有三排房子——实际上是大茅草棚——沙洲的两边可以停船。因为当地的贸易季节刚刚开始，这个地方暂时还没有人居住，于是，华莱士便住进了瓦尔兹卑尔根船长房子旁边的一间房子里，他在里面放了一个藤椅和一个当作床和沙发的竹凳子，并用木板拼凑了一张桌子和架子，再在用棕榈树叶做的墙上开了一个窗口，然后自称一切就绪。第二天，他早早吃过早餐，让巴德隆带上一把斧子，准备在必要时砍出一条小路，便带了一个向导去附近的原始森林探查去了。他们还没有走出一英里，前面就完全

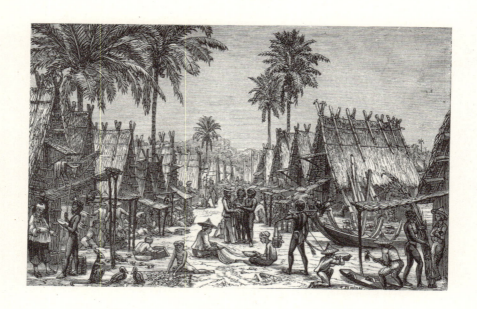

多波岛的村庄

没路了，迫使他们沿来路返回。但这次短途出行也有收获，华莱士捕获了30种蝴蝶——这是他从亚马孙回来后单日内捕获蝴蝶数量最多的一天。三天之后，他很幸运地见到了"世界上最奇瑰的昆虫之一"、了不起的绿鸟翼凤蝶（*Ornithoptera priamus*）：

> 当我看见它威严地向我飞来时，我兴奋得直发抖，我简直不敢相信我用网子罩住了它，直到我把它从网中取出来，惊美地凝视着它那7英寸（约18厘米）长的翅膀上天鹅绒般的黑色和绚丽的绿色，以及它的金色躯体和鲜红的胸脯。虽然我在国内的橱窗里见过类似的昆虫，但能亲手抓住它却完全不是一回事——感受它在手指间的挣扎，并欣赏它那生动活泼的美丽，宛如一颗在这片阴森而杂乱的幽静森林中闪闪发光的宝石。

那一晚，多波岛的村里住着一个非常心满意足的人。

除了这些激动人心的时刻之外，华莱士的收集进展得十分缓慢。天公也不作美——在最初的十六天中，只有四天适合收集——然而，他收集的质量却很高，大部分鸟类要么是已知但却十分罕见的新几内亚品种，要么就是全新的品种。蜘蛛、蜥蜴和螃蟹非常多，在一夜狂风之后，沙滩上铺满了美妙的贝壳、珊瑚碎片和奇怪的海绵动物。他还对较大的沃坎凯岛做了一次短暂考察，对那里的棕榈树和树蕨十分喜欢，但他一时还无法把他的基地迁过去，因为海盗的威胁是真实存在的。最后，他的船终于准备就绪，他和他的助手们一起渡海到达了沃坎凯岛，然后向内陆徒步行走了两个小时，直到他们来到了一栋房子前——"应该说，只是一个糟糕得无法描述的小棚子"——他的舵手向他担保说，他在那里可以捕捉到阿鲁群岛上所有的鸟类和动物。于是，华莱士在这个小棚子里租用了5英尺（约1.5米）见方的地方，并用一把小刀抵了一个星期的房租。他带着热切的期望，准备开始收集工作。

阴雨连绵地下了三天，开始让华莱士感到绝望。这时，巴德隆带回来了一只小鸟，比画眉鸟稍微小一点：

> 它身上的大部分羽毛都呈鲜艳的绯红色，其光泽就像拉丝玻璃一样亮。它头上的羽毛短似绒毛，逐渐变成了橙色。它的胸部以下是洁白的羽毛，由一条亮绿色的宽带子把它与脖子上鲜红的羽毛分隔开来，胸前的羽毛摸上去就像缎子一样柔软和光滑。在它眼睛的上方，有一个同样亮绿的圆点；它的鸟喙是黄色的，脚和腿是亮蓝色的，在它身上其他颜色的相衬之下，十分引人注目。仅就它的绚丽多彩的颜色搭配和其绸缎般的羽毛的质地来看，这个小鸟就算得上是一个头等珍宝，而这仅仅是它奇异的美丽的一半。在它胸的两边，长着一簇簇灰色的小羽毛，每根羽毛大约有2英寸长（约5厘米），羽毛的末端有一个深绿色的宽条，它们通常藏在翅膀下面，当它张开翅膀时，它可以随意地竖起这些羽毛，形成两个优雅的扇形。然而，这还不是它的全部装

树袋鼠与新几内亚的鸟

饰。它的尾羽的中间有两条5英寸长（约12.7厘米）的细长的线状羽毛，它们向两边分开，形成了两个漂亮的曲线，其末端有一个向外盘旋起来的0.5英寸（约1.3厘米）大的圆盘，闪耀着鲜艳的祖母绿色，就像一个闪亮的纽扣，垂吊在它身下5英寸处，相距也是5英寸。这两个羽饰，胸羽和旋垂着的尾线，在我们已知的世上8000多种鸟类中，是独一无二的；再加上其精美无比的羽毛，使它成了大自然中众多可爱的产物中最为完美可爱的佳品之一。

华莱士获得到了一只王极乐鸟。

我知道没有欧洲人像我现在这样，凝视着这个完美的小生灵，欧洲人对它仍然知之不多……我想到在过去漫长的岁月中，这些小鸟代代相传地生活着——它们年复一年地在这些阴暗的森林里出生、生长和死亡，没有任何智慧的目光观赏过它们的美丽——这显然是对美丽的肆意浪费。一想到这儿就会让人感到郁闷，这似乎是一个悲哀的选择：一方面，这些如此精美的生物只能在这个荒无人烟、就连进入毫无希望的野蛮时代也遥遥无期的地方生活和展示它们无与伦比的美丽；但在另一方面，如果文明人有一天会来到这些遥远的海岛，将道德、知识和物质文明带到这些偏远的原始森林，那么，我们或许可以断定，这将扰乱这里有机和无机自然之间十分和谐的平衡关系，并导致它们消失，和最终的灭绝，而这些具有神奇的结构和美丽的生物只有人类才有资格欣赏和享受。这个思考毫无疑问地告诉我们，所有生物并**不是**为人类而创造的。

这只鸟在华莱士的脑海里激发了如此复杂、相互矛盾和富有远见的思考，特别是他对有机自然和无机自然的脆弱性的认识，使他听起来就像是一个21世纪的生态学家。但这个维多利亚时期的博物学家不久就维持了自己的利益，捕获了一个同样完美的尚未成年的大极乐鸟。一天凌晨，他还在草棚里睡觉，它们的叫声把他吵醒了，它们正在寻食。当时，这些鸟的羽翼未丰，但华莱士设法在阿鲁岛上一直待到了它们长得羽翼丰满。他又搬了一次家，离多波岛更远了。他待了足够长的时间来熟悉它们的习性，一方面是通过自己的观察，但主要的还是从猎手们和阿鲁岛人的交谈中获得了更多信息，因为在这段时间里，华莱士大部分时间被困在了草棚里，蚊子和白蛉把他的脚给咬坏了。一个月之后，被叮咬的红肿处破裂，发生了溃疡，痛得他无法行走。他有时会爬到河里去洗个澡，但当他看见悠闲地飞来飞去的天堂凤蝶（*Papilio ulysses*）时，又倍感受到了嘲讽，洗完澡后，他还得不情愿地爬回到给鸟剥皮的桌子旁。巴德隆和阿里给他捕捉了很多鸟。

像往常一样，被强迫的休息虽然让这个博物学家感到沮丧，但却让他有更多的时间来进行思考。就像在亚马孙时一样，他考察了森林中的住民，并记录了阿鲁岛人的饮食习惯和生活方式。他最先寄宿的那一群住民吃肉不多，不种水稻，主要以西谷椰子为食：他认为这种饮食是引起他们皮肤病高发的主要原因。但在他停留的第二个地方，住民们狩猎更多，男人和孩子们都是优秀的弓箭手，他们射杀鸟、野猪和袋鼠，因此，除蔬菜之外，肉的供给也不少，这使他们身体强壮，皮肤光滑无疾，并更加健康。他常常在晚上与他们长谈，仔细地记录了他们的装饰和所用器皿——用露兜叶编织的睡垫、"服饰、房子、床上用品、家具，全都被记录了下来"；还有棕榈树叶编织的箱子，这个箱子的衬里是用露兜叶或草编成的辫绳做的，四个角和接头处用切开的藤条包着，盖子上包了一层不漏水的槟榔树叶。就像当年与婆罗洲的迪亚克人和亚马孙的印第安人在一起时一样，他：

> 对他们健美的体型非常赞赏，这种健美是那些居家生活的文明人永远都无法想象的。这就像是把最健美的希腊雕像与我身边活生生的、

有血有肉的人相比较一样。当这些土著野蛮人在从事日常生活时，或自由自在地闲逛时，所展现出来的无拘无束的优美，只有亲眼看见才能体会得到。一个拉弓的年轻野蛮人就是一个完美的人体标本。没有人比我对贬低文明人的谦逊感到更强烈的愤慨，但在这里却丝毫没有这个意思；人体的自由发展似乎是完全令人敬佩的，而且也是应该受人美慕的。

就像在谈论迪亚克人时一样，华莱士或许是出于对他的读者的考虑，他评论说，妇女们并不好看，除了当她们很年轻的时候：早婚和沉重的劳动使她们的优雅和美丽很快就遭到了摧残。但总体来说，这是一个完美地适应了他们的特定环境的民族。在他离开时，他送给了他们一些离别礼物，他认为大体而言，他与"这些单纯而善良的人在一起的时光，给双方都带来了快乐和收益。"如果他知道他将无法再回来的话，他肯定会"对离开这个他首次看见了如此之多罕见和漂亮生物的地方，而感到悲伤"。

回到多波岛后，他发现镇上住满了人，于是，他只好搬到院子里的房子去住。他在室内待了六个星期，但他要做的事却很多，他得撰写笔记和整理收藏。阿里被独自派到瓦努白岛去购买极乐鸟和整理鸟皮：他带回来了16个漂亮的标本，如果他没有生病的话，或许还会收集得更多。巴德隆因为懒惰（华莱士最讨厌的坏毛病）而受到了责备，他领取了工钱就辞职了。他很快就花光了这些钱，又借了一些，但又花光了，最后他成了他的债主的"奴隶"。这时已经是6月底，季风季节即将到来，商船开始装货，华莱士也把他的那些宝贝装上了船：9000个标本，其中有1600个不同物种。

就　我结识了一个奇异而鲜为人知的人种；我认识了远东的商人们；我探索了世上最了不起、最美丽、最不为人知的一个新动植物群；我已经成功地达到了这次旅行的目的——那就是，获取这些光彩夺目的极乐鸟的完美标本，并在它们的自然生长环境中观察它们。

一些旅行者或许会因为获得了如此大的成功而欣喜若狂，并考虑打道回国。但是，当他们的快速帆船在10天之内就顺风快速地行驶了1000英里（约1600公里），驶向望加锡时，华莱士决心继续他的旅行。此时，他对自己收集的价值信心百倍，他的脑海里充满了奇思妙想。

在望加锡，他在7月剩余的日子整理了他在阿鲁群岛上收集的标本，准备把它们运回伦敦：如果它们能够搭上在9月初离开新加坡的梅沃号船，它们应该能在1858年1月抵达伦敦。"应该可以卖500英镑"，他猜测道。这一次，他完全低估了它们的价值：这些标本卖了1000英镑。他的经纪人一直都在为他的珍宝寻找一个好市场：在1855年3月至1863年6月期间，大英博物馆购买了他运回来的20%的标本，共计2707件。史蒂文斯给他寄了一箱货：他一年前预定的双管猎枪，一些收集昆虫用的大头针，砒霜和其他一些收集必需品。华莱士还与地理学会保持着联系："我主要是去打极乐鸟，"他告诉肖博士有关他的阿鲁群岛之行，同时，他又若无其事地加了一句，好像是在国内的松鸡荒原上打猎一样，"还进行了捕杀运动"。他还给《博物学年鉴和期刊》寄去了几篇论文：《论大极乐鸟》和《关于阿鲁群岛的自然状况》。他有很多信要回：他在澳大利亚的堂兄威尔逊的来信，哥哥约翰的信，斯普鲁斯的信，还有一封达尔文的来信，但他一时间却没有写任何回信，而是急于马上重新开始工作。他让阿里住在医院，自己租了一艘船，向北方30英里（约48公里）以外的地方驶去，那里住着他在望加锡的荷兰朋友的弟弟雅格布·梅斯曼，梅斯曼提出要给他提供帮助。他在一个小山谷里找到了一块令人愉快而宁静的地方，梅斯曼很快就让人为他造了一间竹屋，使他能够舒适地安定下来。梅斯曼还为他经常提供猪肉、家禽和鸡蛋，每天还送来一竹筒的水牛牛奶。这里的鸟和甲虫都很丰富，让他忙个不停，但最让他激动的，还是蝴蝶：它们非常活跃和胆小，很不容易捕捉，但却很值得下这个功夫——有蓝色的凤蝶、云灰蝶，金绿色的翡翠凤蝶（*Papilio macedon*），还有十分罕见的小燕尾蝶（*Papilio rhesus*）。他到马罗斯河的瀑布去了一次，给他印象十分深刻，他很幸运地捕捉到了六个大燕尾蝶（*Papilio androcles*）。西里伯斯群岛的这一片地质结构也让他很好奇，石灰岩质的大山坐落在玄武岩的地层上。当雨季开始时，他回到了他的棚屋，这对收集昆虫倒是很有利，但也带来了不少的风险：高烧、痢疾和浮肿的脚。蛇也越来越多，有时候，当他用收集网在落叶堆里捞昆虫时，也会网到蛇。他返回了望加锡，等候着荷兰邮轮的到来。

到这时，他已经慢慢地消化了达尔文的来信的内容，有了足够的时间来回复他。华莱士最初从西里伯斯岛发出的那封信已经丢失了，但是其内容可以从达尔文的这封回信中略知一二：

> 几天前，我收到了你在10月10日从西里伯斯岛寄来的信，不胜感激：对你从事一项如此艰辛的工作，赞同就是最有价值、最真实的鼓励。从你的信中，特别是你一年前在《博物学年鉴和期刊》上发表的论文中，我可以清楚地看到，我们的想法（非常）一致，而且在某种程度上，我们得出了相同的结论。我几乎对你在《年鉴》上发表的论文中的每一句话都赞同；我想你也会同意，一个人要对一篇理论性论文有如此一致的意见，是非常罕见的，因为不幸的是，每一个人都会从同一个事实中得出不同的结论。

这时，达尔文受到了莱尔和布莱思的提醒，已经重审了华莱士关于物种的沙捞越论文。他接下来，按阿德里安·德斯蒙德和詹姆斯·穆尔的话说，对华莱士提出了"最友好的侵权警告"：

> 今年夏天，将是自我第一次对物种及其变异是怎样产生和以什么

达尔文、胡克和莱尔

样的形式产生差异的研究进行笔记的第二十个年头（！）——我现在正在准备发表我的著作，但是，我发现这个课题太大，虽然我已经写了很多章节，但我并不认为我在两年内能够将它发表——我从未听说你打算在马来群岛待多久；我希望在我的著作发表之前，或许能够从你发表的在那里的游记中获得一些收益，因为毫无疑问，你会收集到大量的证据。

他似乎是在暗示，收取证据才是华莱士的职责，而不是发明更多的理论：

一封信实在**无法**解释我对自然状态变化的原因和手段的观点；但是，我已经慢慢地形成了一个独特的和清晰的想法——至于它是对还是错，只能让他人去判断；因为一个作者对自己学说的正确性的坚定信念，怎么说呢，一点也不能保证它的正确性。

他还讨论了家鸭和野鸭的各种变异——华莱士通过史蒂文斯寄给他的标本已经收到了——并在信的结尾询问道：

> 我在一个课题上进行了一些实验，它给我带来了很多迷惑，那就是海岛上的有机生物是通过什么手段进行传播的——你若能提供一些这方面的证据，我将感激不尽：我对陆生贝类一无所知。

对华莱士来说，这封信肯定看起来就是一个与他想法相同的人向他发出的公开邀请，让他继续与之通讯。华莱士并没有多少可以谈论学术的信友——贝茨当然是其中之一，但他们之间的交流不仅很慢，而且时有时无。他对达尔文的信做了很好的回应，并对自己与达尔文有相同的"关于物种演变秩序的观点"表示欣慰：

> 当然，在那篇论文中，我仅仅对这个理论做了一个初步的叙述和诠释，我已经设计了一个计划，要对它进行更详细的证明，我已经写了计划的一部分，但还需要更多地（英国的研究）文献和收集，我对这项艰巨的工作……

信到此戛然而止，但是达尔文肯定认为华莱士在从海外归来之前是不会写一本书的：很显然，他在华莱士那里没有竞争。

在地球另一面的亚马孙地区，贝茨这时也已经读到了华莱士的沙捞越论文。"当我首次看到你明确地阐述了这个理论时，我感到震撼，"他写道，"你可以想象我是以怎样的兴趣来阅读和研究它的，我必须承认，它写得非常棒。这个想法就像真理本身，非常简单明了，任何读懂了它的人都会被它的简单而打动；而且它完全是一个独创。"然后，他接着说："我完全赞同这个理论，你知道，我也想到了它，但我承认我无法像你表达得这样有力和完善。"这里的"我也想到了它"是否带有一丝责备？华莱士在论文中没有提到贝茨，而这个理论的研究可以追溯到1845年他与贝茨的多次讨论中，而且，他几乎肯定在亚马孙时与斯普鲁斯讨论过它。和华莱士一样，贝茨也一直在思考物种及其变异的问题，和它对一个特定区域的影响：

> 撰写一部专著来研究一群在特定地区生存的生物和在这个地区的不同区域内存在着的不同物种，将是一个高尚的课题——探索在一个**局部**范围内引起物种的形态和颜色变化的规律——尽量探索这些物种之间的真正**从属关系**。

探索真正的从属关系——贝茨正在逼近"怎样"这个问题。

华莱士乘坐荷兰邮轮从望加锡去了班达群岛和安波那[1]，船上的生活相对来说还是很奢侈的。尽管他从前赞扬过简单生活的好处，但他还是能够容忍欧洲船上的生活习惯：接二连三的进餐、咖啡、杜松子酒和苦艾酒、红葡萄酒和啤酒。他们在东帝汶和班达的首府做了短暂停留，最后抵达了摩鹿加群岛的首府安波那。他像往常一样，带着介绍信找到了当地的两个博物学家：莫尼克博士专门从事甲虫研究，他的收藏包括非常美妙的日本昆虫；多勒沙尔博士则从事苍蝇和蜘蛛的研究，但他也收集了一些非常漂亮的本地蝴蝶。华莱士寄宿在莫尼克家，他挺喜欢与年轻的匈牙利人多勒沙尔用流利但却语法不通的法语进行交谈。他像往常一样，租了一条船去比较偏远的岛的北部勘察——"困难重重，"他抱怨道，"因为当地人太懒惰了。"他发现那里的海水清得可以见底，海洋生物十分丰富。在收集方面，他的最大收获是长着球拍状尾翼的翠鸟。有

---

1　安汶的旧称。

一天，他发现他的草棚里有一条12英尺（约3.7米）长的大蟒蛇，它顺着一根柱子爬上了棚顶，藏在棚顶下面，离他的头仅有1码（约1米）远。他带来的那些男孩子坚决不愿意去碰它，但一个当地的捉蛇人主动帮他解了这个围，他拿着一根长竿子和很结实的套索，"若无其事地开始了工作"。这件事成了《马来群岛自然科学考察记》一书中的一幅很好的插图。

一个月很快就结束了，当他收拾好了行李，等候汽轮到来时，他开始给贝茨写了另一封信：

> 我担心那些对这个问题思考的不多的人，对我的《论物种的自然演替》论文不会像你这样一看就明白。那篇论文只是公布了这个理论，而不是它的发展。我已经制订了一些计划，并撰写了这个庞大工程的一部分，它将对这个问题进行全面的研究，我将努力证明那些我在论文中仅仅暗示过的观点。

随后，他对贝茨对他这么快就发表了这篇论文所表示出的惊讶解释道："'福布斯理论'的发表促使我撰写并发表了这篇论文，我对这个标准的谬论的发表感到愤怒，因为一个简单的假说就能解释**所有的事实**。"他向贝茨提到了达尔文的来信和他赞同他的论文中的**"几乎每一句话"**；或许华莱士不用再继续写他的假说的下半部分了，如果达尔文的《物种及其变种》一书能够"证明物种及其变种的起源在本质上并没有什么区别，或许他会得出一个不同的结论，给我带来麻烦，但无论如何，他的证据将给我提供一些工作资料。"或许他想起了贝茨也持有相同观点，接着委婉地说，"你我的收集将会为解释和证明这个假说的普遍性提供最有价值的资料。"又过了三个星期，他才写完这封给贝茨的信。

1858年1月8日，华莱士抵达了特尔纳特岛，这是一个位于较大的济罗罗岛[1]西海岸边上的一个小岛。通过那里一个富有的荷兰人杜文博顿——他拥有这个小镇的一半地产，还有很多船和一百多个奴隶——华莱士租了一栋宽敞的大房子。它有四个房间，一个大厅，两个阳台，一口深井和一个种满果树的花园。这个房子离海滩和市场只有五分钟的路，在房子的一面，可以看到远处的一座大山，它大约有4000英尺（约1219米）高，山顶总是烟雾缭绕——这是一座活火山。在这儿，华莱士建立起了一个半永久性的基地，在接下来的三年中，它是他的主要住所。杜文博顿在新几内亚做野生肉豆蔻生意，华莱士在他那里订购了一张船票，准备在3月乘坐他的纵帆船去新几内亚。同时，济罗罗旁边的一个岛在向他召唤，它是"目前能够找到的一个最完美的昆虫的'未知领域'"。

球拍尾翠鸟

他在给贝茨的信中加写道："一个星期之后，我会到那里去收集一个月。"他还很想见到那里的居民。罗伯特·莱瑟姆在他的《人种多样性研究》一书中提到了巴布亚人可能的起源问题：

---

1　济罗罗岛，现哈马黑拉岛。

然而，巴布亚人可能的来源一定要在济罗罗岛附近的部分地区寻找：在这里，摩鹿加群岛更东北部的人与新几内亚人的区别一定能被找到。

　　华莱士对人种及其变种的兴趣与他对咬鹃与袖蝶的兴趣一样高。他在特尔纳特安置好后，便去了济罗罗岛上的锡当奥利，与他同行的有杜文博顿的两个儿子、他在特尔纳特岛房东的兄弟、一个年轻的中国人和巴布亚船员们。结果，他发现锡当奥利并不是一个好的收集地点，于是，华莱士租了一条小船，带着两个人和行李，去了特尔纳特岛对面的多丁阿镇，他们停留在这个岛上延伸到深海湾的中央地峡的头上。他说服了一个房东给他和阿里腾出了一个小草棚，付了5荷兰盾的月租金，他第一次出去就捕获了一些他从未见过的昆虫。一切看上去都充满了希望。然而就在这时，他得了疟疾。

　　他在多丁阿待了一个多月。在此期间，他的野外日志记录不多，只有三条，共九页，它们描述了他的住处、多丁阿的位置和它的居民：

　　　　我饶有兴趣地考察了这个大而未知的岛上的原著居民，因为他们会帮助我们确定马来人是否过渡到了巴布亚人（混血儿除外）。当我一看见他们中的几个人后，我就能确定他们是纯粹的巴布亚人种，其肤色确实比通常要浅一些，但仍然具有他们自己的明显特征和身材，他们比马来人的平均身高要高得多，就此一点就标志着他们是不同的，他们的相貌与马来人也完全不一样，就像欧洲人和黑人长得不像马来人一样。

　　华莱士因得疟疾而变得身体虚弱，于是，他把注意力转向了他在草屋附近就能观察到的物种——人。

　　和他通常在被迫闲下来时一样，他的大脑开始高强度运行。他给

新几内亚的巴布亚人

贝茨和达尔文的信显示了他的推测的大方向。他的沙捞越论文表明，他清楚地理解物种在自然演替和遗传中会发生变化，一个物种"会慢慢地，或迅速地转变成另一个物种"。但是，这个转变的具体过程和导致这个转变的原因却是未知的。

　　最大的困难就是弄明白，如果一个物种会逐渐地转变成另一个物种，那么，它怎样会不断地产生这么多完全不同的物种，这些物种与它们最接近的物种之间有微小但却完全明确和永恒的特征。

　　当他躺在床上不断地因疟疾打摆子，身上披着毯子，在88华氏度（31摄氏度）的气温下还冷得发抖的时候，这个问题一直在他脑海里不断地翻腾着；一天，它的答案突然出现在他的眼前：

有一天，我突然想起了十二年前读过的马尔萨斯的《人口论》，我记得它明确地阐述过人口的"积极抑制增长手段"——即疾病、事故、战争和饥饿——这些手段把野蛮族群的平均人口远远地控制在文明族群的平均人口之下。然后，我产生了一个想法，这些原因或与之相似的原因，也在持续地对动物产生作用；因为动物的繁殖要比人快得多，为了不让每一个物种的数目大量增加，这些手段每年所消灭的动物数目肯定也非常之大，因为它们很明显地没有年复一年地增加，不然的话，这个世界在很久以前就会挤满了那些繁殖最快的动物了。我隐约地思考着这些动物大量而持续的灭亡意味着什么，我突然灵机一动，问道，为什么有的会死去，而有的却得以生存？答案是很清楚的，那就是总体来说，适者生存。在疾病侵袭时，最健康的能够存活下来；面临强敌，更强、更快、更狡猾者获胜；在饥荒中，最好的捕食者或有最好消化系统的生物得以生存；以此类推。然后，我眼前突然一亮，意识到这个自动过程还一定会**改进这个物种**，因为它每一代中的弱者会不可避免地被消灭，而强者会存活下去——这就是说，**适者生存**（the fittest survive）。接下来，我好像马上看到了这个过程所产生的整个效应：当地理、海洋，或气候，或食物供应，或敌人，发生了变化时——我们知道这些变化一直都在发生——再加上我作为一个收集者所看到的一些个体变异的存在，那么，一个物种所需要的为了适应这些变化条件所产生的变化就会发生；由于环境中的巨变总是十分缓慢的，因此每一代中最能适应环境的生物总会获得充裕的时间来产生为了生存所需要的变化。这样，动物组织中的每一部分就能够根据所需而准确地被改变，在这个修正过程中，没有改变的就会遭到淘汰，因此，一个新物种的**明确**特性和明显的**隔离状态**就可以得到解释了。我越想越确信，我终于发现了我们长期寻找的这个关于物种起源的自然规律。在接下来的一个小时中，我仔细思考了拉马克和《创世的自然史遗迹》作者的理论的缺陷，我看到我的新理论对他们的观点进行了补充，并避免了他们的所有重大缺陷。

华莱士后来写过几种关于这个茅塞顿开的伟大时刻的描述。但在他当时的野外日志里没有提到这个时刻，在后来发表的《马来群岛自然科学考察记》中，他对此也缄默不语，也没有提及他的沙捞越论文。在1908年的达尔文-华莱士庆典会上，他对这个叙述进行了补充："然后，就像在二十年前发生在达尔文身上一样，在我脑海里突然闪烁了这个**必然的……**"到这时，他已经在达尔文的自传中读到了他相似的经历：

> 1838年10月，更确切地说，那是在我开始系统性地研究"物种是怎样被改变的"15个月之后，我偶然地阅读了马尔萨斯的《人口论》，我在长期观察了动植物的习性之后，已经能够充分理解到处都存在着为生存而斗争的现象，我马上意识到，在这种情况下，良种会得以生存，而劣种则会被消灭。其结果就会产生新的物种。这时，我终于发现了一个我可以进行研究的理论；然而，我迫切地希望能够避免偏见，我决定暂时不把它写出来，即使是一个最简单的提要也没写。1842年6月，我第一次感到我可以给我的理论写一个简短的35页提要；在1844年夏天，我又把它扩充到了230页，我把它清楚地抄了下来，现在还在。

如果这个瞬间的灵感、直觉的闪烁是相似的，那么，他们俩接下来的行动却有天壤之别。华莱士的疟疾稍微缓解了一点，他便开始了论文的写作。"当天晚上我就基本上写好了，在接下来的两个晚上，我又仔细地把它整理了一遍，以便在一两天之后与一批邮件一起，寄给达尔文。"

据他的野外日志记载，他在3月1日回到了特尔纳特岛，而他的论文《论变种与原种无限偏离的倾向》上却写着"特尔纳特，1858年2月"。对这个不一致的一种可能的解释是，华莱士想在信上用他的主要住所和邮政地址，而不是迂腐地或浪漫地写着："海滩边的临时草棚，一个几乎无人所知的海岛"。下一班邮轮将在3月9日出发，因此他有几天的时间来整理他的通信。他在给贝茨的信中又加上了一封给贝茨的兄弟弗里德里克的信：令人好奇的是，考虑到他之前在信中已经写过的话，他竟然没有告诉贝茨，他这时已经完成了"这个理论的开发"。相反地，他给达尔文写了一封，在信中说："我希望这个想法对他像对我一样新颖，而且，它将为解释物种起源提供一个尚未被发现的因素。我请求他把它转交给查尔斯·莱尔爵士，如果他认为它足够重要的话，莱尔对我的前一篇论文'沙捞越定律'非常看重。"

华莱士是如何得知莱尔的意见的呢？这只有可能来自达尔文，他在1857年12月22日给他的信中提到了它，这封信肯定是在华莱士因疟疾困在多丁阿时，抵达了特尔纳特，要不然的话，它就是由雅加达的岛间邮船送来的，这艘船将会在去英格兰的第一段行程中，运送华莱士寄往英格兰的手稿。达尔文在信中写道：

> 我得知你正在从理论角度来研究"物种的"分布问题，非常高兴。我坚信，没有推测，就不会有好的独创性观察。没有任何旅行者考虑过你现在研究的问题；动物分布这个课题确实完全落后于植物分布的研究。

（华莱士一直都在向达尔文汇报他关于动物地理分布的想法，并表示他计划在东方再待上三四年。）

> 你说你对《博物学年鉴和期刊》上发表的论文没有引起关注表示惊讶：但我却不能苟同，因为很少博物学家会对物种的简单描述之外的问题感兴趣。但是，你绝不应该认为你的论文没有人关注：两个非常优秀的人，莱尔爵士和加尔各答的布莱思先生专门向我推荐了这篇论文。虽然我同意你那篇论文的结论，但我认为我比你走得更远；然而，我的理论推测太长，在这里一时说不清。

然后，他转而讨论了华莱士的"沉陷法则"，这是一个关于海岛与大陆在从前是相连的法则。他还回答了华莱士关于通过人将陆贝带到了海岛上的问题。随后，他回答了一个更重要的问题：

你问我是否应该谈到"人"；我想我应该回避这个话题，因为围绕着人的偏见太多，虽然我完全承认，对一个博物学家来说，这是一个最顶级和最重要的问题——我已经进行了大约二十年的工作将**不会**处理或解决任何问题；但我希望它能够提供大量的证据，从而达到一个最终目标：我的工作进展很慢，一半是健康问题，一半是我工作速度本来就慢——我大约才写了一半；然而，我不认为我会在一两年内发表的。我现在写杂交这一章就已经花了整整三个月。

华莱士也和达尔文第一次读到他的沙捞越论文时一样，对达尔文的信也只是看到了他愿意看到的那部分：他按字面意义理解了达尔文所做的工作不会"处理和解决任何问题"，而完全忽视了他前面所说的那句话："我认为我比你走得更远；但我的理论推测太长，在这里一时说不清楚。"华莱士就像他后来所自我描述的那样，"是一个急不可待的年轻人"，他把他的新理论的摹本塞进了信封，寄给了远在英格兰的达尔文，以征求他的意见。

华莱士正在急切地准备他的下一次探险，他准备乘坐杜文博顿的纵帆船去新几内亚大陆。他对重复阿鲁群岛的成功，寄予了很大的希望。这时，他得照料四个雇工，阿里是他们的工头，他花费了很多宝贵的时间寻找供给和设备。在经过一阵卓越的理论大爆炸之后，他又重新回到了一个欧洲收集者艰难和挫折的日常生活中。他为购买蜂蜡、铁匙、折叠式小刀、大瓶口的药瓶，还有像面粉这样的主要食品，找遍了特尔纳特岛的所有商店。

第八章　寻找极乐鸟

　　华莱士和他的助手们起航向东面的新几内亚驶去。刚出发时，海面风平浪静，帆船几乎无法前行，后来又遇到逆风，航行十分缓慢。随着出行次数增多，他的准备越来越充分，供给也更加自足：这一次他带了80个露兜叶编织的垫子，以便在路上用来保护行李，到达住地后，它们还可以用来盖房顶。新几内亚坐落在荷兰管区的最边缘，是一个鲜为人知的地方。当他们接近它的海岸时，华莱士急切地凝视着岛上崎岖不平的山脉，它们"重重叠叠、高低不齐地向内陆绵延而去，那里是文明人尚未涉足过的地方"——那里是食火鸡和树袋鼠的国土。"在这些神秘的森林里，生活中着地球上最不可思议、最美丽的鸟类"，即各种各样的极乐鸟。华莱士焦急地等候着风向的转变，以便能让赫斯特·海伦娜号帆船驶入多瑞港，让他终于能够追随伟大的法国博物学家勒内·莱森的足迹。当年，莱森乘坐木帆战舰科基尔号进行了一次环球旅行，他在1829年出版的《动物学的环球旅行游记》一书中描述了新几内亚的极乐鸟。

刚开始，一切都与他所想象的不一样。迎接他的是两个德国传教士，他们不如他在新加坡认识的法国耶稣会传教士们："他们是商人传教士，嘴上说的是耶稣的话，但做的却不是耶稣所做的事儿，不能指望他们能给这些'野蛮部落'提供比宗教仪式更多的东西。"这两个传教士对华莱士还是蛮热情的，其中一人能讲当地话，他找了一些人帮他砍了一些树、藤条和竹子，准备建造一栋房子。那里的房子都建在海里，年久失修，十分破烂，镇政府的房子比较大，支撑它的柱子被雕成了粗鲁的男女裸体，在门口的平台上，还有一些"更令人作呕的"雕像。华莱士是一个比较宽容的人，但在最初交往中，他却很少发现有什么能让他感到满意的，当地人很冷淡，办事效率也不高。尽管如此，三天之后，他还是有了一个长20英尺（约6.1米）、宽15英尺（约4.6米）的木头房子，它的地板是用竹子铺的，门是茅草做的，还有一个面向大海的大窗户：新几内亚的棕榈树叶制成的垫子用来做墙，他带来的垫子按计划做了房顶。巴布亚人被赋予刀和斧子作为报酬，他乘坐纵帆船继续向东航行，成了在新几内亚大陆上的唯一一个欧洲人（传教士们住在附近的一个岛上），他为此而感到庆幸。前几个晚上，这些新来者在睡觉时让一个人放哨，身边还放着上了膛的枪，但他们后来发现，当地人并不像传说中那样凶残，而且还很友善。

刚开始，收集工作充满了希望，他们捕获到了吸蜜鹦鹉和长尾鹦鹉、一只鹩哥、一只笑翠鸟和一只球拍状尾翼翠鸟。但雨季却使捕猎十分困难：野外变得十分泥泞。对赤身裸体的巴布亚人来说，这根本不是一个问题——他们从泥潭里趟过去后，会在下一条河里洗干净。但对穿着靴子和裤子的华莱士来说，这是非常令人讨厌的。但比泥浆更不能让人容忍的是，没有极乐鸟的踪影。很显然，多瑞不是它们栖息的地方，要想找到它们就得更深入内陆。他认定当地人比较低劣——他们什么鸟都没打到，要不然就是打到了，也没给他送来。像往常一样，昆虫总能给华莱士带来欣慰：他发现了一种新的角蝇属，并捕获了四个不同种类的标本，它们后来被威廉·桑德斯命名为鹿蝇（*Elaphomia wallacei*）。这时，他的旧脚疾又复发了——他以前被倒在地上的树枝把脚腕子划破了，现在化了脓，使他有几个星期不能出门，当他看到大蝴蝶在门口飞来飞去时，更让他着急。他翻来覆去地阅读《家庭先驱报》，并以大仲马的小说消遣，尤其是《玛戈王后》，但他变得越来越烦躁。更令他恼怒的是荷兰战舰埃特纳号带来了一个公然的竞争者蒂多雷王子和班达驻扎官。他们派人四面八方地收集极乐鸟，就连当地人卖的寻常的鸟也都被他们买上了船。华莱士被迫改变策略，派阿里悄悄乘船出去了一个月，收集他能找到的所有极乐鸟。

1858年6月18日，华莱士的信抵达了在唐恩庄园的达尔文，其中包括他的进化论论文；达尔文的第一反应是既惊讶又绝望。华莱士后来说，他的论文让达尔文"最初几乎惊呆了"。他似乎正在阅读他自己的理论，或者是他正在撰写的"巨"著《自然选择》的提要。他非常痛苦地给莱尔写了一封信：

> 大约在一年前，你推荐我阅读华莱士在《博物学年鉴和期刊》上发表的一篇论文，你对它很感兴趣，因为我当时正在给他写信，我想他知道这件事一定会很高兴，因此我就告诉了他。今天，他给我寄来了一篇论文（随信附上），并让我转寄给你。在我看来很值得一读。你提醒过我，别人可能会抢在我之前发表这一理论，你的话现在已经变成了残酷的现实。

达尔文从未见过如此惊人的巧合了（可以理解的是，他最初只注意到了这个理论的相似之处，而不是它们之间的不同侧重点）。他对优先权的任何祈望都烟消云散了：他的独创性被砸得粉碎。

我从未见过如此惊人的巧合了，即使华莱士手中有我1842年的草稿，他也不可能写出一个比这更好的摘要来！他使用的术语甚至都可以用来作我书中章节的标题。请把他的手稿寄还给我吧，他并没有说他想要我帮他发表；但我当然会马上给他写信，提议把它寄给期刊发表……我希望你会赞同华莱士的手稿，并同意我转述你对它的评价。

莱尔及时阅读了华莱士的论文，他给达尔文回了一封信，在信中提出了一个折中方案，建议达尔文和华莱士共同发表他们的发现。达尔文此时忧心如焚，他的小儿子得了严重的猩红热，并在6月28日夭折。他不得不强迫自己认真考虑如何处理这个优先权的难题：

华莱士手稿中的所有内容都在我的1844年的手稿中有更详细的描述，胡克在若干年前曾阅读过它。大约在一年前，我给阿莎·格雷[1]寄去了一篇较短的手稿，其中含有我的观点，我还保存着它的附件（因为我当时正在与他讨论好几个问题），因此，我完全可以真心地说，我可以证明我没有抄袭华莱士的任何观点。我**现在非常**愿意把我的一般观点写上十几页来发表。但是，我却无法说服我自己这样做是光明磊落的。华莱士并没有谈到要发表他的论文，现在我附上他给我的来信。——但是，由于我并没有想过要发表自己的手稿，现在因为华莱士把他的理论概要寄给了我，我这样做能算得上是光明磊落的吗？——我宁愿把我的整本书都付之一炬，也不愿让他或其他人认为我是卑鄙的。难道你不认为他把手稿寄给了我就等于束缚了我的手脚吗？

---

1  阿莎·格雷（1810—1888），美国博物学家。

不论达尔文指望能得到什么样的回答，他正在提出一个反对自己发表手稿的强大理由："我可以给华莱士寄一份我给阿莎·格雷的信，让他看一看我并没有窃取他的理论"……"这是卑鄙和微不足道的"……"这是一个很无聊的事儿"……"这是一封因无聊的情感而写的无聊的信"，尽管如此，但莱尔能否把这封信无聊的信和他的回答转寄给胡克，让他（即达尔文）能够得到他的两个最好的、最善良的朋友的意见吗？他在信后又加了一段附言，使反对他自己的意见更加强大，"第一感觉一般总是正确的，我最初认为我现在发表是不光彩的。"随后，莱尔、胡克和达尔文之间信件不断。达尔文因为失去了小儿子查尔斯而情绪消沉，没有进一步卷入最后的决策。莱尔和胡克商量后，根据他们对达尔文迄今尚未发表的和正在进行的工作的了解，认为让双方联合发表是公正的，他们选择了1858年7月1日的林奈学会会议。选择这个日子是相当偶然的：这是一个临时举行的会议，因为上一次会议由于学会主席、伟大的植物学家罗伯特·布朗在6月10日去世而被取消了。胡克和莱尔出席了会议，并宣读了他们俩的论文：胡克（而不是莱尔）宣读了达尔文在1844年写的尚未发表的论文概要；达尔文在1857年9月给美国博物学家阿莎·格雷写的信的一部分，它包括了他的观点的概论，其中包括"性状趋异原理"；第三篇是华莱士的特尔纳特论文《论变种与原种无限偏离的倾向》——即严格地按论文出现的时间顺序。在一个重要方面，达尔文的担忧成了事实。他们没有让他重写一篇他理论的概述，而是直接用他因其他原因所写的文章和摘要代表了他的观点，而华莱士的论文则写得清晰、流畅（当然即使有缺陷，他也没有机会改正）。但在另一方面，胡克按论文书写的时间顺序来宣读它们，把更知名的达尔文放在了更显著的地位，从而也确定了他的实际优先权。

虽然在会上没有对论文进行讨论，但这个理论已经被公布于世。胡克评论道：

……它激发了巨大的兴趣，但这个题目对传统派太新颖、太令人生畏，以致他们没有充分准备，不敢仓促挑战。会后，人们对论文进行了私下的讨论：莱尔对论文的赞同对学会会员们起到了很大的威慑作用，作为他在这件事上的帮手，我的赞同也许有一点帮助，要不然的话，他们肯定会对这个学说发起猛烈的攻击。此外，对作者和他们的论题的熟悉，也让我们处于非常有利的地位。

（他们熟悉达尔文和他的理论，但并不熟悉华莱士。）达尔文没有到场宣读他的论文；他的小儿子在会议的当天被安葬。华莱士也没有被征求意见。如果要征求他同意的话，大概得花六个月，但无论如何，因为莱尔帮助策划了这一决定，在某种意义上讲，他的愿望完全得到了满足。尽管如此，他们还是需要写信对此进行认真的解释。达尔文在恢复正常工作后，在莱尔、胡克和赫胥黎的敦促下，开始专心致志地撰写他的书的一个"简本"，即后来发表的《物种起源》。

实际上，在林奈学会的论文宣读之后，华莱士并没有完全被忽视。当阿尔弗雷德·牛顿收到了发表的论文之后，他一直读到了深夜：

我将永远不会忘记它给我留下的深刻印象。这篇论文为我在过去数月里所遇到的所有难题提供了一个简单而完美的答案。我不知道我当时是因为没有想到这个答案而感到更苦恼，还是因为它最终被发现而感到更高兴……除去个人情感不谈，它的出现就像上帝在我面前显了灵一样；当我第二天早上醒来时，我感到这个简单名词"自然选择"揭露了世上所有的秘密。

当年9月，理查德·欧文在利兹举行的英国科学促进协会会议的主席演讲中，对他们的成就进行了谨慎的认可，他后来成了它的强烈反对者。

在新几内亚，华莱士一直在等待着莱尔对他的论文的评价，但他手上有很多实际工作要做。他们不断地遭到了失望和挫折的打击。阿里的极乐鸟收集之行毫无收获。华莱士拜访了一个德国博物学家罗森贝格，他是当年测量埃特纳火山的绘图人。华莱士对他收集的一些非常珍贵的极乐鸟十分欣赏。他意识到大部分极乐鸟都是在内陆捕获的，一路上在各个村庄被卖掉，剩下的会在沿海地区卖给布吉人或特尔纳特的商人们。要想搅乱这个供应链不仅很困难，而且很危险。华莱士随后又染上了严重的疟疾，他手下的两个人也分别得了痢疾和高烧。他所带的药物被耗费不少，但话不多的18岁小伙子朱马特却不幸病逝。华莱士用一些新棉布为他做了寿衣，同行的穆斯林伙伴为他举行了葬礼。随着时间的流逝，华莱士的坚持不懈终于得到了回报，他捕获了一些很好的昆虫，特别是甲虫。到7月底，当赫斯特·海伦娜号到达时，他们毫无遗憾地告别了多瑞。阴雨连绵，疾病不断（一人死亡），卫生食品的匮乏，最后还遭到了蚂蚁和丽蝇的骚扰，使华莱士的满腔热情备受打击。蚂蚁爬满了他的工作台，在他鼻子底下把他的宝贝甲虫搬走了，有的甚至还把他粘在纸板上的昆虫也撕了下来；在他剥的鸟皮上，大堆的苍蝇在它们的羽毛里产了很多卵，第二天就变成了蛆。回到特尔纳特真是一大解脱，他又能喝上加了牛奶的茶和咖啡，吃上新鲜面包和奶油，晚餐也有鱼有肉。后来，他在《马来群岛自然科学考察记》中回忆时，用了比较罕见的第一人称复数说："这次新几内亚旅行让我们大家精疲力竭"；同样罕见的是他的失败感。

然而，他的精力稍一恢复，他便去了附近的济罗罗岛，或许还想看一看下一班邮轮是否到了。当它到达后，它带来了一封达尔文的信和一封胡克的信，他得知他的论文在7月1日的林奈学会会议上被宣读。"我收到了达尔文先生和胡克博士的来信，"他给他母亲写信说：

> 他们是英格兰的两个最杰出的博物学家，这让我非常高兴。我给达尔文先生寄去了一篇论文，他正在写一本关于这个题目的伟大著作。

他把我的论文转交给了胡克博士和查尔斯·莱尔爵士，他们对它有很高的的评价，并在林奈学会宣读了它。这会确保我在回国之后能够结识这些显赫的人。

他当时的这个反应明显地充满了敬重之情。但在他的《我的一生》自传中，其描述就全面得多：

达尔文和胡克博士都给我写了一封最友善、最客气的信，告诉我已经发生了的事，并希望我能够同意他们的做法。当然，我不仅同意，而且对他们把我突发的奇想——在仓促中写成，并马上寄给了达尔文和莱尔征求他们的意见——与达尔文长期艰苦工作的成果放到了一个级别上，令我感到了更多的荣誉。达尔文在二十年前就得到了同样的结论，而且一直都在努力工作，以便能够用大量系统化的证据，把这个理论以令人不得不信服的方式向世界展示。

在后来的一封信中，达尔文说他十分感激我和他的两个朋友，他接着说："我现在基本上认为莱尔是对的，我不应该完成我更庞大的工作计划。"因此，我把我写的论文寄给达尔文，在无意中促使他集中精力，为他正在准备的一部巨著写了一个他所谓的"摘要"，我想我或许应该对此而感到满意，这个摘要实际上是一部精心写成的大部头——即著名的《物种起源》，它于1859年11月出版。

我们知道华莱士用词十分谨慎，因此，在这里可以推测，在以上两段话之间，也就是他在1858年表示赞同和他随后表示的赞扬之间存在着细微但又意义重大的区别。如果没有他的论文，达尔文或许永远不会认真地以这种特定方式撰写这本书。最初，华莱士似乎对这件事真正感到很高兴；他当时对乔治·西姆斯、贝茨和史蒂文斯提起此事时，也都表达了这一点。他还让史蒂文斯帮他找一些会刊。"给贝茨、斯宾塞和任何关注此事但却没有参加林奈会议的我的其他朋友各寄一本。"他写道，就像他在发表了一篇关于阿鲁岛人或猩猩的论文时所做的一样——这是他信中的第三个请求，在此之前，他已经抱怨过史蒂文斯寄给他的第14号大头针的长度不对："完全不能用。"达尔文完全赞同他的这篇论文，并按要求把它转给了莱尔爵士。胡克和莱尔实际上对它进行了审稿，并和达尔文的论文一道向科学界宣读了它。当时正陷于海岛之间缓慢旅行的华莱士，怎么能不高兴呢？此外，他的阿鲁群岛标本收集也非常成功——价值1000英镑的标本已经售出。再过一两年，他或许能赚到足够多的生活费，实现他"长期渴望的老英格兰乡村生活计划"。他计算了养老金所需要的开销，结果，绕道加利福尼亚返回英国的愿望变得日渐渺茫。一旦他的探险活动结束之后，他会高兴地尽快、尽量节省地返回英格兰。至于他自己的巨著，虽然他得知特尔纳特论文获得了好评，但他似乎并没有打算急于写作它；此外，即使有这个打算，他也不可能在旅行途中进行写作。

　　阿鲁群岛收集的成功使他受到了很大鼓舞。在他的下一次旅行中，他变得更加独立，租用了一艘船和一个导航员，加上他的四个助手（其中包括阿里），组成了他的全部航员。12天的旅行，经过开奥群岛，把他们带到了巴占群岛。他在安排好住处的第二天早上，便派他的男孩子们出去打猎，然后独自一人去考察可能的收集地点。阿里回来后，腰间的皮带上挂着几只鸟，他举起一只让华莱士看："先生，你看，这是一只多么新奇的鸟啊！"

　　　　我看见这只鸟胸前长着一大簇光彩的绿羽毛，向两侧延伸出两束闪亮的羽刺；但让我无法理解的是，它的肩上伸出来一对白色的长羽饰。阿里向我保证，这是鸟在扇动翅膀时伸出来的，随后就一直保持这样，他没有动它们。现在我意识到我中了一个大奖，这是一种全新的极乐鸟，与其他极乐鸟完全不一样。

在给史蒂文斯的信中，他无法掩饰自己的喜悦：

> ……这个岛上最精美、最神奇的鸟：一种全新的极乐鸟！一个新的鸟属！！与我们已知的鸟完全不同，非常奇特，非常漂亮！！！当我捕获到几只后，我会从陆路寄给你，看看一种新极乐鸟能卖多少钱。我希望每只能卖25英镑！……我认为这是我至今为止最伟大的发现……

大英博物馆鸟类馆馆长乔治·格雷以它的发现者把它命名为"幡羽极乐鸟"（*Semioptera wallacii*，又名华莱士天堂鸟）。这正是华莱士继续努力所需要的动力。从现在起，寻找极乐鸟就成了他行动计划的重点：他希望在济罗罗岛或塞兰岛发现更多的新品种。与他关于物种演变理论的论文所带来的荣誉和赞扬相比，华莱士完全能够愉快地待在这些遥远的孤岛上，欣赏他偶然发现的这些完美的新生物的美丽。他乘坐一艘当地政府的船返回了特尔纳特岛——他之前已经让自己的船返回了——在船上，他经历了一个十分可怕的遭遇。在晚上睡觉前，他吹灭了蜡烛，因为船舱里还有一个点燃的油灯。他看见床边箱子上有一个花手帕，于是伸手去拿，但却摸到了一个冰冷而光滑的东西，它马上动了起来：这是这个人间天堂的另一面，一条有剧毒的毒蛇，它肯定是混在一捆芭蕉里被带上了船。华莱士与阿里迅速地把它给消灭了。

> 考虑到不太可能有两条毒蛇同时被带上了船，我就上床睡觉了；但在睡眠中，我总是朦朦胧胧地感到我的手会摸到另一条毒蛇，于是，我躺在那里一动不动，整夜都没敢翻一次身，这完全不是我平时睡觉的习惯。

到了1859年4月，华莱士离别英格兰已经五年了，他的家人开始敦促

幡羽极乐鸟（一雌一雄）

他早日回国：他收集的成功，在学术界已经获得的名声，还有疾病对他的折磨，都成了他家人劝他回来的理由，特别是他姐夫托马斯·西姆斯，或许他是在为这个家族代言。华莱士承认，这些理由都很充足，但他却不为之所动。"在我能心满意足地归来之前，我在这儿还有很多事情要做——如果我现在就离开的话，我将会遗憾终身和不快乐……我感到我的工作，还有我的快乐，都在这儿，为什么我就不应该追求我的神圣使命呢。"他承认他已经收集到的资料，足以让他对昆虫的"形态、结构和差异""研究一生"：

> 但是，我正在这里进行一项更广泛的研究——即动物与时空的关系，换句话说，就是它们的地理和地质分布及其原因。我决定在印度-澳大利亚群岛解决这个问题。我必须考察和探索更多的群岛，从尽可能多的地区收集动物，以便能够得到一个确切的结论。至于我的健康和生活，它们与和平和幸福相比又算得了什么呢。

这个宏伟蓝图就是他在这些群岛上坚持不懈的原因，或许更重要的是，这个延伸了的研究——"关于动物与时空的关系"——是出现在他阅读《物种起源》之前。他坚持不懈地研究着这个问题。西里伯斯岛特别让他迷惑不解，在1859年6月至9月期间，他待在这个半岛最东北端的万鸦老。从社会学角度看，他认为这个在荷兰人管辖下的岛屿应该是所有殖民政府的榜样：家长式的专制制度是可以接受的，因为它能够促进人们在道德和物质上的进步。

> 如果我们认为统治一个野蛮民族并占据他们的国家是合理的；如果我们进一步认为帮助这些粗野的人改善生活，使他们能达到我们的生活水平是我们的职责的话，我们就一定不要太担心那些高喊"专政"和"奴役"的责备声，而必须使用我们所拥有的权力，去引导他们从

事那些他们不愿意做，但我们知道这是改善他们的道德和物质生活所必须做的事。

后来，当他在写《马来群岛自然科学考察记》的结束语时，华莱士更多的是强调那个"如果"。但他一直认为荷兰体制至少要优于英国体制，因为它遵循了持续和逐渐发展的规律：这个体制渐进地引导着人们朝着一个"更高的"文明程度演化，而英国人则试图一下子把**他们的**"文明"强加给它所统治的臣民："我们能瓦解，我们会消灭，但我们从未真正带来文明。"荷兰人的统治确实让岛屿的这一部分很适合从事收集工作。当地人是整个群岛中最勤劳、最温和、最文明的部落；行李会如愿送到，房间会准备妥当，船和向导都能出租，华莱士还得到了摩鹿加群岛总督的大儿子的鼎力帮助，为他举办了一次大型狩猎活动。

华莱士对岛上的地质和动物群十分好奇。他在那里经历了一次地震，强震让他感受到了自然的巨大威力："我们完全被一个巨大的力量所左右，狂风和巨浪根本就无法与之相比。"附近还有一些温泉和火山口，它们不断地喷发出蒸汽和滚烫的泥浆。这些现象让他特别注意到了那些肯定是在远古时代所发生的地质变化。他所收集的物种都非常独特：80种西里伯斯岛独有的鸟类；14种陆生哺乳动物中的11种，其中包括倭水牛、鹿豚（它们都是在狩猎中打到的），24种凤蝶科的燕尾蝶，其中的18种其他岛上都没有。另一个特征就是在摩鹿加群岛、婆罗洲和爪哇岛发现的几组动物，在这里完全没有。在华莱士看来，这一切都表明在远古时期，西伯里斯岛是一个发源地。他后来一直都在思考这个问题。

他第三次，也是最后一次，离开了西伯里斯岛。他决定暂时待在安波那，以便弥补他对马来群岛了解的空缺，特别是塞兰岛及周边岛屿。他在雨中对塞兰岛的原始森林进行了长途跋涉的考察，捕捉到了很多绚丽的蝴蝶，然而，这也让他的健康受到了影响。他全身被蚊虫咬了——"从头到脚都是红肿的包"——被迫在屋里躺了两个月。

摩鹿加群岛的甲虫

　　他有很多东西需要阅读。达尔文给他寄了一本《物种起源》（他可能寄的是校样），华莱士在回信中对它进行了慷慨而客观的评价。"我完全同意你对书中最强部分和最薄弱部分的判断。"达尔文回信说。在宣传自然选择理论的活动中，他没有忘记在大洋彼岸的华莱士："我最近告诉胡克，我完全明白如果没有你、胡克和其他一些人，我的书只会是一个昙花一现的想法。"除了得知他在科学界的地位之外，他现在又有了一个欧洲同伴。查尔斯·艾伦放弃了他在沙捞越的传教工作，在布鲁克的帮助下，在婆罗洲公司找到了一个临时工作。华莱士说服了他重操旧业，成了一个主要以出售收集为生的自由收集人。他帮艾伦找了两个助手，一个是"不爱说话但却很勤奋的"万鸦老人科尔内留斯，另一个是当地人西奥多勒斯·马塔克纳，华莱士教他学会了如何给鸟剥皮。在东方的四年多使艾伦变得更加成熟了。华莱士与他相处了一段愉快的时光，并开始策划下一步行动。艾伦被派往塞兰岛北岸，从那里又去了"尚未勘察过的"密索尔岛；华莱士则沿着塞兰岛南海岸东行，去了他的最终目的地卫吉岛：他又开始了对极乐鸟的寻找。

然而，他先绕道去考察了一系列的珊瑚岛，这些岛一直延伸到了卡伊群岛和阿鲁群岛。这虽然满足了他的好奇心，但却没有给他带来任何可收集的东西。他在路上还遇到了一些险情：他雇用的小帆船遇到了强大的海流冲击，幸好船员们鼓足干劲地拼命划船，才最终脱险。第二艘同样简陋的船把他带到东面更远的地方，但这一次，因海流和狂风太强劲，船员们无力回天。他们当时面临着两种选择：要么在这艘毫无遮掩、负载沉重的小船上漂流一个星期，要么被冲到新几内亚去，在那里，他们会面临着全部被杀的危险，与最近被冲到那里的两条当地商船的船员们落到同样下场。华莱士无可奈何地命令返回戈拉姆岛。他在那里用9英镑买了一条小帆船，准备把它按照自己的需求进行改装。他取出锯子和凿子，开始了工作，这让众人十分惊讶。他让一个克厄岛的船匠给他安装了新肋拱，因为没有螺旋钻，所有的孔都是用烧红了的烙铁头钻的。虽然他以身作则，拼命地工作，但他却无法激励起他所雇用的劳工们的工作热情，他雇了这些人帮他修船，准备在修好后一同驾船到密索尔岛、卫吉岛和特尔纳特岛去。当他们抵达塞兰岛后，这伙人连夜全跑了，这对华莱士来说或许并不是一件坏事。他似乎认为这些不负责任的行为是因当地唾手可得的食物西米引起的。他算了一笔经济账：一个男人工作10天就可以生产一整年的食物，大约值12先令。因此，他们缺乏继续努力的动力。他设法凑齐了一伙船员，驾船去了瓦哈伊，在那里，他受到了荷兰司令官和他在新几内亚认识的老朋友罗森贝格的热情款待。罗森贝格借给他一些钱支付了他的船员们，然后，他又重新雇用了一批船员。他还收到了查尔斯·艾伦的一封求救信：他在密索尔岛上的供给快用光了——其中包括大米和至关重要但却在当地不易找到的钉昆虫的大头针。

他的第一阶段行程有60英里（约100公里）海路，强风和激流把他的船冲过了密索尔岛，迫使可怜的艾伦只能自食其力。华莱士决定向一组小岛驶去，他们在敞篷的小船上漂流了四天之后，终于找到了一个可以停泊的地方。他派了两个人上岸去砍一些树藤来拴牢小船。这时，船锚突然松动，激流把小船无情地冲向了远方，划桨也无济于事。大家拼命叫喊和挥手，但那两个人已经消失在密林之中。华莱士认为他们会造一个木筏子追过来。然而，他很快就看见林中升起了黑烟：他们已经决定生火烤海贝吃了。这时，华莱士不得不考虑自己的安危，他和船员们设法登上了两英里（约3.2公里）外的一个小岛，在那里过了夜。第二天，他们开始在岛上寻找淡水，最终在一个隐蔽的岩洞里找到了一些淡水。那两个被困在孤岛上的人一直都未现身。但华莱士并未担心，因为他们带着斧头，可以砍树做西米为生。他们还可以掘地取水和捕捉海贝。第三天，他起航去了卫吉岛。一旦在那里站稳了脚，他马上租了一条船去营救那两个被遗弃的船员。在依靠树根、海贝和海龟蛋生存了一个月之后，他们终于得救了，"除了瘦了一些和身体虚弱之外，并无多大毛病。"他意识到这会显得有点冷酷无情，于是不厌其烦地解释道：

> 他们游到岛上后，两人共用一条裤子和衬衣，但他们用棕榈叶搭了一个草棚子，在一起相处得很好。他们看见我在对面的岛上等了三天，但因担心会被海流冲走而未敢贸然渡海，他们相信，我一旦有机会就会马上回来救他们。当我营救了他们之后，他们似乎比一般当地人更具感激之情。虽然我的航程十分不顺利，但让我感到宽慰的是我们没有人员伤亡。

现在，华莱士可以把注意力转向岛上的自然探索了。

由于在穆卡散落的村落里没有合适的住所，华莱士在林边造了一个房子，它坐落在一条小道和小溪旁边，不远处有一棵漂亮的无花果树。它更像是一个一个棚子，墙是用茅草做的，还用了船帆，屋顶则用

红极乐鸟

的是棕榈叶编的垫子。经过调整之后，屋顶滴水不漏，他终于可以集中精力去寻找极乐鸟了。村里人告诉他，附近没有极乐鸟，但华莱士却能听到它们的叫声。他第一天进入森林就看见了一种罕见的红极乐鸟（*Paradisaea rubra*），这种鸟只生活在卫吉岛。他的猎手忙活了半天才打到了一只雌鸟。随后，无花果开始成熟了，这些鸟儿开始来觅食。由于它们行动十分敏捷，而且周围的树木又很茂盛，他们花了很多时间寻找它们，这种鸟在很多方面比他已经捕获的两种大型极乐鸟更加光彩夺目、美丽动人：

> 它的头、背和肩呈黄丽色，喉部明亮的墨绿色一直延伸到了它的头部，头顶上有两个竖立的小羽冠。它的胁羽较短，呈暗红色，其末端变成了精致的白点状，它的尾羽中央有两根线状的刚硬的羽轴，黑色，很细，向下垂吊成优美的半圆弧形曲线。

他最终在"他的"树上打到两只雄性的红极乐鸟，"随后它们就不再来了，或许是因为果子少了，或许它们很聪明，可能意识到了危险"。他必须深入林中才能捕捉到它们。

穆卡岛并不适宜做基地：除了少量的鱼之外，可购买的新鲜食物极少。与塞兰岛一样，当地人以丰富的西谷椰子为食，因此很少种植蔬菜或水果；在华莱士看来，这正是他们陷入贫困的原因，而且，大部分当地人都有一个巴布亚人做奴隶，所以他们平时游手好闲，身体健康状态也不佳。他们看上去像是混血儿，有一部分济罗罗岛的马来人和阿尔福罗人的血统，还有一部分新几内亚的巴布亚人的血统；华莱士认为这是马来群岛上这两个人种之间明显差别的进一步证据，他们不是由同一个人种进化而来的，而是在"人类近代史上"通过在无人居住的地方相互交往而产生的。

由于极乐鸟是华莱士收集的主要目标，他最终接受了当地人的忠告，

洗西谷粉

去了贝西尔，那里是专业猎手们狩猎的地方。他把他的船和舵手留下了，租了一个带平衡翼的独木舟，在海上颠簸了一天，来到了一个珊瑚岛上。那里的首领把白沙滩上方的一个小棚子让给了他——这是一个矮小的房子，房间呈正方形，边长8英尺（约2.4米），其屋脊最高处距离地面只有5英尺（约1.5米），下面的空间还不到4.5英尺（约1.4米）高。华莱士在狭窄的屋里放了一张小桌子和架子，平时爬进去工作和进餐；晚上，他会在里面睡觉，而他手下人则在外面的地上铺上睡垫过夜。他在这里待了六个星期。

这给他提供了一个很好的机会来重读《物种起源》。他写信与乔治·西尔克进行了探讨。华莱士当时并不知道公众对达尔文的书的反应。但他这时已经把它读了五六遍，每一遍都增加了他对它的赞赏——它将与牛顿的《数理原理》同样经久不息：

天文学的周期，又或是地理学的周期，已经使我们在努力了解地球生命缓慢发展的过程，领略到时间的广袤……达尔文先生给这个世界带来了一个**新科学**，在我看来，他的名字应该排在所有古今哲学家之上。对他的钦佩将无法超越!!!

多年之后，华莱士向他的医生透露说，当他收到《物种起源》的校样后，他就把自己准备著书的计划搁在了一边，他以后再也没有向任何人提起过这个决定。他当然也没有告诉西尔克，达尔文的书实际上终止了他的写书计划。他读莱尔的书时所做的大量的注释，还有他自己的大量笔记和收集的参考资料，只能另当别用。

他的猎手们终于到达了。华莱士用斧子、手串、刀和手帕预付了他所需要的鸟，但只有一个猎手有自信能够带来价值两只鸟的东西，其他的猎手都在等待。三天之后，第一只鸟被送来了，它还活着，被绑着装在一个小口袋里，羽毛因此被弄坏了。华莱士解释说，他需要的是完美无缺的标本：如果鸟还活着，就应该在它的腿上拴一根绳子，让它们栖息在树枝上。其他猎手这时决定加入捕猎，各自谈妥了要抓一到六只鸟。即便如此，很多鸟送来时还是遭到了损害，但那些当天抓到的活鸟则被放进了一个带有食槽的竹笼子里，华莱士给它们喂水果和活蚱蜢，尽力照料它们。然而，他的所有努力都付之东流，但他仍然在那里坚持着，以便能够收集到更多的标本。他们的粮食已经不多了，除大米和西米外，还增加了难嚼的鸽子肉和凤头鹦鹉肉，但当地的水果，像芭蕉之类的，和蔬菜都不多，连当地人都不够吃。华莱士瘦了不少，身体也变得虚弱，并产生了剧烈的头痛，一次疟疾让他对西米完全失去了胃口，不得不动用他的应急食物——两个罐头汤——以补充营养。是该离开的时候了。猎手们送来了最后一批鸟，其中一人退回了他事先领取的斧子。那个约定要抓六只鸟的人，在装船时赶了过来，送来了他的最后一只鸟，说道："我现在什么都不欠你了。"——"完全出人意料的诚实例子"，这给华莱士留下十分深刻的印象。他带走了24个精美的红极乐鸟标本，还有几种全新的或极罕见的鸟类——一种新的新几内亚夜莺——和非常漂亮的蝴蝶，其中包括极美的绿鸟翼凤蝶，"我的一个镇店之宝"。

从卫吉岛到特尔纳特岛的航行困难重重。老鼠把船帆咬了二十多个洞，需要新的帆布替换。顶风逆流使他们的前行十分艰难。当他们最终抵达济罗罗岛时，他们的船被冲到了岛的北岸，他们得拼命划桨才得以靠岸。华莱士列举了一系列的灾难：在珊瑚上触礁十次，失去了四个锚和一条小船，罗盘灯的油用光了，缺乏食物和水，**"没有一天是顺风！"**当他们不断地被巨浪吞没，后来又被飓风赶上时，他的舵手坚信，这条船不吉利，他们在为船被重建时没有举行布吉人的圣油仪式而付出代价。经过了38天（而不是预计的12天）的航行之后，他们终于抵达了特尔纳特岛，查尔斯·艾伦正在那里等待着他们。华莱士在回来的路上，从一艘路过的商船船长那里收到了艾伦的一个便条，这使他精神大振。可以理解，艾伦当时感到特别焦虑，特别是当他独自一人被困在密索尔岛时。他在那里收获不小，虽然只捕捉到了几只极乐鸟。他的自立和勇气给华莱士留下了深刻的印象，他说服他到婆罗洲岛东南的新几内亚、苏拉岛、弗洛雷斯岛和科蒂岛进行了多次更危险的单独探险。

这将是华莱士在特尔纳特的最后一次停留。他首先需要休整，并对艾伦能够帮他整理运往英格兰的标本感到非常高兴。他有成堆的邮件需要阅读和回复，这是九个月积累起来的信件、账目、论文、杂志和书籍。现在，他可以真正开始策划返回英格兰了，因为艾伦能够帮他测量一些他没能去的马来群岛上的关键地区，弥补这些缺陷。他策划了一条较容易的回国航程，先去帝汶岛，然后经过比较容易通行的、更文明的爪哇岛和苏门答腊岛。他还打算继续寻找活的极乐鸟。史蒂文斯已经把他定的活鸟的价格告诉了潜在的买主们，其中包括伦敦动物园：如果运气好的话，它们的售价或许能够支付他的回国路费。

在他收到的来信中，有一封来自达尔文。他对华莱士对《物种起源》的赞赏表示感谢。达尔文的来信也是热情洋溢："我必须得说，你对我的书的慷慨赞扬，让我非常敬佩：任何在你的位置上的人都会产生一丝妒意。"他认为华莱士"对自己的评价太谦虚了"："如果你手上有我这么多时间，你也会写出同样的书的，或许比我写得更好。"实际上，华莱士对他不必撰写这样一本巨著而由衷地松了一口气：毫无疑问，收集那些支持《物种起源》观点的大量证据绝不是一件轻松事。他向贝茨吐露了自己的心声：

　　我真不知道应该如何表达我对达尔文著作的钦佩。对**他本人**讲会有拍马屁之嫌，对别人讲，又会有王婆卖瓜之疑；我真诚地相信，无论我在这个课题上花多大精力和耐心，我都**永远无法接近**他的著作的完整性，书中大量的证据，无法抗拒的观点，和令人钦佩的语气和精神。人们没有把这个理论介绍给世人的重任放在我的肩上，我十分感激。达尔文先生创立了一个新科学和一种新哲学；我认为从古至今，仅仅靠一个人的劳动和研究而创造了人类知识领域的一个新分支的例子，还从未像这样完美地出现过。

　　他对《物种起源》的公开钦佩从未动摇过，不管他后来是否对林奈会议录产生了一些保留意见。与此同时，达尔文向他转达了科学界对这个问题的看法。很多地质学家成了信仰者，人数比其他任何科学分支都多，绝对比博物学家们多，这或许是因为他们更习惯于逻辑思维的缘故吧。但是反对者也很多——理查德·欧文在《爱丁堡评论》上发表了一篇充满嫉妒和恶意的公告，亚当·塞奇威克和J.W. 克拉克在剑桥发起了猛烈的攻击，威廉·贾丁爵士和托马斯·沃拉斯顿也发表了充满敌意的书评，除此之外"**还有其他很多人**"。但莱尔"像城堡一样牢固"，他将在秋天公布他也皈依了这个理论。达尔文还告诉华莱士，帕特里克·马修在《园丁纪事》杂志上撰文说，他在1830年发表的《造船木材及植树》一文中，已经提到了自然选择。达尔文评论说："我哥哥是一个非常睿智的人，他总是说，你会发现有人已经走在了你的前面。"马修声称，他比他们俩都更有优先权。华莱士给达尔文回信时叙述了他的最新疑惑，"不同群中的动物结构和颜色总是重复地出现在同一个国家，并且一般来说，总是在**同一个地点**。"他无法用自然选择来解释这种拟态：他将继续研究这个课题，贝茨将在来年对此做出解释。

1861年元旦，华莱士离开了特尔纳特岛，前往帝汶岛，这是一个他尚未收集过的重要地区。他以前在岛西边荷兰人管辖下的古邦地区做过短暂停留。这一次，他住在东帝汶由葡萄牙人管辖的帝力。当年，华莱士对他在亚马孙河流域遇到的葡萄牙人并不感冒，他对他们在帝汶的统治也不看好：房屋全都破破烂烂，缺乏能够鼓励农业和贸易的通往内陆的道路，港口泥泞不堪，到处都是穿着漂亮制服四处游走的军官。除此之外，小镇还被沼泽和泥潭所包围，极不卫生："新来者待一个晚上就会发高烧，常常还是致命的。"华莱士没敢挑战命运，他认识的一个英国商人哈特船长一直都在离小镇2英里（约3.2公里）处的高地上的种植场过夜。采矿工程师弗里德里克·吉奇在那里也有一栋房子，他邀请华莱士前往同住，于是，他在傍晚时骑马去那里安置了下来。

华莱士在那里停留了几个星期，但没有远离住所。在热带地区的七年在他身上留下了各种烙印，特别是新近从威济乌到特尔纳特的长途航行，使他锐气大减。他最终在给家人的信中承认了这一点。"我的健康也不行了，"他对西姆斯说，"我现在不像以前那样能够忍耐疲劳和贫困的生活。"他甚至向他索取他母亲在哈默史密斯的小别墅的平面图，以便确定他能否在回国后到那里去居住。同时，在他住所附近有一个小山谷，山谷里有一条绿树成荫的小溪，他在那里进行了探索，收集到了一些鸟和几只非常奇特和罕见的蝴蝶，像燕尾欧美凤蝶（*Papilio aenomaus*）和帝汶凤蝶（*Papilio lirie*）。他身边只有阿里帮他打猎和帮忙，他已经不像以前那样对收集充满了激情，然而系统记录对他来说仍然十分重要，它能为他研究物种分布提供至关重要的证据。他与吉奇一拍即合，相处得十分融洽，他们一起到山里做了一次短期旅行，停留在海拔2000英尺

美凤蝶（*Papilio memnon*）

（约610米）高的一个"小村里"——它只有三间房子：山上整天云雾缭
绕，不适合捕捉昆虫，但华莱士在凉爽的傍晚，能够点上一堆篝火，享
受有烤羊肉的晚餐。吉奇向他讲述了一些葡萄牙人的荒谬之举，说他们
在尚未仔细勘测之前便把他从英国请来帮助开采铜矿。华莱士对如何能
使这个国家真正提高生产力进行了思考：牧羊或种植小麦、大米、土豆
和咖啡都能使它得到迅速的发展和回报。

　　吉奇随后去了新加坡，华莱士在晚上便与哈特作伴，哈特借阅了
《物种起源》，与华莱士对它进行了长谈。华莱士继续进行收集。帝汶的
捕蜂人让他很感兴趣——这里的蜂蜜是很重要的出口产品。他观察了一
群捕蜂人在他所在的山谷里掏蜂窝：一个男人会带着一根用树条拧成的
绳子爬上一棵树皮光滑的大树，绳子的一头拴着一个火把；当他爬到六
七十英尺（约21米）高之后，就会转到挂着巨大蜂窝的树上，用烟把蜜

蜂熏跑，然后用刀把蜂窝割下来，再用一根细绳子把它从树上放下来。即使在放到地上之后，蜂窝里被惊动的蜜蜂还是多如牛毛，华莱士不得不赶紧逃避，用他的网子不断地驱赶它们，他因此还得到了一些大蜜蜂（Apis dorsata）做标本。他还弄到了一个蜂窝，后来送给了达尔文。

帝汶岛对于华莱士来说，具有特殊意义，因为它与龙目岛和弗洛雷斯岛一起，形成了在爪哇岛与澳大利亚之间具有一个独特动物群的三大群岛。后来，当他分析了查尔斯·艾伦从弗洛雷斯岛收集的标本后，他认为这些岛上的动物群处在一个物种转变的中间状态，并主张这些岛屿从未——在近代地质时期——与爪哇岛或澳大利亚连接一起，它们是真正的海岛，而岛上的动物是由周围大陆上的动物"偶然地"落户于此的。

他从帝汶去了塞兰岛西面的布鲁岛，这是一个博物学家们从未涉足过的地方，很有潜力，它又为他填补了一个空缺。这个岛坐落在荷兰邮轮每月都要经过的航线上，华莱士和他的助手们坐着前来取邮件的小船上了岸。华莱士花了很长时间才找到一个有希望的收集点，他让阿里去一方搜索，自己则去了内陆。岛上泥泞不堪，杂草丛生，长满了白千层树——"完全不是动物学家们能感兴趣的地方"。经过进一步打听之后，他们在岛的南岸发现了一片森林，华莱士最初乘船前往，后来改为沿着沙滩长途步行，因为那里海岸的水域对帆船来说太危险了。

在布鲁岛，华莱士根据他多年的经验，很快就把它租借的小草棚整理好了：他已经学会了轻便旅行。他挂起了一个蚊帐，一边用苏格兰格子呢挡上，就形成了他睡觉的地方。他把一个简易桌子的四条腿埋在地里，使它变成了一个平稳的台子，他坐在它前面的轻便藤椅里，面前放上书、折叠式小刀、剪刀、钳子、大头钉、标本标签，等等。他在墙角拉了一条绳子，每天晾他洗好的内衣内裤。一个竹架上放着陶器，其他一些吊起来的架子上放着正在晾干的标本，以防蚂蚁侵扰。最后，在茅草墙四周的箱子里，装着他的一些奢侈品，像咖啡、茶叶、糖和饼干，这些东西让当地人很惊讶。与阿鲁岛人一样，这里的人也不明白这些欧洲人要用这些仔细保存起来的鸟和昆虫标本做什么用。布鲁岛上的条件很差。华莱士把他的备用靴子留在了汽船上，其他鞋也快散架了，他不得不赤着脚四处走动，冒着在婆罗洲岛和阿鲁岛被刺伤后卧床不起的危险。阿里在长得很高的草丛中行走时，无意中踩到了一条20英尺（约6米）长的大蟒蛇，"就像一根在草中被拖着走的大树干一样"。他也开始变得像华莱士一样对收集十分着迷。有一次，他在林中看见了一只非常漂亮的八色鸫属小鸟，他极想抓到它，于是，在他们离岛的前一晚，他独自一人待在森林里的一个小草棚里，准备在第二天拂晓进行最后一次尝试：他满载而归，捕获了两只鸟，一只鸟的脑袋被打掉了，而另一只却"完好无损"。这是一个新鸟种，"很像摩鹿加的八色鸫，但在颈背有一个亮丽的正方形红色图案"。他们随后回到了卡吉利，把收集的标本打了包，装上了去特尔纳特的汽船。所有行李也都装上了船，华莱士向他的朋友们告了别。轮船先向西部的万鸦老驶去，然后驶往南部的望加锡岛和爪哇岛。华莱士终于离开了摩鹿加群岛，他在它富饶而美丽的海岛上漫游了三年多，并在那里形成了他的自然选择进化论。

他在爪哇岛东北的泗水登陆，花了两个星期整理他最近收集的标本和写回信。在度过了多年颠沛流离的生活之后，他终于住上了一个旅馆——但很嘈杂，他马上补充道。"当然，亲爱的母亲，在离家这么长时间之后，我只想能和你住在一起——如果你认为你能料理我们两人的家务的话。"除了一间小卧室外，他只需要一个大房间，"或一个小房间，如果我能把箱子放在储藏室里，并在那里从事一些粗活。"他开始关注英格兰的消息，并让西尔克给他转达一些新闻，还持续关注在《雅典娜神殿》[1]上正在进行的科学辩论。但他仍然需要考察爪哇岛和苏门答腊岛。他起身前往阿朱纳山，这一次他是坐马车去的，花费了相当于每英里半个克朗的邮资，这让他十分不快。如此昂贵的开销很快就让他打消了进

---

1 《雅典娜神殿》是一个英国文学期刊，于1828年至1921年在英国伦敦出版。

行任何长途旅行的打算。他找到了
一个收集鸟的好地方——一个月之
内就收集了98种鸟——他还在闲暇
时间观赏了当地的建筑遗址，还有
当地的音乐——"加麦兰"，这对
他来说是很罕见的。他甚至还获得
了一个2英尺（约60厘米）高的印
度教杜尔迦女神的浮雕像，把它和
他收集到的孔雀和犀鸟一起运回了
英国。

古老的浮雕像

他在这儿还仔细研究了荷兰人
管理殖民地的方法，他对他们在西
里伯斯的管理十分赞赏。他还观察
到了一些"高等"人与"低等"人（达尔文用语）自由交易时所发生的
有趣现象。除了烈性酒和鸦片的诱惑之外，人们还可以通过信用来获得
货物，用尚未种植的农作物"或仍在森林中的产物来做抵押"：

> 他事先没有仔细考虑过只能拿适量的东西，他又没有精力起早贪
> 黑地工作来还债；结果债务越积越多，常常持续多年，甚至一辈子都
> 得还债，基本上就成了一个奴隶。

华莱士对债务并不陌生。他本人对殖民主义很不感冒，但认为它是
不可避免的。如果必须这样做的话，那么最好由荷兰人来做，因为他们
至少在理论上与当地的首领们进行了合作，根据利益相关的原则向他们
提供了固定工资，并共享了所得利益：在世界上这个最富饶多产的岛屿
上，这是一个对每个人都有利并有所进步的系统。

在对当地进行了全面探索之后，他决定再去岛的西面试一试运气。

双带鳌蛱蝶（又名圆规蝶）

他搬到了巴达维亚[1]，在印迪斯大酒店住了一个星期——真奢侈啊，房间里有一个客厅，卧室外面还有阳台。他从这儿坐马车去了在内陆40英里（约64公里）的茂物市植物园，然后又继续行驶了20英里（约32公里）进入了山区，在那里租用了一个修路人的小屋，待了两个星期。这是一个很好的收集鸟类和蝴蝶的场所：

> 第一天，我的猎手们就捕获了优美的蓝绿咬鹃（*Harpectes reinwardti*）和艳丽的巽他山椒鸟（*Pericrocotus miniatus*），后者就像一团小火苗一样在灌木丛中飞来飞去，还有非常稀有和奇异的黑红色的绯胸黄鹂（*Oriolus cruentus*），所有这些种类都只在爪哇岛才有，而且好像还只局限于岛的西部。

---

1 巴达维亚，印度尼西亚首都雅加达旧称。

他还得到了一只很新奇罕见的蝴蝶，双带鳌蛱蝶（*Charaxes kadenii*），"它的两个后翅上各有两个像圆规一样的曲线形尾翼，非常引人注目"。

他这次旅行的最大收获就是攀登了海拔10000英尺（约3048米）的庞朗奥火山，这是一个漫长而费时的过程。他从未在赤道附近攀登过如此高的山，这一次让他观察到了热带植物和草木逐渐被温带植物，最终被高山植物所取代的现象。在海拔9000英尺（约2743米）的高度，他发现了大樱草（*Primula impeialis*）。在喜马拉雅山脉发现欧洲属类的改良植物，让博物学家们非常疑惑：它离欧洲太远，以致无法用风和鸟的传播来解释。华莱士已经读过了《物种起源》的第二章，他采纳了达尔文"当前的"假设，认为在冰川时期，温带植物延伸到了热带地区，甚至通过高地跨过了赤道线，抵达了南极地区。华莱士绘制了马来群岛的动物群分布图，他非常肯定爪哇岛以前是与亚洲大陆连接在一起的。他在这里研究了火山口周围的植物，可以看到很多支持通过自然选择而变异的这个简单假设的证据。欧洲的种类——紫罗兰、贯叶连翘、欧洲荚蒾——让他想起了英国的田园风光。他渴望能看到一片毛茛，他向姐姐范妮透露说："一个长满金雀花或帚石南的山丘，一片毛地黄，一片野玫瑰树篱和深紫花野豌豆能比我在热带雨林里看见的任何东西都**美丽**。"

这时，气候开始转变，他试图寻找一个新的收集地点，但昆虫和鸟仍然稀少。于是，他返回了巴达维亚，收拾好采集到的标本，乘坐新加坡邮轮一直去了邦加岛上的门托克港。从那里，他渡过海峡去了苏门答腊岛，然后租了一个划艇，去了河上游100英里（约160公里）之外的巴邻旁[1]。和爪哇岛一样，这里的农耕十分发达，不适合收集。他四处打听哪里有森林，并焦急地等了一个星期才能策划通过军事公路去内陆的探险。他在洛博拉曼发现了一个偏僻的看守室，在那里安顿下来，开始了雨季时期的标本收集。这里可收集的东西不多——他向贝茨抱怨说，甲

---

1 巴邻旁，印度尼西亚南苏门答腊省首府巨港的别称，是苏门答腊岛南部最大港口与贸易中心。

虫匮乏让他十分不满——但他发现了一些很特殊的现象：特别是那些模仿其他种的蝴蝶。森林里还有犀牛：有一天他遇到了一只正在吃草的犀牛；还有一只会飞的奇异的狐猴和一只不寻常的合趾猿。和他在亚马孙时一样，他打算带一些活标本回国，并买了一只小合趾猿。因为它明显地不喜欢他，他就在阳台下插了两根木桩，亲自动手喂它，准备驯服它。一天，在他给它喂食时，它使劲地咬了他一口，使他失去了耐心，把它打了一顿——"我事后很后悔，从那以后，它就更不待见我了。"但它似乎很喜欢他的马来助手们，一直在木桩上荡来荡去，让他们十分开心。

贝茨给他寄来了一篇他在1861年发表的关于亚马孙河谷的昆虫的论文，华莱士催促他给达尔文也寄一份：这会"为你建立声誉，同时也能展示达尔文哲学的简洁性和完美性。"（贝茨已经寄过了；他与达尔文一直保持着通信，达尔文在11月21日，在林奈学会听到了贝茨关于这个课题的第二篇论文。）华莱士也给达尔文写了一封信，希望能得到一些关于博物家们的最新动向的消息。赫胥黎和欧文似乎展开了一场公开战——"但我却没有发现任何人在这个问题上对你进行攻击，或者试图对你的观点进行挑战。"他还向西尔克索取真正有趣的新闻——"但请不要提政事"。欧洲文化在向他招手。西尔克已经读过了《远大前程》或《散文与评论》吗？还有探险家保罗·杜·沙伊鲁所写的在他周围发生的《大猩猩之战》？他去观看了查尔斯·布隆丁在水晶宫一次赚100英镑的走钢丝表演吗？华莱士已经进入了他的旅行的最后阶段——"然后，回英国啰！"但这一次，他却不想空手而归。

极乐鸟是华莱士旅行的主要目标，他自己也承认这一点。这一来是因为它们奇异的美丽，这种美丽不仅使它们在马来群岛成了最值钱的东西，而且在欧洲更是如此，另一方面是因为它们似乎只生存在十分偏远、不宜到达的地方——像卫吉岛、阿鲁群岛和新几内亚大陆。刚开始时，不论好坏，要买到它们很困难，更不用说在野外见到它们了；但最大的挑战当然是带一个活的回英国。在给史蒂文斯的信中，他简单明了地开出了自己的条件，甚至还有点不容讨价还价的口气——他要与水晶宫公司达成一个**明确的协定**，其中包括给他一张免费的从新加坡返程的一等船票：如果他能带回一只活极乐鸟的话，其价格是100英镑，第二只50英镑，第三只至第十只各25英镑："如果他们不同意这个价格的话，即使我能得到免费的极乐鸟，我也不会劳神把它们带回来。"（史蒂文斯把他的条件转达给了动物学会秘书长菲利浦·斯克莱特，他最终同意了这些条件。）"我下次去新几内亚时，"华莱士告诉史蒂文斯，"我想我可以获得几只活极乐鸟。"1860年7月至9月，华莱士试图在卫吉岛收集一些活的红极乐鸟。

1861年，随着华莱士的旅程延长，带回活极乐鸟就变得更加重要了。这一半是出于个人动机，他执着地要抹去他的亚马孙活标本在海难中被淹死或烧死的记忆，一半是出于经济上的考虑。他从未忘记，除了学术上的资本以外，这八年艰巨的探险还应该为他的余生提供经济上的保障。然而，极乐鸟对他来说比这一切都更重要。它们不仅是大自然美丽多彩的重要而惊人的证据，也是地理生物多样性和自然选择所产生的奇迹的光彩夺目的样本，它们是他的加拉帕戈斯雀。它们是对他作为一个收集者、一个野外博物学家和理论家的一种肯定。

1861年11月，华莱士抵达了苏门答腊岛，这是他的收集探险的最后一站。就在圣诞前不久，他听说在新加坡有两只较为普通的极乐鸟出售。他在《我的一生》中没有提到任何佣金或金钱交易，好像这只是一桩很随意的买卖："当我在新加坡等候汽轮回国时，我买了两只较小的活极乐鸟。"实际上，免费船票对他的吸引力太大了，他开始商谈提前离开苏门答腊岛的事，雨季的到来也阻碍了他的收集工作。在新加坡，他的合趾猿引起了轰动，人们还从未见过活的合趾猿。它很快就被装上经过好望角的航船运往英国，但却没能在这次长途航行中幸存。（奇怪的是，华莱士在《马来群岛自然科学考察记》中却说，"它在出发前就死掉了"。）

但那两只极乐鸟的命运却要好多了，华莱士花了很大工夫来确保它们的生存。他在1862年2月6日购买了它们，从代理商那里把它们的要价从500美元压到了400美元（92英镑）。两个星期之后，他绕道加勒市去了印度的孟买，在那儿的短暂停留让他趁机为它们增添了很多水果，主要是香蕉。这些鸟儿吃了很多蟑螂，在从孟买去红海的航行中，他每天都用饼干筒在船上的储藏室里为它们捉蟑螂。在途经马耳他时，他又买了不少的甜瓜，他还在岛上的一个欧洲面包店里找到了"捉不完的"蟑螂。每次在途中停留时，他就会发出信件和电报。他对英国的寒冷天气特别担心，打算尽快把这些极乐鸟交付出去：能不能派一个饲养员到马赛市来接他？或者在阿维尼翁市？他向史蒂文斯问道。他在马耳他还给斯克莱特发了一封电报："这两只极乐鸟已经健康到达此地，我等候你的吩咐。"但他没等到任何消息。于是，华莱士坐下一班船去了马赛。到达后，他又发了一封电报，但还是杳无音讯。于是，他把极乐鸟和行李放在一起前往巴黎。他在巴黎停了一晚，第二天，在他离开英国大约八年之后，他回到了英格兰。他马上从福克斯通市的圣廷苑酒店给斯克莱特写了一封信，详述了他照顾这两只鸟的艰辛——还有费用——在穿越沙漠去开罗的路上，他整夜待在火车上照看它们，而且为它们打扫清洁也十分费事——"它们拉的屎到处都是"。他建议斯克莱特准备一些蟑螂，并明确地告诉他，他期望着他派一个饲养员和货车在第二天中午——4月1日——在伦敦桥接头。（这一次他终于如愿以偿。）他推断说，这些鸟的饰羽只长了一半——当他离开新加坡时，还看不见任何饰羽，在到达苏伊士之前，它们长得很快，然后，寒冷的天气抑制了它们的生长。"给它们提供一个温暖、**可供它们飞行的房子，种上树木**，并提供丰富的食物，我想它们在一年后，一定会长得十分绚丽。"

斯克莱特很大度地答应了他的所有这些要求。《泰晤士报》宣布了它们的到来：

> 伦敦动物园每天都在期待着一个新的、精彩的收集的到来……但

上一次带到欧洲来的一只活极乐鸟在四十年前死于温莎，它属于已过世的奥古丝塔公主。

　　同时，市政委员会同意支付20英镑来"迎接这些极乐鸟的到来"，动物园的铁匠、木匠和油漆匠开始改装一个大镀锌铁丝笼子，每天都对这个以前关小动物的房间进行温度检测。这对鸟的收购价格非常昂贵。华莱士总共收到了307英镑9先令：鸟卖了150英镑，赚了58英镑；他的路费是137英镑3先令；20英镑6先令的"开销费"，用于在旅途中做鸟笼之类的。几个月后，这对年幼的雄鸟被转移到了新建的"更宽敞的"鸟舍，它们被安置在靠近动物园大门的笼子里，成了参观者们首先看见的珍贵动物。室外的解说以"华莱士先生，著名旅行家和博物学家"开头，《伦敦新闻画报》在4月12日大篇幅地对它们进行了报道。华莱士终于荣归故里，伴随着他的是这两个辉煌的活标志，它们象征着他生活中"这一段起着支配地位的最重要的插曲"。

华莱士肯定猜测过，伦敦科学界对他的归来会有什么反应。他被认可的第一个标志，就是他在1862年3月19日当选为动物学会的会员，这发生在斯克莱特向其理事会汇报了极乐鸟已经抵达马耳他之后。同样可喜的是，"由于他对动物学的杰出贡献"，他的"入会费和入会作品"被豁免了。华莱士马上给理事会写了一封致谢信，并开始参加每两个星期召开的科学会议。与更专科化的昆虫学会相比，动物学会更有利于提高他的地位和扩大他的声誉，因为甲虫和蝴蝶爱好者的地位，往坏里说，与集邮者和陶瓷收藏者一样（贝茨的说法）。多亏斯克莱特的帮助，华莱士已经被选为英国鸟类学家联盟的成员。不用说，林奈学会是欢迎他的。在动物园，那两只极乐鸟很快就吸引了一些头面人物，像阿盖尔公爵，由此扩大了他的社交圈。同时，经常参加学会会议的还有大英博物馆的约翰·格雷和动物标本剥制师和绘画师约翰·古尔德，是他们俩提议免去了华莱士的费用；此外还有学会秘书长斯克莱特，他的经纪人塞缪尔·史蒂文斯，T.H.赫胥黎，剑桥的阿尔弗雷德·牛顿，圣乔治·米瓦特，鸟类学家特里斯特拉姆牧师，威廉·亨利·弗劳尔，乔治·巴斯克，以及他在亚马孙的同伴、终于从南美归来的贝茨。5月13日，华莱士第一次作为学会会员参加了会议。5月27日，在赫胥黎主持的会议上，他叙述了他寻找极乐鸟的探险经历。6月10日和24日，他展示了这些"罕见的新鸟儿"。

　　然而，在他归国后的最初几个星期里，那些摧残身体的旅行使他感到体力不支，经常长时间待在自己的房间里休养。他不得不非常遗憾地推辞了达尔文邀请他去唐恩拜访的请求，因为他"正在接受治疗"。5月中旬，他身上长满了令人讨厌、"但并无生命危险"的痂子，被迫在家待了10天。（达尔文的邀请书于4月7日抵达，华莱士在推辞的同时，还给达尔文送去了一个从帝汶带回来的野蜂窝，里面仍然装满了蜂蜜。）被迫在家休息至少给他带来了很多思考和阅读的时间。他需要补充的东西太多了。有一些新书出版了，像达尔文关于兰花的书；他还希望能够熟悉达尔文的《物种起源》所引起的反响："在我看来，你似乎在帮助别人批评自己的理论，"他向达尔文指出，"你**过于强调了**它的疑难之处和反对意见了——他们中的几个人甚至引用了**你自己的话**作为反驳你的最强论点。"难道理查德·欧文真的在《季刊》上发表了一篇秩名文章，大肆宣扬他自己是"一个伟大的权威和深刻的哲学家"吗？（实际上，作者是塞缪尔·威尔伯福斯，虽然欧文完全能够自吹自擂：华莱士在这场高明的学术论战中，还只是一个新手。）达尔文自然对华莱士打算写什么书很感兴趣："我想你肯定会感到无从下手吧？"他很有礼貌地询问道。

　　华莱士回国后，又担负起了他的家庭职责，但这比他从远方提供善意的建议要复杂多了，使他不可避免地感到失落和沮丧。多年的独立生活到此结束了。不管他在亚马孙时的生活是多么辛苦和艰难，至少他还能自己驾驭。现在，他搬到了姐姐和姐夫在帕丁顿的韦斯特伯恩林荫路的家，西姆斯在1860年与他兄弟爱德华合伙，把他们的照相馆从摄政公园的圣马克高台街搬到了这里。在顶楼的一间大空房里，华莱士开始整理史蒂文斯为他保存的动植物标本，这是他八年来，为自己的研究和爱好而收集的。他估计大约有1000种鸟类的3000多张鸟皮，大约有20 000只甲虫和7000种蝴蝶，还有陆生贝类和各种各样的哺乳动物。他还带回来了一只活的小鹦鹉，作为他对东方探险的一个纪念物。与那只合趾猿不同，这只小鹦鹉在回国途中活了下来，它特别喜欢托马斯·西姆斯。华莱士先是集中精力整理标本，并对其进行了注释，从中为动物学会和林奈学会撰写了一些论文。他还开始考虑一些人类学方面的问题，以及自然选择理论的应用。他的确很忙。他的两个主要写作项目也显得更加迫切，因为他现在有相对充裕的时间，而且还可以到图书馆去查找资料，但他却没有这样做：他自己的理论"大部头书"——生物地理分布理论，而不是他最初要写的自然选择理论，因为达尔文已经写出了更好的书——和一本关于他在马来群岛旅行的游记，这是他能利用他的旅行赚钱和获得名声的最明显选择。从1859年开始，达尔文就一直在鼓励他出书，问他什么时候会带着他的"了不起的收集和更宏伟的精神财富"回国——达尔文应该没有什么可担心的，因为他的书已经印刷完毕，马上就要出版了——"一本500页左右的小册子"，他在以前给华莱士的信中率直地说。如果华莱士在摩鹿加群岛时，感到要写一本与之相媲美的书是一件令人生畏的事，达尔文给他提供了一些实际建议："你或许会对如何出书感到无从下手，皇家学会的基金是很值得考虑的。"

华莱士后来说，他有意推迟了他的马来群岛游记的写作，因为他想"对我的一些收集进行仔细研究之后，把所获得的有更广泛兴趣的结果都写进去"。然而，他只是试图树立一个兢兢业业的科学旅行家的形象，把自己描绘成一个终于能够集中精力，对自己的劳动成果进行研究的人，但这却完全忽视了他花在处理自己生意上的时间，特别是花在托马斯、范妮和他母亲身上的更多时间。他家的财政近况并没有得到多大改善，华莱士是家中唯一有钱的人，史蒂文斯帮他把所有的钱都用来购买了铁路股票。华莱士估算着，他每年的生活开销需要200英镑，他希望他现有的投资利润可以支付其中的一半，动物学会的支票也使他的银行存款有所增加。然而，他的旅行所带来的生意还远没有结束。他必须得商谈出售他收集的标本，有时通过史蒂文斯，偶尔还会亲自出马，他和查尔斯·艾伦收集的标本还在源源不断地经过缓慢的好望角航线运到英国，这个过程一直持续了好几年。（例如，在1864年6月4日，他向威廉·休伊森出售了1500只蝴蝶标本，售价150英镑。）华莱士还和他的新加坡采矿朋友吉奇一起，出资赞助了一次在槟榔屿的小规模收集探险活动，他还提出要出资300英镑来资助一次到新几内亚的收集探险，并提议由他在澳大利亚的堂兄弟们来组织。这一切都需要时间和精力。

华莱士完全有可能获得经济上的独立，如果他没有出资帮助他姐夫的照相生意的话——更糟糕的是，他把它当成了自己投资的一部分，积极地参与了它的扩张和宣传。1864年他为它花了500多英镑，其中包括印刷广告的邮费，购买黄铜装饰的相框和给范妮或照相馆写了一张50英镑的支票。（他后来向他哥哥承认，他在这个生意上损失了700英镑。）他还得向姐夫家交付房租、还债和借钱给他母亲。这完全不像他在给西尔克信中所勾画的那个诗情画意的回乡生活，他想象着"在老英格兰有一个幸福的未来，除了几个好朋友之外，过着一个幽静的隐居生活。""你或许无法想象我多么喜欢孤独的生活，"他接着写道。"在这里来看我的人很少，一旦来了人，我就希望他不要待超过一个小时。"现在，他回到了熙熙攘攘的伦敦，与亲朋好友们取得了联系，还在科学界展开了社交活动。

他的老朋友乔治·西尔克住在肯辛顿[1]区，华莱士经常去看他，并

---

1　肯辛顿区，伦敦富人区。

华莱士和吉奇在新加坡，1862年

结识了他的朋友圈中的几个人，像圣玛丽·阿伯特教堂的牧师辛克莱副主教。他还热切地拾起了国际象棋，并通过西尔克的关系，应邀加入了一个国际象棋俱乐部，这个俱乐部是由住在肯辛顿区坎普顿山街的拍卖商刘易斯·莱斯利主持的。然而，真正把他的生活带入了一个新天地的，是那些他新结交的科学界的朋友。虽然他从未完全克服自己的腼腆和不善与人闲谈，但他所取得的成就，加上科学巨匠们，像达尔文、胡克、莱尔和赫胥黎，对他的认可，使他的信心大增。赫胥黎最早邀请他到家中做客，他的孩子们非常友好，妻子也很热情，"家中充满了舒适而温馨的气氛"，让他感到轻松而愉快——尽管华莱士承认，每当他与赫胥黎讨论"任何关于与进化论相关的课题"时，他总有"一种敬畏感和自卑感"，尽管他比赫胥黎还大两岁。他认为这主要是因为赫胥黎对解剖学和生理学非常精通，而他却只能依靠二手资料和证据的缘故。但让人费解的是，他与地位更显赫的查尔斯·莱尔爵士却相处得十分愉快，尽管他后来从莱尔的秘书阿拉贝拉·巴克利那里得知，莱尔夫人在第一次见到他时，对他的不善言辞并不欣赏，同时，尽管莱尔十分大度，对人也很友好，但他有时也很傲慢。据贝茨回忆，有一天下午，他与莱尔在动物园的海狮池旁聊天。"他像通常一样有点心不在焉，不时举起他的望远镜，东看西瞅，他说：'华莱士先生，我相信——嗯——''我是贝茨。''哦，对不起，我总是把你们两人搞混。'"贝茨调侃说，"他的记性肯定非常糟糕，因为我们经常见面，有一次，他还请我去地质学俱乐部共进晚餐……"而且，这两个收集家长得一点也不像，或许莱尔认为，他们都属于另一类科学家。

贝茨是华莱士的老朋友，他与华莱士在刚到亚马孙的几个月里，朝夕相处，在他们分手后，华莱士一直与他保持着远程通信联系。贝茨的研究领域比华莱士窄，但他的精通不言自明。1861年11月，他在林奈学会宣读了一篇关于动物拟态的论文，非常精彩。他们现在又重续了以前的友情，经常在一起讨论，还一起去拜访了赫伯特·斯宾塞。"我们当时正在考虑生命起源这个重大难题，"华莱士回忆说，他变得很激动，并有些夸张地补充道，"我们认为斯宾塞是世上唯一一个能为我们提供线索的人。"他们两还一起去牛津拜访了约翰·韦斯特伍德和乔治·罗尔斯顿。韦斯特伍德是前昆虫学会主席，现任动物学霍普教授，罗尔斯顿是赫胥黎的高才生，解剖学林奈克教授。当他与韦斯特伍德在自然博物馆散步时，他能看到1860年欧文与赫胥黎进行争论的地点，以及赫胥黎与威尔伯福斯主教发生口角的地点。

等到华莱士从东方归来时，贝茨已经以他细致的观察力和说服力，还有他的人格，给达尔文留下了深刻的印象；达尔文可能认为华莱士也是一样。当他向阿莎·格雷推荐贝茨的动物拟态论文时，他说贝茨"出身卑微，但性格坚强，他完全靠自学成才……""非常遗憾的是，他不得不为自己的生计而操劳，每天只能用一两个小时来从事科学研究。"达尔文向胡克惊叹道。他终于遇到了一个十分了解华莱士的人。据他讲述，贝茨对华莱士的才能、精力和知识"非常钦佩"。贝茨甚至还把华莱士在1861年给他的一封信，转寄给了达尔文。"他把我看得太高了，把自己看得太低微。"达尔文回信说，"但华莱士先生给我留下的最深刻的印象是，他对我毫无妒意：他肯定有一个非常坦诚和高尚的品格，远胜于一般智慧。"

1862年夏天，当华莱士来到唐恩时，他的神秘面纱豁然揭晓。在华莱士看来，达尔文对他的态度没有任何不敬。他十分喜爱这种家访，他在这里比在学会里感到更加放松，能与和善的主人一起散步和闲谈。这个伟大的博物学家和科学思想家生活在一个与世隔绝的舒适家园里，给他留下了十分深刻的印象。这正是他所想要的一种生活。在这一年的剩余时间里，他们两不断地相互问候对方的健康，对达尔文来说，这是一个保险的话题。华莱士从德文郡询问达尔文，能否给他寄一本《物种起源》的第三版？他在8月份因患重感冒到那里去休养，并希望能够"储备足够的精力"，以便在他厌恶的冬季整理他的收集。他住在尼思的老朋友查尔斯·海沃德家里，查尔斯是一个教友会书商，在那里买了一个农场。（有几年，他在德文郡的另一个藏身之处是布雷特农庄，这是布鲁克酋长在普利茅斯的一个简朴别墅。）当他在9月返回伦敦时，《物种起源》已经在那里等候着他了。他第一次读到了达尔文在这个英文版中所添加的一篇历史回顾概述。达尔文在其中比在引言里更多、更全面地提到了华莱士，其目的是为了打消人们对进化论优先权的疑问。

华莱士从多年的封闭环境中回来后，有很多需要学习和补充的东西；但他并没有只和那些与他观点相同的理论家进行交往，他交友也不排斥他人，例如，他经常与博物学家圣乔治·米瓦特共进晚餐，而他是一个强烈的反达尔文主义者。尽管华莱士性格温和，并且有点缺乏自信，但他从来不怕与人意见相左，并能在争论中坚持自己的观点。1862年10月，他到剑桥大学参加了英国科学促进协会的会议，第一次体验到了对进化论的激烈争斗。他是阿尔弗雷德·牛顿邀请的客人，并住在他的麦格达伦学院里。

华莱士是在动物学会里认识牛顿的。牛顿比他小六岁，是麦格达伦学院的杜瑞旅行研究员，三年后，他将成为剑桥大学的第一位动物学和比较解剖学教授。但在当时，他以对鸟类的研究著称，特别是对濒临灭绝的动物的研究——1858年，他去冰岛考察了大海雀的最后栖息地。有趣的是，他是第一个在书面上对1858年7月的联合论文的重要性发表了评论的人，并在8月向与他通信的亨利·特里斯特拉姆建议，"关于你的论文，你一定要咨询达尔文和华莱士。"在他一生中，他总是把达尔文与华莱士相提并论，在1876年的英国科学促进协会生物学部的演讲中，他就提到了"达尔文先生和华莱士先生发表了一个合理的进化论"，他认为，他们俩以前的工作"是统一的，但也各有特点"。牛顿对自己天生的髋关节残疾毫不在乎，他能在麦格达伦学院老屋的房间里彻夜长谈鸟类，他是一个能让华莱士这个新来者，在英国科学促进协会这个稍微有点令人发怵的环境中，能得以放松的最佳人选。

华莱士十分喜欢这段经历。牛顿还邀请了一些鸟类学家到麦格达伦学院，他们知识渊博，意气相投。华莱士还到著名作家查尔斯·金斯利家度过了一个愉快的傍晚——金斯利当时正在为麦克米伦出版社撰写童话小说《水孩子》，他或许认为华莱士是他书中倒着奔跑的巨人科学家的翻版，这个科学家的形象是鼻头上架着一副眼镜，一只手拿着一个捕捉蝴蝶的网子，另一只手拿着一个地质锤子。华莱士举止纯朴、开诚布公，在社交场合很受欢迎。斯克莱特和牛顿策划举行一个完全由鸟类学家参加的晚宴，但想要赴宴的各类人太多了，于是，他们把它变成了一个"倡导共同诚信的俱乐部"——用赫胥黎的话说，这是一个"传播社团"，它不是传播基督教，而是"在全世界传播共同诚信"。赴宴者们在剑桥市中心的小居里街的红狮酒馆吃了一顿"大餐"，推选赫胥黎为主席，金斯利为副主席。这个俱乐部最初只有一个规则——即为斯克莱特的健康祝酒的人将会被开除（当然是由斯克莱特提出的）。当斯克莱特离开后，牛顿提议为他的健康祝酒，"每个人都一饮而尽；因此，很难说这个协会是不是因此而自我解散了！"

在随后举行的一系列科学会议中，有一个问题引起了华莱士的深思。他当年错过了赫胥黎与创造论者理查德·欧文在1860年的牛津辩论，那次辩论的焦点集中在猿的大脑结构上，威尔伯福斯当时犯了一个极大错误，他质问赫胥黎是从他爷爷祖上，还是他奶奶祖上的猿人进化而来的（大意如此），他被驳斥得落花流水、声名俱毁。这一次，赫胥黎已经完成了他的著作《人在自然中的地位的证据》但尚未出版，他认为这次剑桥大会是彻底击溃欧文的绝佳时机。威廉·弗劳尔刚刚被任命为皇家外科医学院院长，他充当了赫胥黎的演示者，并解剖了一个猿的大脑以证明欧文关于大脑的海马体理论是错误的。赫胥黎此时已经是皇家外科医学院的亨特教授（以著名的解剖学家约翰·亨特命名），他主持了动物部的所有会议。10月3日，欧文宣读了他的论文《论指猴的特征——对拉马克和达尔文的物种起源和演变假设的一种检验》。欧文争辩说，指猴身上的一些特征是无法通过自然选择或拉马克理论来解释的，它们肯定是由一个制导智慧所产生的。赫胥黎向达尔文汇报说，那些有判断能力的与会者都认为欧文是"在撒谎和耍小聪明"，而另一些人则认为他只是"一只天真的老绵羊，被三只特别活跃的年轻的狼所困扰"——即赫胥黎、弗劳尔和乔治·罗尔斯顿。华莱士对这场争辩在后来描述道，"在理查德·欧文教授和赫胥黎教授关于人脑与猿脑的一些所谓的差别的这场相当痛苦的纠纷中，进化论争辩战火又有点死灰复燃了，赫胥黎得到了弗劳尔的支持。"当年，华莱士在沙捞越用酒精炮制红毛猩猩时，或在饲养一个小猩猩时，他有很多时间来思考这些问题。华莱士自己的"特殊异端学说"符合达尔文主义的教义，但还未公开发表。欧文的遭遇让他清楚地看到了科学辩论在英国是如何进行的。回到鸟类学家中间，思考关于渡渡鸟和大海雀的问题，完全就是一种解脱。

1863年1月，华莱士迈进了40岁的门槛。他每次拜访他新结识的朋友们——达尔文、赫胥黎、金斯利——他都会羡慕他们幸福的家庭生活。当他独身孤独地生活在马来群岛时，他有时会在给他亲密的朋友们——像乔治·西尔克或理查德·斯普鲁斯——的信中谨慎地提到结婚的想法。"我非常抱歉，"他对西尔克说，"你在婚姻大事中的不幸，我能说的就是'再继续努力'。婚姻能够让人睿智。"——这甚至还让他哥哥约翰变得更加明智了。他一回伦敦，便写信给斯普鲁斯询问他计划何时归来，并调侃到，他是否被"山上的女孩"给囚禁在那里了。（十年前，斯普鲁斯曾在信中暗示他在内格罗过得并不完全是"单身生活"。）华莱士虽然也喜爱美女，但他既害羞又谦逊，从未表示过他是否也有过这种经历，但他吐露了他现在的追求。"顺便问一句，"斯普鲁斯回答说，"你是否遵循**自然选择**的原则，找到了'一位女士来沏茶和洗衣做饭'，就像你以前暗示我你要做的？我记得莎翁的'人生事业有盛有衰'，虽然你的事业现在不是处在'浪尖'，但最好还是在大潮完全退去之前抓住这个机会。"华莱士肯定知道，他的另一个亚马孙同伴贝茨已经是一个女婴艾丽斯的父亲了，并在1863年1月23日与其母亲莎拉·安·梅森结了婚。机不可失，失不再来。他感到自己的体力已经完全恢复了，在圣诞节的牛肉、布丁和一些香槟酒帮他"恢复了旧时的欢乐"之后，他照了一张照片寄给他哥哥来证实这一点。

在他的自传中，华莱士用了好几页来描述他与L小姐的恋情——远比描述他最终婚姻的篇幅还多。他的棋友刘易斯·莱斯利是一个鳏夫，他有一个儿子和两个女儿，华莱士在下棋的前后都有机会与他们接触。大女儿玛丽昂有二十七八岁，"平易近人但却话不多，她不仅长得好看，而且还接受了很好的教育，喜欢艺术和文学。"华莱士开始对她产生了"爱慕之情"，并想娶她为妻。大约在1863年，他认为她对自己"已经足够了解了"，于是就给她写了一封信，表达了他的爱慕之心，请她给自己一个答复，因为他太害羞了，没敢当面向她表述。她的回答让他略感失望——很明显这完全出乎她的意料；但她请求他不要因为她的拒绝而停止拜访她的父亲。华莱士认为这是对他的暗中鼓励。一年之后，他发现她对他的态度发生了好转，这一次，他写信正式向她父亲提亲。她父亲仔细地询问了他的收入情况，并告诉他玛丽昂有一笔收入，他必须得为她支付这一笔钱。他们双方达成了协议，接着便订了婚。华莱士对他在家中的地位非常自信，他向牛顿介绍了即将去剑桥女王学院读书的莱斯利的儿子："一个很可爱的人，但很遗憾一点都不懂博物学"。玛丽昂拜访了他姐姐范妮和华莱士夫人。华莱士每个星期都会到莱斯利家去两三次。他在英格兰的生活开始变得井井有条了。

华莱士一面追求着莱斯利小姐，一面忙碌着系统地整理他收集的标本和写作科学论文。然而，胡克和达尔文却对他的学术精力捉摸不透。胡克在评论华莱士在林奈学会会议上的发言时说，他"所做的好几个评论都非常精彩"，但他仍然质疑华莱士为什么"不像贝茨那样硕果累累"。那年夏天，贝茨确实是硕果累累，他发表了《亚马孙河上的博物学家》。达尔文成了这本书的监护人，他不断地鞭策贝茨，并阅读了书稿的前几章，还把它推荐给出版商约翰·默里；默里出版了《物种起源》和莱尔的《人类的远古时代》。达尔文向贝茨保证，他对这本书的评价可以用一句话来概括："这是在英格兰所发表的一部最好的博物游记。"他向胡克、莱尔和阿莎·格雷都转达了这个赞誉。更重要的是，贝茨敢于公开发表关于物种的意见。达尔文让胡克注意一下"该死的"《雅典娜神殿》对这本书的介绍，它冷淡地指出了贝茨书评中的一个关键问题。在书的前言中，贝茨指出，他与华莱士旅行的主要目的是"为解决物种起源的问题"寻找事实；《雅典娜神殿》评论说，"他认为，他通过运用达尔文的理论，找到了这个答案，并能用它来解释他所发现的很多事实。"

这个书评公开指出，贝茨事后把达尔文的自然选择论写进了他的叙述中，这引起了达尔文和胡克的注意：在他们的通信中，优先权的幽灵又短暂浮现出来了。胡克承认，书写得引人入胜，然而——"很明显，贝茨对他的所见所闻进行的达尔文主义的解释是后来添加的——因此，说他对事实进行了歪曲又太过分了——但他东说西说，给人的印象就是，在1849年，'我们做了如此这些事，对自然选择或由其引变出来的理论十分重要。'然而，直到1859年，他对这一切一点都不知道。"（当然，胡克并不知道贝茨和华莱士之间的讨论和通讯。）达尔文在他的回信中，也顺水推舟地接受了胡克的提示："谈到贝茨和华莱士在他们旅行中所产生的对物种起源的独到见解；让我吃惊的是，在华莱士书中对这方面的观察极少；其中有一段关于完全不同的鸟类有相同进食习惯的讨论，在我看来完全是对大自然秩序的误解。"或许，达尔文在这里揭示了当初他没把华莱士当成是一个一流理论家的原因。

至此，达尔文已经把华莱士和贝茨列入了"全英格兰仅有的几个坚信物种演变的人"，他们与胡克、赫胥黎和卢伯克，还有他自己一起——这是最关键的——敢于公开为之辩护。华莱士作为一个盟友受到了他们的欢迎。1863年5月9日，达尔文在给《雅典娜神殿》的信中，重申了华莱士是自然选择理论的共同发现者：

至于这个博物家是否赞同拉马克、若弗鲁瓦·圣·伊莱尔、《创世的自然史遗迹》的作者，还是华莱士先生和我的观点，一点都不重要，重要的是，他是否承认物种是从其他物种演变而来的，而不是生来就一成不变的……

　　华莱士变成了自然选择理论的捍卫者。例如，在10月，华莱士把塞缪尔·霍顿在《博物学年鉴和期刊》上发表的论文《论不同黄蜂和蜜蜂制作的蜂窝的形式；附录兼论物种起源》批判得一钱不值——以致阿莎·格雷告诉达尔文说，他"津津有味地"读完了华莱士对它的解剖。格雷让达尔文注意一下路易斯·阿加西斯所写的一些反达尔文主义的精选文章："恳求华莱士对它们进行反击。"华莱士开始逐渐取得了他在科学界应有的地位。当年秋天，在纽卡斯尔召开的英国科学促进协会年会上，他在他所关注的专题上发表了论文《论动物的地理分布》。他开始时来运转了。

　　在1864年初，华莱士发表了他归来之后最具争议的观点。这时，其他人都在1863年出版了他们的巨著：赫胥黎出版了《人类在自然中的地位的证据》，莱尔出版了《人类的远古时代》，赫伯特·斯宾塞出版了《第一原则》。现在该轮到他说话了，不仅仅是关于鸟类和蝴蝶，而且还有他余生中最关注的话题，人。他还是单身，也没有子女：他在体力和精力上完全恢复了正常。在学术界，他已经能够应付自如，心直口快的赫胥黎在《人类在自然中的地位的证据》一书中，公开对华莱士进行了最慷慨的赞扬：

　　在每一代人当中，都可能会出现一个华莱士，他在体力上、精力上和道德上都足够强大，以致他能任意穿越美洲和亚洲的热带荒原，而毫发无损；他一边遨游，一边收集最伟大的标本；而且，还能从这些收集品中，思索出睿智的结论。

华莱士的准备已经就绪。1864年上半年，他发表了一大批论文和文章：为林奈学会写了关于马来蝴蝶的文章；为动物学会写了关于马来鹦鹉的论文；为牛顿的《鹮》写了注释和文章；在赫胥黎的《博物学评论》上发表了《论动植物地理分布的不规律性》——这是他的纽卡斯尔论文的重版。他还准备开始撰写他的游记。"我终于开始写作关于我在东方旅行的一本小册子。"他在1864年1月2日告诉达尔文，这是他的一个坚定的新年决心。

华莱士把他的这次"东方旅行"看成是一组综合的经历，它不仅为他寻找重大科学问题和哲学问题的答案提供了资料，而且，还为建立一套广泛理论建立了基础。在他的旅行中，他有意系统地研究了人种的区别，就像他仔细地记录了物种的地理分布一样。"你问我是否应该讨论人，"达尔文在1857年给他的信中，不露声色地说，"我认为我会回避这个话题……"但华莱士却没有这些顾忌。"把人类学当作你的爱好吧，"他在1858年11月向乔治·西尔克建议说，当时，他仍然沉浸在他的论文在林奈学会发表后的喜悦之中。他已经准备与罗伯特·莱瑟姆这样的权威专家进行争论，他们正在建立一个世界性的人种分布网：

> 只要我还活着，我就会站出来为马来人和巴布亚人说话，给莱瑟姆、戴维斯等人迎头痛击……我坚信任何人都不可能成为一个好的人类学家，如果他不旅行的话，而且不仅仅是旅行，他还应该像我一样，与其他人种成年累月地住在一起，熟悉他们的一般面貌和道德品行，以便辨别那些让匆忙的旅行者**误认为是演变**而不是**杂交的人种！**我认为莱瑟姆在很多方面都是错的。

现在，华莱士准备提出自然选择对人类的影响的观点，他的这些观点是建立在他多年的野外考察的基础上的。莱尔请他提供一些在马来群岛考察的资料，以便他在年底进行的英国科学促进协会主席演讲中使用。

华莱士建议，应该组织一次对婆罗洲的岩洞进行探险考古，以便"寻找人类化石和其缺少的环节"。对华莱士来说，物种和变种定律不仅适用于动物界，而且也适用于人类，他早在1845年12月写给贝茨的信中，就提出了这个观点。他接连写了两篇论文来阐述他当时的想法，一篇是1864年1月在人种学会上宣读的《马来群岛上的人的变种》，另一篇是在3月1日在人类学会上宣读的更激进、影响更广泛的论文，《从自然选择理论看人种的起源》。

他所选择的这个平台本身就很有争议。人类学会是由白人至上主义者们控制的，他们的领头人詹姆斯·亨特和查尔斯·卡特·布莱克在美国内战中强烈支持南方和奴隶制，而历史更久的人种学会却是坚定的废除奴隶制的支持者。那些掌控人类学会的人认为，白人和其他的人种来源于不同的祖先；而人种学会则认为世界上所有的人都起源于同一祖先，或人种。赫胥黎写信向华莱士解释说，因为他反对"这些人类学会的人"而无法参加会议。（在《人类学评论》用恶毒语言对他的《人在自然中的地位的证据》一书进行了攻击之后，赫胥黎就辞去了他的荣誉会员资格。）华莱士赞同赫胥黎对亨特的看法——"我并不认为亨特适合担任学会主席"——但他认为他所参加的几次会议"完全与其他相互竞争的学会的会议一样"，而且，他并不赞成赫胥黎关于人类学会"没有任何理由"存在的说法。它的存在是对人种学会被办成了一个**女士们的**学会的必要抗议，就像地理学会遭到了相同的命运一样："结果是，有很多重要而有趣的话题在那里无法进行讨论。"（这里所提的那些"重要和有趣"的话题，华莱士认为指的是性行为方面的问题。）此外，人种学会与动物学会在同一个晚上聚会，"而我一直喜欢参加后者的聚会"，因此，当他在人种学会上宣读了他的第一篇论文之后，"我就把下一篇论文给了人类学会"。华莱士面对批评或反对意见，常常是毫不退却。

实际上，在他的论文中，华莱士试图把两种完全相反的理论融合在一起。关于人的起源是单一的，还是多发性的这个问题，他支持前一种观点；但他还推出了另一个观点，那就是人类的发展源远流长，自然选择的作用大致在地球的南北半球的人种之间产生了不同的结果。例如，在北半球，"贫瘠的土地所产生的更残酷的环境"使欧洲人得到了不断发展，特别是在智力和道德方面。华莱士认为，这种观点对他的听众来说是一个常识，没有必要做任何解释，他简单地陈述道：

> 欧洲人的智力和道德品质，还有体力，都是优秀的；那些让他们在几个世纪中得以崛起的力量和品质，使他们在人口不多、变化不大的情况下，从一个游荡的野蛮民族发展到了今天的文明和先进，他们平均寿命更长、平均力量更大，还有更快增长的能力——同样是这些力量和品质，使他们在与野蛮人的斗争中，为了生存而征服，为了扩张而牺牲他人，就像在动植物世界中一样，更适应者（更有利的）会以牺牲不适应者（不利的）而得以增长——就像北欧的杂草能在北美和澳大利亚肆意横行一样，它们会通过自己组织的内在活力和更强的生存力和繁殖力，消灭土生土长的物种。

但华莱士进一步争辩说，自然选择在人身上所产生的作用，与在动物身上所产生的作用是不同的；精神的发展——来源于"一个未知原因"——能使人在身体发展上基本上摆脱自然选择的作用。（他甚至还想象了一个未来世界，在那里，至少在食物供应上，"人工选择可以取代自然选择"。）最终，"更高级的人种——更智慧、更道德——必须取代低级的、更堕落的人种；'自然选择'的力量仍然会对人的内心世界产生作用，让人的更高品质更好地适应他周围的环境和社会的迫切需要。"整个世界会再次"被一个几乎同类的人种所占据，他们中间没有一个人会比当今人类的最高贵的人低下"。华莱士首先论证了人类在远古时代起源于同一个人类，然后预测人类将会向一个统一的、完美的最终状态发展。这时，他似乎在信奉一种强硬的适者生存原则，认为人种之间的竞争将会使"文明人"完全消灭"野蛮人"。但是,华莱士还没有讲完。当他在亚马孙雨林或阿鲁群岛时,他曾经思考过野蛮民族的本性,并把它与文明社会做过比较,他不能接受欧洲社会在当时要比他们优越,他并没有准确地指出欧洲的黄金时代出现在何时,但当时存在着一个不容争辩的道德潜能与现实的差别。在西方,"科学的惊人发展以及它所带来的巨大实用成果"被传给了那些"道德极其败坏、智力极其低下的社会,以致他们完全不知如何利用这些技术";至少从表面上看,由于世俗的成功和人口的增加,自然选择似乎在让平庸者,如果不包括底层人,得以发展。但是,作为一个无可救药的乐观主义者和追求完美的人,华莱士陈述了一个在认知上和道德上都超前的信念,虽然他没有给这个信念提供任何根据。在他的乌托邦幻想中:

> 激情和癖好将会被限制在最有助于获得幸福的范围内;人类最终会发现他们仅仅需要开发自己的最高天性,就能把这个让我们焕发了肆无忌惮的激情、遭受了无法想象的痛苦的地球,转变成让先知们或诗人们一直都朝思暮想的明亮天堂。

这是一个向人类学家们发起的大胆挑战,一场冗长的激烈讨论接着就发生了,华莱士一条一条地回答了他们的问题。

在他的论文发表后,华莱士给斯宾塞、莱尔、胡克和达尔文各寄了一份;斯宾塞完全赞同;莱尔十分赞许——尽管他纠正了他关于密西西比河谷原始印第安人的一些评论,并对他是否完全明白人类发展所需的时间跨度产生了质疑。莱尔还说:"你把自然选择理论完全归功于达尔文,这种大度非常可敬,但是,任何其他人不提你的论文而这样做,都是错误的。"华莱士关于欧文的一句评论引起了胡克的警觉。华莱士写道:"我们因此可以理解,欧文教授是怎样通过对人头和大脑的分析,把人类划分到哺乳纲中的一个不同亚纲的……"难道华莱士要抛弃达尔文－赫胥黎的阵营吗？难道他要背叛他们，而回到欧文的神创论观点上去吗？华莱士马上给胡克写了一封信，纠正了他的这个想法；他完全错误地理解了华莱士关于"人的系统分类"的意思：华莱士完全不赞同欧文的理论，但他认为，根据人的理性和道德规范，而不是动物世界的"智力"，来把他与其他生物区分开来，这还是有一定的道理的。他争辩说，人与黑猩猩的差别并没有黑猩猩与指猴或狐猴的差别大，因此，从动物学的角度看，华莱士会把人与它们划分到共同的一个目中的不同的属。然后，好像他已经完全解释了这个误解，他马上转换了话题；考虑到胡克在皇家植物园的地位，他问他能否让他的姐夫托马斯·西姆斯到他那里去摄影——有没有一个后门能让运送照相仪器的出租车开进去？

对胡克来说，华莱士一直就是一个谜。"我对他完全否认自己对自然选择理论的功劳和贡献，感到难以理解，"胡克在阅读了他在《人类学评论》上发表的论文后，对达尔文说，在这篇论文中，华莱士只提到了"达尔文先生著名的理论"，"这让我认为他是一个非常高尚的人。"很明显，华莱士认为，人是从猿演变来的，但他并不认为由此而引起的对神学的冲击是一个问题。他无法理解为什么"科学家们"——像胡克和达尔文——对于这个问题缄口不言。"华莱士尽可以质疑科学家们为什么不敢说他们所想的，"胡克向达尔文抱怨道：

> 在某种意义上，他有"真空中的运动体一样多的自由"。如果他有我这么多的各类朋友，他们会因我要讲的而感到十分伤心和痛苦，如果他有孩子，他们会因我的公开表态而陷入一个引起身心伤害的境地，那么他的质疑就不会有这么多了。

达尔文对华莱士关于人体与头脑（或者说大脑）的区别的"伟大的主导思想"非常感兴趣；它"非常宏大而且陈述得极具说服力"。达尔文一直都对华莱士的写作风格十分赞赏，尽管他有时对他的观点并不认同。

达尔文对促进人的进化的动机有自己的理论，他的观点是"性选择是改变人的最有力的手段"。他甚至愿意向华莱士出示他关于人的笔记，但华莱士拒绝了这个慷慨的提议。

　　1864年春天，华莱士打算申请皇家地理学会的助理秘书长的位置，但他发现贝茨也在申请。贝茨此时已结婚生有一子，他在1862年4月申请过大英博物馆的一个职位，但没有成功，理事会任命了由馆长理查德·欧文支持的艾伯特·冈瑟。第二年，博物馆又有一个职位空缺，但贝茨又被忽视了，18岁的诗人阿瑟·奥肖内西被录用。像贝茨和华莱士这类已有多年极其成功的野外实际经验的人，本应该是理想的候选人，科学机构应该张开双臂来欢迎他们，但实际情况却正好相反。"在伦敦科学界要站稳脚跟是十分困难的，"胡克告诫贝茨说。"这一直都是为生存而斗争的规律在起作用！"此外，他接着说："记住，昆虫学家们是不被人看得起的！"但这一次，贝茨得到了达尔文的积极支持，达尔文不仅对他关于动物拟态的论文十分欣赏，而且还把他的亚马孙游记推荐给了出版商约翰·穆雷。达尔文为此还调查了贝茨的所有经济来源——每年从他哥哥那里得到100英镑，作为他在他们家族针织生意中的股份的报酬；投资回报23英镑；还有他写作的收入——穆雷给他预支了250英镑，但他花了两年才完成这部著作。达尔文写信敦促穆雷，穆雷也为贝茨尽了最大努力。贝茨的其他优势是，他懂德语，而且还有早年积累的商业管理经验。最后，贝茨的任命被一致通过。华莱士肯定决定放弃了申请，因为他的名字没有出现在候选人的名单中。在他的自传中，他没有提到他实际上在1863年6月参与了面试，但没有通过，当时，贝茨还没有申请；当这个职位突然又空缺之后，他们进行了第二轮面试。不管他私下有多么失望，华莱士都没有表现出来。他承认贝茨比他更适合这个职位；但他在随后的几次求职中，也没有获得成功。

　　除了这个挫折之外，他的生活充满了希望。华莱士在巴斯参加了英国科学促进协会的年会。在会上，他很高兴地听到莱尔提到了他关于马来群岛上"动物群的两个生态区"的概念，这个概念来自"华莱士线"。他还宣读了他的论文《关于北西里伯斯岛文明的发展》。他与玛丽昂·莱斯利之间的默契，促使他们正式订了婚。婚服定制好了，婚礼已经安排妥当，邀请信也都发了出去。华莱士在学术上的老朋友理查德·斯普鲁斯也从秘鲁及时地赶回来参加婚礼。突然地，据华莱士说，连一点警告都没有，"整个婚事被取消了"。一天下午，华莱士像往常一样拜访了罗西斯戴别墅（玛丽昂的家），仆人告诉他，莱斯利小姐不在家，她当天早上就出门了，她会给他写信的。第二天，莱斯利先生来了一封信，说他女儿希望取消订婚。"这对我是一个非常大的打击，"华莱士在四十年后写道，"我一生中从来都没有经历过如此巨大的痛苦。"他写信给玛丽昂，向她强烈地，"或许是痛苦地"，表达了他的感情，并向她保证他心中从未有过别人。但他没有收到任何回信。从此以后，他再也没有见到过她或她的家人。

他得到的唯一解释是，他从来都"不谈论"自己和他的家庭，似乎有什么需要隐瞒的东西，而且他也没有告诉玛丽昂关于一个"寡妇"的事儿，这个寡妇是他母亲的朋友，据说，他差一点与她订婚——但对华莱士来说，"与她结婚就像和一个婶婶或祖母结婚一样，是完全不可能的。"这条关于"寡妇"的消息，或者说误传，只有可能来自他母亲、姐姐，或者乔治·西尔克（但这个可能性较小）。对他"不谈论"自己的指责，华莱士承认是对的。当然，可能还有其他原因让玛丽昂·莱斯利变了心。莱斯利一家住在肯辛顿区，而华莱士则住在诺丁山区。莱斯利先生虽是一个拍卖商，但他在梅费尔区有办公室。尽管华莱士在学术界已很有名望，但他还远远不算是富裕，而且他从东方回来已经两年了，还没有明确的工作；他住在一个并不成功的照相馆的上面。莱斯利家在坎普顿山的邻居包括阿盖尔公爵、安特里姆伯爵和艺术家霍尔曼·亨特和奥古斯塔斯·埃格。相比之下，华莱士的社会资历是否太脆弱了一点？或许他还没有正式工作拖了他的后腿？除了他的投资外，他并没有固定的收入，只是在为刊物写作时可以得到一些零星的收入，例如，他是新成立的激进的科学家们的喉舌《读书》的撰稿人。

可以想象，华莱士的一些有争议的观点，或者说至少是非传统的观点，可能传到了莱斯利家人那里。不管是何原因，在1864年秋天，在华莱士从巴斯开会回来后不久，这个订婚毁约的沉重打击就落到了他的头上。他的信心完全崩溃了，精力也暂时被耗尽。他后来告诉牛顿，他遇到了"莎士比亚所说的那个'浪潮'，我以为它会随着涨潮把我带向幸福，而不是财富"——结果他是"浑身伤痕累累"，以致他在半年里无法做任何学问。他对东方旅行的研究也暂停了：他关于人的理论也被搁在了一边。但是，在1865年2月，他承诺说，当他再度研究鸟类时，他将关注"鹦"之类的鸟。"我现在开始从事一些昆虫研究，准备在3月份搬家，但还不知搬到何处。"韦斯特伯恩林荫路离他伤心的地方太近了。他在摄政公园北面的圣马克坊街租了一栋房子，它离动物园走路只有几分钟。1865年4月，他与他母亲一起搬了过去。

理查德·斯普鲁斯的归来对他是一个极大安慰。斯普鲁斯是华莱士最要好的朋友和理想伙伴，华莱士在亚马孙生重病时，是他照顾了他。他们的性格和脾气也相同，华莱士对他的冷幽默十分欣赏；他们一起经历了失去了赫伯特的痛苦，还有在圣塔伦和巴拉度过的一段快乐的时光，这使他们两人在感情上紧密地联系在了一起。此外，由于斯普鲁斯从事植物研究，特别是对苔藓的研究，因此，他们在学术上完全没有竞争，而他与贝茨则常常会发生利益上的冲突。斯普鲁斯因为身体健康完全崩溃，被困在了秘鲁——他连坐在桌子前都非常痛苦不堪，不得不整天躺在吊床里——他情绪十分低落，甚至还有些怨气。他向华莱士吐露说，威廉·胡克爵士给他写了一封"充满奚落和羞辱"的信，让他备受伤害："我唯一的遗憾就是，他没有在几年前给我写这封信——要不然的话，我的命运肯定会完全不同——或许我不会（像我现在这样）在贫苦、疾病和默默无闻中度过我的余生。"很显然，他认为是胡克让他卷入了

赫斯特派波因特的特里普斯府

为印度政府寻找金鸡纳树和它的种子的艰难探险，结果没有得到应有的经济补偿，并被迫延期，停留在秘鲁。1862年，华莱士写信告诉他，他已经安全地返回了英格兰，这则消息帮助他摆脱了沮丧。当他收到信时，他正在打点他的收集品和整理他的手稿，"准备出发去'那个尚未被涉足过的国土，走向那里的人们一去不复返'（莎士比亚诗）"。一年之后，在1863年11月，他示意他或许会在第二年春天有足够的力量和决心返回英格兰："我几乎不想发表我在国外漂流的故事，但我希望，"他暗示道，"把我的手稿整理好，以便后人能用。"

1864年初秋，斯普鲁斯终于回到了英格兰。他在伦敦与萨塞克斯郡的小村赫斯特派波因特之间来回奔波。药剂师和苔藓学家威廉·米滕的家就在那里。他答应对斯普鲁斯收集的大量苔藓和地衣进行分类。（但他丝毫不着急，这让斯普鲁斯十分不满。）华莱士到赫斯特派波因特去拜访了他，并在那里认识了米滕夫妇和他们的四个女儿，安妮、罗斯、弗洛拉和贝茜（伊丽莎白的昵称）。华莱士的"爱情故事"似乎已众所周知。1864年10月，米滕在询问斯普鲁斯将在哪里"冬眠"时，向他承认，"我们有时也会对华莱士先生的婚姻前景感到困扰，我们希望它会变得更加光明。"1865年春天，华莱士终于从他的昏暗的冬天走了出来，他又开始拜访斯普鲁斯。米滕一家很喜欢野花，华莱士在他们家里看到了一个插拟蝶唇兰和黄蜂兰的花瓶，感到十分惊讶。他很高兴与他们一起，到萨塞克斯山丘脚下的森林里去欣赏兰花，还有蜂兰、巨伞钟报春、染料木和很多非常有趣的植物。米滕家的房子特里普斯府坐落在村庄大路南面的山脊上，屋后的坡下是一个陡峭的草甸，从后花园里可以看到一片郁郁葱葱的绿色山谷和远方南部丘陵的轮廓。随着华莱士与米滕家，特别是大女儿安妮，对植物的研究，肯辛顿的创伤在赫斯特派波因特的田园里得到了愈合。

第十章 华莱士的转变

　　当安妮·米滕走进华莱士生活的时候，他却卷入了另一场人生的转变之中。他对唯灵论的持续兴趣，不仅会在未来对他的内心幸福和个人关系产生重大影响，而且还会影响到他在公众中和学术上的地位，甚至可以说，左右了他的科学思维。在1864年上半年，他的创作力突然爆发，写了大量关于人的著作，但随后的订婚和被悔婚让他万念俱灰，在1865年几乎没写什么科学或文学作品（当然是以他的标准来衡量的）：他制作了一个陆地贝类清单；给动物学会写了一篇21种马来新鸟类的文章；在10月份为《鹮》写了一篇《马来群岛的鸽子》的文章；为人种学会写了《北西里伯斯岛文明的发展》；6月，他应斯宾塞的请求，为《读者》撰写了《如何使野蛮人更文明》的文章——所有这些文章都是从现有资料中翻写的——但他在文章中强调了他关于文明人与野蛮人的观点："我们殖民地的白人常常是真正的野蛮人，对他们必须像对土著人一样进行教育，使之皈依基督教。"然而那年夏天，他启动了一个新航程，驶入了一个未知领域：他开始参加降神会。

他完全像一个皈依者一样，热情高涨，在短短几个月内，就从兴趣一般一下变成了一个狂热的辩护者——华莱士一直都乐于接受新思想和新信仰。毫无疑问，早期与催眠术和颅相学的接触，为他奠定了基础。当年，他在莱斯特与他的学生们所做的成功实验，在亚马孙时对印第安人所施的催眠术，还有他坚信颅相术对他个性的"解读"，都使他相信人还具有唯灵的一面，而且还可以通过科学方法来分析它，甚至测量它。1865年7月22日，他参加了一次在朋友家举行的降神会——"只有他家人在场"——会上出现了招魂术所惯有的敲击声和桌子自动。他十分肯定这些现象不是任何在场的人所为，这种事后来也在他家中重复过"很多次"。然后，他开始参加由著名灵媒举办的降神会，像马歇尔夫人。这一切似乎都是在为进一步的探究做准备。然而，他一旦亲身经历了那些现场演示，像敲击声、桌子移动和升空、名字突然出现在纸上、乐器同时发声，最神奇的是突然凭空出现了水果和一束束的鲜花，等等，他坚信这后面肯定有一股看不见的力量在起作用，而这种力量是无法用传统物理来解释的。他知道有些灵媒是骗人的；他也明白这一切需要认真、系统的检验。但他更相信那些在他家中所发生的事。1866年11月，范妮发现在她家寄宿的尼科尔小姐好像有特异功能。于是，华莱士在家里对她做了一些实验，他悄悄地在桌子腿之间拉上了很薄的纸，并用布遮住，以防桌子被脚移动，或她在衣服掩护下移动（后来他还用木条做了圆筒来保护桌子腿）。他对这些防范很满意，认为无人能够进行干扰，然而桌子还是升了起来。作为一个科学探索者，他认为任何人都会像他一样，认为这些现象是值得认真地研究的。

在他所谓的客观好奇心背后，还有一个很大的个人因素。首先，因为他姐姐范妮是一个唯灵论者，他也更容易成为一个相信者。其次，华莱士相信，每一个人生来就能应用自己公正的智慧，去解决他所面对的问题——如果这些人是"普通人"而不是超常人，那当然更好。在他长期参与降神会的经历中，他更容易相信那些涉及他家人的事件或传说。在早期的一次由马歇尔夫人主持的降神会上，她用敲击声识别字母，首先拼出了他弟弟赫伯特的死亡地点帕拉，然后是他的名字，最后，根据华莱士的请求，她拼出了最后一个见到他的朋友，亨利·沃尔特·贝茨。这是他认为证实了灵魂交流的一系列演示中的第一次，这些演示坚定了他对唯灵论的真实性的信仰。对他与范妮来说，能够与他们死去的弟弟和姐妹进行交流，成了他们对唯灵论信仰的基石。

与很多对这些现象感兴趣的科学家不一样，华莱士对此事的态度是完全公开的。当那些令人难以置信的事情发生时，他是现场的见证人。另一些正直诚笃的人也证实有过相似的经历，尽管他们最初是持怀疑态度的。他们是值得相信的。如果他，华莱士，确信一张桌子在无人干预的情况下移动了，或者一束鲜花让人难以理解地突然出现在室内——"15枝菊花，6枝杂色的银莲花，4枝郁金香，5枝有橙色浆果的番茄，两种蕨共有6枝，1枝有9朵花的报春花——一共37枝"新鲜、清凉、带着露水的花——那么，其他人至少应该接受它的可能性——当然，肯定会有造假的和变魔术的，但是，调查者们应该持开放的态度；并非一切都是欺诈。当时，已经有一些众所周知、用科学方法来检验这些现象的例子：例如，迈克尔·法拉第就调查过桌子移动。华莱士很可能在1853年的《雅典娜神殿》上读到过他的文章；威廉·卡彭特在同年对"灵敲击"做出了一种合理的解释。然而，华莱士一旦开始探究一种新思想，他就不会受到普遍接受的观点的影响，或者以假装的质疑作幌子。当时，有很多新知识和新认识涌现出来，在他看来，出现一种对现实的本质的新见解，也是完全合乎逻辑的，即使它们有时会显得有些离奇。在1865年秋冬，他继续进行着他的研究。1865年12月8日，他应邀参加了在约翰·马什曼家

安妮·米滕

中举行的一次降神会，马什曼是新西兰坎特伯雷市的地方移民经纪人。到会的还有威廉·卡彭特，他当时是伦敦大学的教务处主任、大学学院的前法医学教授，还有塞缪尔·巴特勒，他刚从新西兰回来：他们是一群令人畏惧的观众。卡彭特是一名一神论者，完全不相信奇迹，他是赫胥黎的同事和好朋友；巴特勒非常玩世不恭，他抛弃了传统的基督教信仰，暂时受到了达尔文主义的影响。他对这次聚会的记录十分尖刻和轻蔑："显而易见的骗局。华莱士和卡彭特博士都在场：前者什么都信，而后者则完全不屑一顾。"这是在他与达尔文（因此也暗含着华莱士）为进化论而唇枪舌剑的多年之前，他认为它是一个错误的理论，但现在他其实并没有与华莱士较劲的理由；但他对华莱士的一般态度，或许可以从他后来所写的一封信中略窥一斑：在信中，他恶作剧地把华莱士说成是一个捕猎博物学家："如果有一个幽灵在我附近出现的话，我不会满足于抓住它，**而会为了科学**，射杀它。"即使华莱士当时还没有完全相信这一切，但他已经准备不断地对它进行尝试。他专心致志地研究，并撰写了一篇完全不同的论文《论超自然现象的科学性》。

在1866年新年之际，华莱士再次拜访了理查德·斯普鲁斯，他与米滕的大女儿安妮共度了很多美好的时光。对他来说，米滕一家要比莱斯利一家容易相处多了，他与斯普鲁斯的友情，也对这个关系有很大帮助。由于威廉·米滕是一个药剂师，他的工作使他不得不一直待在村里，直到他的二女儿弗洛拉成为英国第一个获得药剂师资格的女药剂师，这让他轻松了不少。威廉·米滕只比华莱士大四岁，两人都喜欢在乡间散步和研究植物，这让华莱士感到，自己已经成了他们家庭中的一员。他在自传中描述这一段恋情时，就像是一个18世纪的小说家在写一个美妙的爱情故事："共同的爱好使我们变得更加亲密，第二年春天，我与米滕先生的大女儿结了婚，她当时大约18岁。"她实际上已经20岁了。他们在1866年4月举行了婚礼，在温莎镇度过了蜜月，然后回到了伦敦圣马克坊街，与华莱士年迈的母亲同住了一小段时间。

6月，他们回到了赫斯特派波因特。"我到这儿来是为了多吃水果和采集兰花，准备待上两三个星期。"他向牛顿透露说，并解释了他为什么在10月前不能为《鹮》写稿的原因。"我现在正处于生活中的一个转折点，还无法最后决定是待在伦敦，还是住在乡下。"寻求这个问题的答案，将会是华莱士生活中的一个主要问题：他从在阿斯克的童年开始，就很少在一个地方待超过一年，因此，他渴望在一个地方扎下根来。与此同时，他在威尔士的兰贝里斯和多尔盖莱待了一个月，作为结婚庆祝，又进行了一次奢侈的远行。华莱士十分热爱威尔士，现在他手中拿着安德鲁·拉姆齐的《瑞士和北威尔士的古老冰川》一书，和安妮一起，在斯诺登山周围的山谷，寻找"由冰川造成的冰槽和擦痕、光滑的岩石表面、羊背石、冰碛、坡栖岩块，和岩盆等好例子"。他不像赫胥黎和约翰·丁达尔[1]，是一个喜欢冒险的登山者，但他是一个精力十足的"高山步行者"，他会非常高兴地在威尔士、英格兰湖区和瑞士追求他的双重爱好：高山植物和冰川遗迹。

华莱士参加了在诺丁汉举行的英国科学促进协会的会议，他主持了人类学组的讨论，随后，他返回了伦敦过冬。他很快又融入了以前的交际网，重新加入了他所喜爱的各种协会的学术会议。他给皇家植物园送去了两种叶䗛的卵和一个爪哇岛的竹节虫，胡克开始在温室里饲养它们；

---

1 约翰·丁达尔（1820—1893），英国物理学家，首先发现和研究了胶体中的丁达尔效应。

他会尽早过去看望它们的。在1月份，他主持了一个动物学会的会议，但最让他忙碌的还是对唯灵论的调查。他把他的《论超自然现象的科学性》印刷成小册子，私下在自己的朋友圈中和学术上的同事中分发，其中包括达尔文：他争辩说，唯灵论是人类学的一个新分支，他还不断邀请他们参加尼科尔小姐的降神会，并对他们拒绝前来观看感到极端失望。"在最终确认我们都是疯子之前，"他请求赫胥黎说，但却十分不自信：

　　我希望你会来看一看我们向你演示的一些非常奇特的现象，**只有一些朋友在场**。我们每个星期五聚会，并希望你有时能来看看，因为我们想对此进行全面调查，如果你或任何人能指出我们在什么地方被欺骗了的话，我们将不胜感激。

　　这是华莱士的惯用措辞，但实际上，他总是喜欢定下规矩，并完全拒绝任何关于他可能被误导的建议。赫胥黎是不会轻易上当的，他在1853年就旗帜鲜明地表明了他的立场，他痛斥了所有"那些催眠术者、超视能力者、感电生机者、敲击者、桌移动者和恶魔崇拜者的夜半集会"。但他对他的朋友就要客气多了，虽然他坚决地拒绝了他的邀请，但他既没有对华莱士的行为"感到震惊，也不愿意（给他）开一份精神病鉴定书"，但他确实对此类事情完全没有兴趣："我一生从来都对流言蜚语毫不关心；像这些由可敬的幽灵给他们的朋友们所提供的虚无缥缈的传言，我一样不感兴趣。"他有好几个特别重要的研究需要做，他的所有空余时间都花在它们上面了。"我得放弃这次机会，"他稍微缓和了一下拒绝的口气，"就像我放弃了下棋一样——它太有趣了，以致让人无法正常工作，它也太难了，以致从中得不到乐趣。"他的意思十分明确：华莱士在浪费时间，而他有很多更要紧、更重要的事情需要做。

　　人类学家爱德华·泰勒在他的回信中也是敷衍了事，而物理学家约翰·丁达尔则认为华莱士的书中全是道听途说，并对那些唯灵论者的素质进行了嘲讽："我在你书中看到的不是缺乏逻辑,而是你愿意接受那些根本就不值得你考虑的东西,对此我表示谴责。我很坦率,对吗?"卡彭特只参加了一次演示,听到了几声敲击声,以后就再也没去过。丁达尔也去了一次,他拒绝接受不要乱动的要求,并坐在离桌子较远的地方,开着玩笑。这一次也只有几声断断续续的敲击声,丁达尔的参与到此结束。G. H. 刘易斯直接拒绝了他。华莱士继续邀请赫胥黎,尽管他被他称之为"流言蜚语"而受到了伤害;然而,他无法不对这种明显的出言不逊做出回应,他巧妙地反驳道,他对流言蜚语也不感兴趣,但他对"在那些被认为**不可能**出现的地方而出现的**力量**,和那些被认为是**荒谬**的地方而产生的**智慧**"非常感兴趣。这是真正的科学。但赫胥黎却无动于衷。

华莱士对超自然现象的着迷,在维多利亚的知识界中,绝不是独一无二的,更不用说科学界了。在19世纪70年代,威廉·克鲁克斯就进行过一次长期研究,并说服了弗朗西斯·高尔顿[1],这里面有"值得研究"的东西;达尔文的堂兄亨斯利·韦奇伍德也是一个唯灵论的铁杆支持者,华莱士与他一起在伦敦参加过降神会。达尔文后来也参加过一次降神会,当时在场的还有韦奇伍德、刘易斯、乔治·埃利奥特[2]和高尔顿,但他没有等到桌子移动就离开了,他后来说:"如果我们必须得相信这些无聊的东西的话,请上帝宽恕我们吧。"赫胥黎也参加了由同一个灵媒威廉斯举行的降神会,他向达尔文保证,威廉斯是一个江湖骗子。有些科学家,其中包括乔治·罗马尼斯,对此也很好奇,他们只是不愿公开承认。以玩乐的态度来对待唯灵论是可以接受的,只要你带着足够的质疑和出于科研的目的,甚至还可以参加他们的一系列活动;然而,华莱士一开始就表现出是一个铁杆支持者,尽管他声称他持开放态度。

他的理由如下:有很多智慧而诚实的人都见证了这些现象,他们认

---

1 弗朗西斯·高尔顿(1822—1911),英国科学家和探险家。

2 指玛丽·安·埃文斯(1819—1880),英国小说家、诗人、记者、翻译家。乔治·埃利奥特是她的笔名。

为通过传统的方法或巧合都无法解释它们；毫无疑问，其中有些行为是骗人的，但也有不少是无法解释的，大部分时候，参与者们都是诚信的。如果他们认为一定有别的解释的话，那么，他们或许是对的。我们不知道它是怎样产生的，但一个合乎逻辑的解释是，宇宙中存在着另一个级别的——"更高级的"——生物，有一些人能够让我们与这个更高级别进行接触。华莱士作为一个具有唯灵主义思想的人，在很早以前就放弃了传统的宗教信仰，他是不会轻易放弃寻求人与动物是天生不同的证据的，即使这使他与一些形形色色的人混在了一起。

他写的那本小册子还成了一次验证事件的主角。范妮在她的那本书的封面里写道：

> 这本书是我弟弟阿尔弗雷德写的，它和另外24本书一起，在我的桌子上放了4天，我还没来得及把它们送出去。——一天早上，我坐在桌前写作，离开了房间几分钟，当我回来后，包装这些书的包裹已经被打开，书散了一地，桌子和凳子上都是——我马上叫来了我的灵媒朋友，告诉了她所发生的事儿，然后我们说，请告诉我们这意味着什么，虽然我可以猜测：这些书应该被送出去了，而不是闲放在这里，不错，是的，有三声敲击声，然后，这句话被敲了出来："一本给我姐姐弗朗西丝（范妮名字的全称），我在里面做了标记。"于是，我马上打开了其中的一本书，很快就在书中找到了用我桌子上的红蜡笔做的标记。然后我说，如果你能在合着的书中做标记，那么你就能在我手中拿着的这本书里写上我的名字。几分钟后，我又打开这本书，发现书中写的**弗朗西丝·华莱士**。我然后说，亲爱的幽灵，你现在能写出我结婚时的名字吗？我合上书，2分钟之后，又把它打开，书中出现了第二个名字弗朗西斯·西姆斯。

1866年12月，fS

222

书中用红蜡笔标记出的那一段文字是：

> 仅对有些人来说，这些生灵是完全不可能存在的，因为他们认为缺乏证据。让直接证据出现吧，这样即使是持最怀疑态度的哲学家们，也不应该有理由拒绝它。就像其他科学问题一样，它将成为一个简单的调查和验证的问题。

华莱士一直认为，真理将来自观察和实验。

如果他需要一个权威思想家的支持，那么他能从他的英雄罗伯特·欧文身上找到，欧文在1853年皈依了唯灵论，他相信，这些显灵是即将发生在人类身上的"一场伟大的道德革命"的预兆……华莱士与欧文一样，也坚信道德进步、完美和人类追求美好的内在潜力：唯灵论及其显灵是这个世界**具有**目的的一种微弱但却显而易见的信号。

另一个华莱士认为是很有说服力的拥护者，是罗伯特·钱伯斯，《创世的自然史遗迹》的作者，他把华莱士也当作一个承认了"唯灵论现象的真实性"的科学家，并写信祝贺他"跳进了坑中"：

> 我多年来就**知道**这些现象是真的，而不是骗人的；我并不是在昨天才得出这个结论的。这些现象旨在解释过去被怀疑的很多事实，当它们被完全接受之后，会在很多重要事情上彻底改变人类的世界观。

在对赫胥黎在这个问题上的不耐烦表示遗憾之后，钱伯斯总结说："我的看法是，'超自然'这个词是一个重大错误，其实我们只需要扩展我们现有的自然观，一切问题就会迎刃而解了。"这正是华莱士所要寻求的一种有分量的首肯。当然，如果他能说服一些科学界的领军人物的话，他会更高兴；剑桥似乎是一个潜在支持者的来源："你听说过'剑桥幽灵俱乐部'吗？"他询问牛顿，"你能否查一下金斯利是否是它的成员？"

每个星期五，在他的韦斯特伯恩林荫路的家中举行的降神会还在继续，还有其他一些降神会的尝试。斯普鲁斯现在已经安稳地在萨塞克斯郡安顿了下来，他对范妮搞了一个恶作剧："我想你还在从事降神的事吧——在这儿没人听说过这种事。"他告诉她，有一天傍晚，他感到身体"轻飘飘的"，于是他：

> ……开始跳起了一种角笛舞，大约有10分钟，这让我的保姆十分吃惊！……之后，我一直想重复这个跳舞的实验，但却徒劳无功，现在我不妨试试飞翔了。如果你能够把这个奇特的现象与你的神秘圈子里的咒语联系在一起的话，那么，你会让我更信服，一个生物体可以在其观感官范围之外，对另一个生物体产生作用。

斯普鲁斯可以挑逗范妮，认为她会把他的信以及他对"华莱士**家族**"的祝愿，转给她的弟弟。要想直接挑战华莱士却并非易事。

唯灵论最终引起了很大的争议。范妮的一个邻居简·莱昂夫人是一个非常富有的寡妇，她住在韦斯特伯恩广场一个文具店上面的房子里。她把她过世丈夫的遗像拿到西姆斯照相馆，想让他们把它照下来。她告诉范妮，她过世的丈夫曾预测，他们会在七年后重会；现在时间到了，因此，她相信她会在1866年去世。范妮向她担保，这并不一定会发生；如果她是一个唯灵者的话，她丈夫或许会在"她在世时"来看她。于是，她让她去了一个唯灵书店坎伯韦尔，店主们又让她与"唯灵论的神殿"取得了联系，灵媒丹尼尔·霍姆——勃朗宁书中的"灵媒污泥先生"——在那当主持。霍姆给莱昂夫人留下了非常深刻的印象——还有他所结识的富人圈——她提出要收养他，并决定赠给他24 000英镑。几个星期之后，她改变了主意，最终把他告上了法庭，让他还钱。这场历时漫长，并得到了广泛报道的官司，最终以莱昂夫人获胜告终；但结果却是两败俱伤。范妮在证词中也被提到。后来华莱士也常常在法庭上为灵媒们作证。

虽然这一切都非常刺激，但却无法支付账单——正好相反——他的财政开始出现了一点担忧。这时，安妮怀孕了，华莱士需要供养一家人。史蒂文斯非常精明而系统地把马来群岛收集的标本所获得的利润用来买了印度铁路的股票，使华莱士每年能从投资回报中获得高达300英镑的收入。但这些钱却在西姆斯家和他母亲身上花费掉不少；虽然他撰写科学论文获得了一些收入——像在《知识观察者》上发表的《鸟巢的哲学》和在《科学流言》上发表的《昆虫的伪装》——但这只是一些零钱。就在这时，他犯了一个典型的错误，开始接受朋友们提供的投资建议。他在1865年自传的草稿中，着重强调了"开始了**投机买卖**"这几个不祥的字：他既没有谴责，也没有说出最早对他产生影响的两个人的名字：一个是他的唯灵论研究同伴里兹代尔，他"在政府中有一个很好的职位"。里兹代尔自己也炒股，他认为华莱士让几千英镑的现金闲着不用，太愚蠢了。另一个是乔治·西尔克——一个童年时代的老朋友，辛克莱副三教的"讲读人"，伦敦主教财务委员会成员，英国国教的栋梁——他是一个私人投资圈的秘书，他们在帕尔马尔街设立了一个办公室，开始购买板岩采石场，并组成公司来管理它们进行盈利。华莱士被说服，购买了他们的股份，甚至还成了一个董事，因为他有测量的实际经验。最后，他的朋友吉奇也从东方回到了英国，他策动华莱士购买铅矿的股份。虽然他最大的损失发生在多年之后，但这些投机性投资开始降低了他的资金，减少了他的日常收入。

在他妻子的鼓励下，他又开始撰写他的东方游记，这个重大的写作计划或许能在财政上给他提供帮助。牛顿也请他在麦克米伦出版社计划出版的一个丛书中，写一部关于鳞翅目昆虫的书——贝茨正在写甲虫部分；但他拒绝了："用写它的一半时间和精力，我就可以写完我的游记了，而且收入会更丰厚，还能给我带来更多名誉。"但他请求牛顿在听到"任何**好的**博物馆管理员或博物学秘书长的职位"时，不要忘了他：

华莱士与儿子伯蒂

"如果这个职位是永久的，而且还不错的话，我会把我所有的私人收藏捐给一个地方博物馆。"他还在韦斯特伯恩林荫路的照相馆里举办了一次他所收集的鸟儿与蝴蝶的展览，并开始向私人买主们出售这些标本。

有一件小事表明了他开始对自己的财政保障产生了担忧。有一次，大英博物馆欠了他5英镑，他要求他们付钱。但他们要求他先寄一份盖了章的收据——当他在1867年6月27日收到汇单时，他发现他们已经扣除了汇单的邮费（6便士），只给他寄了4英镑19先令6便士。华莱士很愤怒，但决定暂不把他们上诉到地方法院，或给他们发一份欠款函，而是保留了这个"犯罪证据"，以便以后对他所认为的官方吝啬和小额盗窃行为进行公开报复。他在与他人打官司时并没有这样有节制。

但在1867年6月，他有一些更重要的事情需要考虑：6月22日，安妮生下了伯蒂（赫伯特的昵称），取名为赫伯特·斯宾塞——赫伯特这个名字是为了纪念他弟弟，而斯宾塞则是为了纪念这个社会学家。几个星期之后，华莱士一家离开了伦敦，去了赫斯特派波因特的娘家，以便让安妮的母亲和姊妹帮助她照顾婴儿，同时，华莱士也可以集中精力写书，他们把摄政公园旁边的房子租了出去。华莱士把自己关在屋里，静静地工作了三个月，当时，理查德·斯普鲁斯仍然住在村里，两人时常见面。

当年秋天，他给自己放了一次假，与他岳父一起去了威尔士，从事植物研究；然后他参加了英国科学促进协会在邓迪市举行的年会，他借机与阿奇博尔德·盖基爵士一起，进行了一次令人陶醉的地质考察，他还在圣安德鲁斯拜访了钱伯斯一家，他们俩回忆了一些唯灵论的往事。当年10月，斯普鲁斯搬到了约克郡的威尔伯恩村，华莱士在纽卡斯尔做了一次公开演讲后，便去拜访了他。(这又是一个他财政拮据的迹象，因为他并不喜欢做演讲，无论他对演讲的题目有多么熟悉。)最后，他回到了赫斯特派波因特，继续整理他在东方旅行的资料，并享受初为人父的喜悦。在这里，他终于过上了他梦寐已求的平静而满足的生活。

在1867年冬天和第二年春天，他又重新整理了他在马来群岛旅行的资料，工作十分艰苦。早在1864年1月，他从一开始就对写作探险游记充满恐惧，他向达尔文私下说，他"对叙事写作很不在行"，并非常后悔当初没有"对日常生活中的常用物、景象、声音和见闻做大量的记录"，他以为他不会忘记，但现在却记不起这些细节来了。他非常清楚贝茨的游记所获得的巨大成功。1868年2月，他告诉达尔文——他总是在信中提到写作一事——他已经"埋头"撰写游记有一段时间了，但仍然担心会写不好。这倒不仅仅是他通常的谦虚：他真正怀疑自己的叙事能力，相反地，他对自己有逻辑、明确的辩论能力却很自信，不论辩论的论点对听众是多么的奇怪。他为了写作，收集了所有能够找到的辅助资料，借鉴了早期和近期欧洲旅行家们的著作，还有托马斯·拉弗尔斯爵士的《爪哇历史》和约翰·克劳弗德的《印度群岛历史》，还有最新发表的J. W. B. 莫尼的《爪哇：怎样管理殖民地》和爱德华·德克尔的小说《麦克思·哈弗拉尔》。他的主要资料来源于他当时所做的笔记和四本野外日志，他在对它们进行提炼和扩充的同时，还能借鉴他写的家书和定期给史蒂文斯写的报告，其中有些部分已经发表了。他这时还在林奈学会、动物学会和昆虫学会上发表了30多篇关于他收集的标本的论文。与当年写亚马孙游记时不同，他主要的问题不是资料匮乏，而是太多，不知如何陈述。直接按时间顺序来写，恐怕会令人看不懂——他的14 000英里

（约22 530公里）的旅行主要是由天气和交通工具决定的；另外按时间顺序并不能让他准确地描述这些岛上的动物和住民的地理分布和特征。因此，他采取了从"地理学、动物学和昆虫学的角度"来写的方法，使读者们能从一个岛屿读到另一个岛屿。（这也是贝茨所采用的方法，从亚马孙的一个地方写到下一个地方。）采用了这种结构，华莱士很自然地把马来群岛放在了突出的地位，而把自己像往常一样，排在了猩猩、迪亚克人和极乐鸟之后。他在书中对他在自然选择学说上所起的作用只字未提：他把这次旅行探险，而不是沙捞越和特尔纳特的科学论文，描述成了他的探险生活的中心主题。

重读这些日志和笔记，让华莱士开始对很多问题进行了思考，特别是关于有机物的行为和人类发展的问题。在赫斯特派波因特度过的这一年中，他展示了惊人的工作效率：他同时起草了他的探险游记，对灵媒们进行了调查，并享受了新婚的第一年和初为人父的快乐。他在1867年7月的《威斯敏斯特评论》上发表了《论动物拟态和其他的生产相似性》：这是一篇关于颜色的论点和证据的长篇概论，他坚决批评了实用主义原则，但却稍微倾向于达尔文对性选择的侧重。在文章结尾处，他完全摒弃了用偶然机会或"上帝的直接意愿"能够圆满解释世上如此多鲜为人知的细节的想法，并指出他在论文中所列举的所有例子都是由于生命现象服从于**规律的支配**而产生的。他在这里指的是自然选择的规律；这个词本来是阿黛尔公爵在回应《物种起源》时所写的文章的题目，这篇文章很受神创论者的欢迎。华莱士在《科学季刊》上发表了一篇长文，用缜密的论证委婉地驳斥了阿黛尔的观点。

达尔文的新书《家养动植物的变异》在1868年1月出版，它让华莱士非常兴奋。他对牛顿说，第一卷的细节繁多，但其中不乏有价值、令人感兴趣的资料；而第二卷则更具新意、更令人感兴趣，"泛生论"假设很重要，很有启发性，令他感到"非常满意"。"达尔文已经超越了斯宾塞，他对一个比'物种起源'更困难、更令人费解的难题，提出了一个很实用的答案"——它解释了"大量最令人好奇、最不寻常的繁殖现象"。这是一种华莱士非常欣赏的合理推测：它对解决生殖和繁衍问题提供了一把钥匙。至于《雅典娜神殿》上"那篇卑鄙、懦弱、无知和嘲讽的文章"——谁能像它的作者那样厚颜无耻？"'**有些人永远不会变**'！！！"因为《雅典娜神殿》发表这种文章，所有的博物学家都不应该再订阅它。华莱士还以同样的热情给莱尔写了一封信，大肆赞扬达尔文提出了解决可获得性遗传问题的泛生论：

> 这个假设简单易懂，它完美地解释了最神秘的生命奥妙，令我**非常满意**。我认为我永远不会放弃它，除非它被确认是错的，但这几乎是不可能的，或者被一个能更好地解释这些事实的假说所取代，但这更是不太可能的。

华莱士寻求的是一种万全之策；他一旦确信，就不会动摇——这一回是高尔顿后来用兔子做的输血实验，和最终的奥古斯特·魏斯曼理论。在这段时间里，没人倡导自然选择，而达尔文此时比华莱士更勇敢、更卖力。这一年，华莱士重温并继续进行了他的艰难的求知旅程，因此，他并没有忘记达尔文。在当年8月的英国科学促进协会的会议上，胡克已经成了主席，达尔文和达尔文主义完全主导了会议的议程。从日内瓦来参会的卡尔·福格特告诉华莱士，德国人开始相信达尔文的变异性理论了。华莱士去达尔文在唐恩的家待了一段时间，从印度加尔各答回来的爱德华·布莱思也在那儿，他是少数几个认识到华莱士的沙捞越论文的重要性的人。

华莱士仍然花了一些时间和精力去追求唯灵论。在当年5月的《波迈宪报》上，一封读者来信激起了他的正义感和自尊心。丁达尔写了一篇关于灵媒霍姆的文章，声称他从未接受过科学家的正规考察；刘易斯也参加了讨论，并提出了一个客观的考察方法。华莱士感到十分愤怒，因为他已经邀请过丁达尔和刘易斯参加霍姆的降神会，以便能够对他进行这种调查。丁达尔去过一次，而刘易斯却从未露过面。此外，霍姆已经被科学家克伦威尔·瓦利调查过，瓦利宣布他没有发现任何作弊现象。华莱士给《蓓尔美街报》写了一封六页纸的长信，以回应刘易斯，但《蓓尔美街报》的主编已经受够了唯灵论，拒绝发表它。这对华莱士来说，就像是火上浇油，于是，他在一个不接受回应的杂志上发表了一篇指控刘易斯有意挑起是非的文章。随后，他与安妮一起去欧洲度了一个长假，他们把孩子留在了赫斯特派波因特，让米滕家人照看。

"小华莱士已经开始满地乱跑了，"他祖父告诉斯普鲁斯，"在满足他的好奇心过程中，他发现草莓和醋栗很好吃，还有土、石头、沙子、树叶、煤炭和金龟子，什么都吃。"小华莱士的父母此时正在法国的尚贝里地区；"他们带了纸和画板以便能够描绘阿尔卑斯山罕见植物的神韵"，他们还带有盒子和大头针来收集蝴蝶。他们俩住在一个新建的大旅馆里，是那里的唯一房客，他们每天都出去寻找花卉。随后，他们跨境去了圣伯纳德山，下山后去了奥斯塔，从那里，他们租了一头驴进行了一整天的长途跋涉，然后开始攀登贝卡-德诺纳山；最后，华莱士独自一人攀登了最后的1000英尺（约305米）。他在山顶附近发现了两种点地梅，随后他们去了因特拉肯和格林德瓦。他们在6月回国，带回去了很多植物标本，其中包括虎耳草、报春花、耧斗菜和四种龙胆。"华莱士无法像他所希望的那样晾干植物标本，而安妮在登高山时感到恶心。"米滕宣称。他女儿第二次怀孕了。

回到英格兰后，华莱士继续撰写他的书。他急需一些插图。于是，华莱士与一些艺术家取得了联系，像约翰·杰拉德·柯尔曼斯[1]（画了一些极乐鸟）；约瑟夫·沃尔夫（画了迪亚克人攻击红毛猩猩的插图）；从非洲来的旅行者托马斯·贝恩斯，还有皇家植物园的沃尔特·菲奇，他

---

1　约翰·杰拉德·柯尔曼斯（1842—1912），英国鸟类插画家。

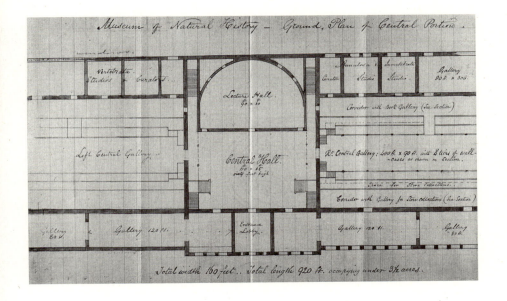

国家自然博物馆博物展区规划

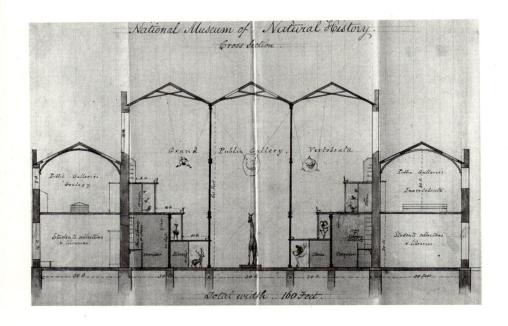

国家自然博物馆剖面图

为他的书画了亚马孙河的棕榈树。有一些插图是根据照片画的，有一些是根据华莱士最初的草图画的。最后，还有把书题献给谁的问题："如果你能容许我把我的马来游记献给你的话，这将让我感到非常荣幸。"他在1月给达尔文写信说，"尽管这部著作太小、太朴质，完全不值得这个荣誉。"达尔文非常谦逊地接受了这个提议。

华莱士此时的声望如日中天。11月，英国皇家学会授予他皇家奖章，这是至今为止，对他在科学上的贡献的最公开认可。然而，他此时的经济状况让他担忧不已，因为安妮已经进入怀孕的晚期，很快他就得抚养两个小孩，并为他们提供教育经费。而且，他的书已经完成了，他不能一直都住在岳父家；他母亲在11月15日去世，终于让他获得了搬出伦敦的更多自由。他需要找到一个地方安家扎根。更重要的是，因为他无法预测《马来群岛自然科学考察记》是否会比他的亚马孙游记卖得更好，因此，他急需找到一份工作。当时，大英博物馆正准备重新安置它的收藏，把博物学部分划分出去，搬到一个新的地点。华莱士当初在参观了伦敦和巴黎的收藏之后，产生了很多能更好地编排和展示收藏标本的想法，于是他提出了几个方案，还附加了全套插图，并为《麦克米伦》写了一篇长文《人民的博物馆》。他散发了一个建议书，还特意写信感谢胡克为之签名；华莱士希望"当大英博物馆搬迁和重组时"，人们不会忘记它。华莱士得到了胡克、达尔文和莱尔的支持，他的新书也引起了关注，他对获得一个有薪水的官方职位，充满了信心。1869年1月27日，他女儿维奥莱特出生了；3月9日，在与麦克米伦出版社签署了最后协议的一个星期之后，《马来群岛自然科学考察记》的上、下册出版了。首版印刷了1500册，他被预付了100英镑，并会在卖出1000册之后，从每本书中获得7先令6便士的版税；10月，第二版印刷了750册，好评就像销售一样多如潮涌。

　　达尔文对华莱士的《马来群岛自然科学考察记》题献感到非常惬意——"献给《物种起源》的作者查尔斯·达尔文，这不仅是我的敬意和友谊的象征，而且是我对他的天才及其著作的深深钦佩。"——他写信向作者祝贺了他的题献和书的精致印刷和设计——非常漂亮：他收到了麦克米伦出版社专门印制的25本镀金本之一。"至于你的题献，先不谈我是否值得你这么高的赞美，它是我所读到的表达最完美的题献。"到了3月22日，他读完了全书：非常棒，读起来赏心悦目。"在经历了如此之多的疾病折磨和海上惊险之后，你能活着回来真是太好了，特别是那次去卫吉岛的往返航行最为惊险。我从你书中得到的所有印象中，最深刻的就是你为科学事业坚持不懈的英雄气概。"然而，就在他对这次探险考察——它产生了两篇关于物种的关键论文——的描述赞不绝口的时候，达尔文知道华莱士正在加写一篇对莱尔的《地质学原理》第十版进行评论的附录，这令他十分不快。达尔文"急切地"想知道华莱士要说些什么。"我希望你没有完全谋杀了你和我的孩子。"

华莱士正在转向对人的研究——达尔文也一样，他正在加紧写作《人类的由来》一书。华莱士在《马来群岛自然科学考察记》的结尾吹响了完美主义者的号角，重提了他在1864年的论文《人类在自然选择定律下的发展》的中心思想：

> 大多数人相信，我们这个高级物种已经取得了巨大进步，而且还在不断进步。如果真是这样，那么一定会存在一个完美的状态，一个终极目标，我们或许永远不会达到这个目标，但我们所取得的所有真正的进步一定会使我们更接近这个目标。然而，这个人类一直都在追求的完美而理想的社会是什么样的呢？

华莱士引用了当时"最优秀的思想家们"的观点来回答这个问题：它是"一个充满了个人自由和自治的社会，它是通过我们的知识、道德和身体的平等发展和公正平衡来获得的……"；然后，他更偏激地声称，他在南美和东方的"非常低级的文明社会中"亲自体验到了一个向这种完美社会的发展过程。相反地，欧洲人的精神和道德品质已经倒退。"与我们在物理科学和它的实际运用上所取得的奇迹般的发展相比，我们的政府体制、法治系统、全民教育和整个社会和道德机构都仍然处于一种野蛮状态中。"（"野蛮"这个词被打上了＊号，并用整整一页纸进行了注释。）简单地说，欧洲文明是一个失败，而且会一直很失败，这主要是因为"我们不重视更全面地培养和开发我们的同情心和道德力"的缘故。最后，华莱士总结说，这"是我通过对野蛮人的观察而得到的教训。再见吧，我的读者们！"

这个夸张的结论或许会被看成是充满了美好幻想的乌托邦主义，或早期社会主义。但它来源于华莱士通过观察和直觉而得到的两个核心思想：首先是所谓的"野蛮"人和"野蛮"社会的令人惊奇的先进性；其次是他把人的智慧，特别是道德观，与体力区别开来。他这时非常谨慎，很少使用"唯灵"这个词，虽然他的言辞中已经表现出对殖民者们"为生存竞争"而引发的后果的不满：

> 如果殖民主义的浪潮真的席卷到了新几内亚的话，那么，毫无疑问巴布亚人肯定会被过早地灭绝。这个精力充沛的好战民族是绝不会顺从于民族奴隶制或家庭奴役的，他们会和虎狼一起，在白人面前消失。

他这时已经拒绝了传统的基督教教条和价值观，他需要另一种信念来捍卫他的立场转变：他至少需要一个符合逻辑的基础来挑战或改变他坚决拥护的科学决定论。

华莱士首先在《评论季刊》上全面阐述了他的新理论，它出现在他对莱尔新版的《地质学原理》和《地质学基础》的评论的结尾处。他认为，首先，自然选择或更广义的演化理论都无法解释感性生命或有意识的生命的起源：

> 他们或许可以告诉我们，有机体可以通过化学的、电子的或更高的自然规律而结合，并能成长和繁衍后代；但这些定律和这种成长是无法给这些新组合的原子赋予意识的。然而，人的道德品质和更高的智力是这个世界上的一个独特现象，和有意识的生命一样，很难想象它们能由任何演化定律而产生。

他进一步提议说，人的有些身体特征是无法用演变理论和适者生存的原理来解释的：像大脑、语言器官、手和人的体型等等。特别是大脑让华莱士百思不得其解：一个"野蛮人"的大脑显然是远远超过了他当前的需要，但却是发达的文明人所必需的；因此，直接实用性就遭到了质疑。他在文章的结尾处摊了牌：那些主宰了有机物发展的伟大定律，同样以对人的发展起着作用，但是，似乎有证据表明，"有一种力量把这些定律的作用引向一个特定的方向和特殊的目标"。就像人培育了根西牛或伦敦挽马一样，一定有"一个更高的智慧在人类的发展过程中，操纵着这些定律，使它们向更崇高的目标发展"。为了找到科学与神学之间的真正协调，华莱士写到，这是我们应该追求的方向。

> 让我们毫无畏惧地承认，人脑（它本身就是一个至高无上的智慧的活证据）能够，并在很大程度上已经找到了那些让有机世界和无机世界发展至今的规律。但是，让我们不要对那个监督着这些定律的占统治地位的智慧视而不见，是它引导了它们的演变，决定了它们的积累，以致最终产生了一个足够完美的组织，能容许，甚至帮助我们的精神和道德品质得到无限的发展。

这下全公开了：华莱士背叛了他自己的自然选择原则，这是一个非常彻底的转变，以致他后来对达尔文提起它时，称之为他的"小小异端邪说"。达尔文在他那份《评论季刊》上对这些冒犯的段落写上了"不"，并在它下面着重画了三杠。"我完全不能与你苟同，"他写信告诉华莱士，"我对此感到非常遗憾。"如果他不是更明知事理的话，他或许会发誓，这些关于大脑的段落是别人加进去的。"我认为完全没有必要在人的方面再加一个多余的近因。"他还给莱尔写了一封信，对华莱士的公然背叛大为悲叹；然而，莱尔虽然没有被华莱士的推论说服，但对这个观点却是赞同的："我倒是要为华莱士的建议喝彩，"他回信给达尔文说，"或许有一个至高无上的意志和力量，它还没有完全放弃对这个世界的干预，并仍然在主导着大自然的力量和规律。"华莱士在他最初的阐述和后来的发展中，都很谨慎地避免了使用"上帝"这个词，而是用了权力、智慧、力量和影响这些词——这个细微的区别完全被他的批评者们所忽视了。在达尔文看来，华莱士似乎完全回到18世纪的传统神学论上去了，并重新采纳了"设计论"的观点。但对华莱士来说，这个理论得到了他在唯灵世界里的经历的支持。这些现象向他成功地显示了世上仍然存在着"科学所无法解释"的力量和影响——这是一个更高智慧在这个世界上起着作用的证据。至于他自己，他从未在这个新立场上动摇过，只是在1870年发表的一篇长文中对它进行了修正，面对批评，他总会强烈地进行辩护。然而，一个最大的例外就是他从未放弃过对自然选择原则的最基本支持，他继续为达尔文理论的所有其他方面进行辩护、写作和演讲。

这时《马来群岛自然科学考察记》已经开始在书店出售，销量持续增长，华莱士终于可以自由自在地享受这个夏天了。首先，他与他岳父，还有他在马来群岛认识的朋友吉奇一起，在威尔士进行了一次徒步旅行：他们攀登了斯诺登山，并对植物进行了疯狂的收集——米滕不停地叫喊着"我又找到了一个种类"，以致华莱士以为在这个贝德盖勒特山的小山谷里会有寻之不尽的植物种类。随后，在英国科学促进协会在埃克塞特举行的一次会议，他公开了他转变了的立场。华莱士是一个知识十分全面的人，他先在C组的地质学会议上宣读了关于《地质时间的测量》一文，然后又参加了D组的生物学会议对卢伯克《关于人的原始状态》一文的讨论。他还应邀加入了红狮联谊会，他曾在1862年列席过这个晚宴俱乐部在剑桥的首次聚会，他与"一大群科学家"在一个乡村别墅畅饮狂欢，尽情享受了这个友善但却有点放荡不羁的气氛：他的异端思想似乎并没有损害他的声望。他对恶搞英国科学促进协会的期刊《埃克塞特动物园的英国雄师》津津乐道，它的主编是"快乐的社交人"（假名）。在嘲讽了达尔文之后，《假说的创建者》一文的作者"菲茨·搅局将军"

（假名）转而嘲弄了华莱士：

> 在每一个所谓的发现之后，肯定会出现第二个争夺荣誉的人，他会宣称他从大量完全不同的证据中得到了完全相同的结论；这一次，一个叫华莱士的先生作为达尔文第二出场了。与所有这类人一样，没有他没去过的地方——脑不能静、身不能停，这是他们这类人的一个特征。我们先把他那些关于极乐鸟、蝴蝶和"拟态"的观点留给那些能够听得懂它们的人，在此仅仅谈一下他的一个说法。他宣称，在东马来群岛的某个地方，有一些相距几英里的岛屿，它们上面的动物完全不一样。这真是一个值得穿越半个地球去寻找的重大发现！那么人们会对一个猎场守护人在野鸡场里圈出三英里地来放养鹧鸪有什么想法呢？他在摄政公园6英尺（约1.8米）高的栅栏两边就会发现完全不同的动物群。

然后，这个作者又把枪口转向了新目标。先是赫胥黎，然后是胡克，他当时是皇家植物园的主管，这是一个公职，作者嘲讽他说："至今为止，他已经完全忘记了自己的职责"，因为他被卷入了19世纪的一个"最大的异端邪说"。"皇家植物园的温室将会变成阴险学说的温床吗？难道林业委员会的专员们在他们自己的职责范围内完全无能为力吗？在一个更明事理的部门中，这种事可能早就寿终正寝了。"在这篇幽默而风趣的讽刺文章中，被点名的四个自然选择理论家中，达尔文不需要靠工资吃饭，胡克和赫胥黎的地位也牢不可破，而没有工作的华莱士却冒着双重危险。欧文的传统派对他明显地持有戒心，而由于他的更高智慧理论，新正统派倡导者们或许也不再认为他是一个"可靠的"人。

在埃克塞特会议之后，他借机继续西行，拜访了他的出版商、总部在托基的麦克米伦出版社，他在那里有幸遇见了地质学家威廉·彭杰利，随后，他回到了伦敦参加下一阶段的学术活动。彭杰利和华莱士一样，主要靠自学成才，他对人类的远古时代很感兴趣，并对巴维特雷西、布里克瑟姆溶洞和托基的肯特洞进行了系统性考古发掘：它为华莱士提供了十分有趣和发人深省的资料。华莱士这时正在为麦克米兰出版社编辑自己的一系列论文和文章，其中包括沙捞越论文和特尔纳特论文，《人类在自然选择定律下的发展》的修正版，对人的意识和道德发展问题的新见解，以及《自然选择应用于人类的局限性》。他在1月把它的校样寄给了达尔文。达尔文感到十分震惊：看来莱尔书评中的观点并不是一次偶然的越轨；华莱士正在进一步发展和巩固他的这种观点。达尔文对新书的大部分观点都表示赞同——"但我对关于人的那部分感到叹息——它就像是一个彻底倒退了的博物学家所写的，而你却是在《社会学评论》上发表了最好的文章的作者！唉！唉！唉！"他在信尾署名"你的悲哀的朋友"。紧接着他又给华莱士写了一封信；他刚刚重读了他在《社会学评论》上发表的那篇文章（华莱士在重新发表时顺带着做了修改），"我敢说你无法推翻你自己的学说"。但华莱士无动于衷。至少在他看来，争议和持不同观点似乎并没有影响到他的朋友圈和社交活动：他与赫胥黎在降神会上的小冲突没有影响到他们之间的交往，也没有影响他和其他科学家之间的关系，像莱尔或米瓦特。他的新立场只是引起了人们的关注，并没有哀叹。这是一个繁忙的冬天：昆虫学会举行了多次会议——他在1870年当选为昆虫学会的主席——还有林奈学会的会议；他这时还经常在《自然》上发表文章，这个期刊成立于1869年，他是它的评委和通讯作者。

　　在家里，他想搬到伦敦之外去住。大儿子伯蒂特别不习惯住在城里，常常被带回到赫斯特派波因特让他祖母"修理一番"；同时，女儿维奥莱特的到来也使一个乡村环境变得更加重要。然而，伦敦或许能为他提供一个日益需要的工作。在等待贝斯纳尔格林博物馆的职位时，华莱士一家搬到了伦敦东面的巴尔金区，暂时住在一栋别墅里：一个被沼泽地和工厂环绕的"凄惨的小村"，但在它附近的泰晤士河边可以愉快地散步，坐火车去贝斯纳尔格林，或进城参加学会会议也很方便。他们在1870年3月25日搬了家，这时，《自然选择理论的成果》一书也出版了。

这是华莱士第一次把他的论文整理成集，让读者们能够随着他的思路，从他关于新物种的产生的沙捞越论文，追溯到他关于人的观念。这些论文代表了他最杰出的思想，从他早期理论的清晰观点，一直谈到了他当前学说的宏大哲学设想。但在1870年初，他犯了一个重大的判断失误，不幸卷入了一场十分荒谬的赌局，让他后来后悔不已。约翰·汉普登在《科学观》上挑战"科学家们"来证明内陆的湖面呈凸面，赌金500英镑，他宣称："如果对手能够向一个睿智的裁判演示一条凸形的铁路、河、水渠或湖泊的话"，他将承认他输了这个赌注。华莱士偶尔也为这个期刊撰稿。他在事先征求了莱尔的意见之后，接受了挑战。据华莱士说，莱尔积极鼓动他接受这个挑战："直截了当地演示给他们或许可以阻止这些愚蠢的人。"但500英镑或许太诱惑人了；也许华莱士认为他是在为公众做一次公共教育。他把测量地点选在韦尔尼与老贝德福德桥之间的一段6英里（约9.66公里）长的老贝德福德河段；裁判定为《野外》的主编J. H. 沃尔什。这就像是一次决斗，但用的是木杆、圆盘、小布旗、水平仪和望远镜。沃尔什明确判定华莱士获胜，并把测量图表发表在《野外》上。汉普登拒绝接受这个裁定，并要求退还他的赌金。接下来发生了激烈的争执：两次诉讼，华莱士三次控告汉普登诽谤，汉普登告了华莱士一次；汉普登两次被判监禁；在随后的二十年中，出现了大量指控和被指控的文章和宣传册。汉普登给华莱士所属的所有学会都写过信，还给戈德尔明（华莱士住的地方）的居民和商人（包括查特豪斯学校的所有老师）散发了上千张传单，称他为骗子、懦夫、诈骗犯和冒名顶替者，并指控他作假、营私舞弊和盗窃。他还给华莱士的妻子写了一封信，这让华莱士特别震惊：

夫人——如果你可恶的强盗丈夫有一天被囚车运送回家，脑袋被砸成了肉酱，那么你应该知道这是为什么。你帮我告诉他，他是一个满口谎言的强盗，他不会死在他的床上，这就像他的名字叫华莱士一样千真万确。

你真是一个可怜虫，被迫与一个被定了罪的罪犯生活在一起。你别想，也不要让他认为我与他已经了结。

华莱士应该意识到汉普登有严重的精神病，而让这件事悄悄地过去。虽然法庭总是判他胜诉，但打官司的开销却在不断增加，最终使他在经济上遭受了损失。这些荒唐可笑的诉讼除了让他遭到骚扰和辱骂之外，也对他的名声产生了极其不良的影响——"这是对我的一个尚可忍受的严厉惩罚，因为当时我没有意识到我在道德上的疏忽。"他像通常一样开诚布公地说。

在巴金地区的霍利府，华莱士确定了他下一本书的主题：动物的地理分布。自从他开始在亚马孙收集标本以来，这个问题就一直困扰着他，后来，当他在马来群岛考察昆虫、鸟类和动物的分布模式时，它成了他理解自然选择原理的一个关键。"在过去两年中，我一直都想写一本这样的书。"他向牛顿透露说，但当他意识到要认真写好这本书需要好几年时，他放弃了。"我刚想像你建议的那样写一本较简短的手册，但达尔文对我想在这个巨大课题上写一本**简短的**书而感到十分震惊——这让我顿时失去了兴趣。"然而，他保证以后会重新考虑。斯克莱特也在敦促他写一本巨著。最后，华莱士花了整整五年时间，写出了一部足以让追求完美的达尔文也感到满意的大部头。

有了这部巨著垫底，华莱士在等待贝斯纳尔格林博物馆职位的同时，又开始了他平常的繁忙工作，他为《自然选择》的公告栏写了一些回信，还为《自然》写了一些文章——为弗朗西斯·高尔顿具有影响力的《遗传天才》和爱德华·泰勒的《人类的早期历史》写了书评。英国科学促进协会在9月举行的会议把他带到了利物浦——斯克莱特做了关于建立全国自然博物馆所应遵循的原则的报告，这是一个他非常关心的话题。他当然不能轻易错过昆虫学会的会议，特别是继贝茨之后，他当选为主席。唯灵论继续占用了他的大量精力和时间。他为一个唯灵论晚会写了一篇十分有分量的论文，即《对休姆、莱基和其他反对奇迹的人的论点的回答》。

以挑战约翰·休姆作为建立现代唯灵论的开场戏需要有很大的勇气，要不然就是愚蠢至极。但华莱士对自己的说服力十分自信，他坚信他已经展示出休姆论点中充满了"无端假设、妙论和自相矛盾"。他新近的亲身经历也大大增强了他的信心。威廉·克鲁克斯正在积极地用"科学的"方法来调查丹尼尔·霍姆的降神能力。华莱士急切地加入了他的行列。霍姆是当时最令人信服的一个灵媒，华莱士对他的演示十分认可，像桌子在无人干预下移动，还有一部手风琴自动演奏了歌曲《家，温馨的家》的几个音符——这是华莱士的一个顽皮的要求——或者说是通过在琴的下方一个"像手一样的影子"演奏的（当时，霍姆的一只手放在手风琴的上部，另一只手放在桌子上）。华莱士还是一个早期的"物化"信服者：有些灵媒，像格皮夫人——即以前的尼科尔小姐——似乎能够演示这一现象：他们把自己装进一个小箱子里，以便能够集中能量，随后就会有一些人物出现，他们能触摸观察者们，或与他们进行交流。有人怀疑这是欺诈，或者说是商业化的魔术；同情者们，其中包括华莱士，则趋向于接受至少有些人物是真的。

3月，他为达尔文《人类的由来》一书所写的书评在《科学院》上发表，达尔文一直都让华莱士知晓他的书的进展；这本书明确地谈到了人，达尔文知道这一定会引起一些人的反感——写书引起的疲劳已经把他折磨得半死，他坦诚地说："我很担心你的评论会杀死我。"当然，这并没有发生；但是华莱士拒绝接受人脑仅通过自然选择就能发展而来。他并不介意人是从猿演变而来的观点，他介意的是这种演变的机制：

　　人的完全直立、全身毛发褪尽、手的完全协调、大脑无限的能力，形成了一系列相互关联的进步，这些进步如此之多，仅用猿在有限的地区为生存竞争是无法解释的。

华莱士坚定而委婉地表达了他的不同意见。实际上，达尔文的论点与华莱士的并无多大差别，它充满了人文主义，有些地方甚至是完美主义的。然而，华莱士此时完全相信在人的意识之外，还有灵魂的一面，他坚信人的道德是无中生有的。

华莱士还在继续寻找一个合适的家，他不仅相信自己的商业头脑，而且还有他以前搞测量和建房时积累起来的实际经验，他决定从零开始。他在伦敦东面20英里处（约32公里）的格雷斯村边找到了一块4英亩（约1.6公顷）的地，它坐落在泰晤士河北岸，他买了它的九十九年租期。这块地上有一个被遗弃的白垩石矿场，在它上面有一块1英亩（约0.4公顷）大的平地，另一面是一个大约有1英亩的可耕种的大坡。从这可以看到向东流去的泰晤士河，河的南面是肯特郡的山丘，风景如画，地面的灰石岩上有沙子和砾石，排水效果很好。他雇用了一个建筑设计师，准备利用砾石和当地的水泥厂制造混凝土来建房。他还在白垩岩上打了一个超过100英尺（约30米）深的水井，并安装了一个小型铁风车来抽水，解决了自己的供水问题。这项工程大部分是由华莱士和他的工程师朋友吉奇一起做的，他们很快就能给整栋房子和花园提供足够多的免费用水。华莱士经常去查看造房进展，检查砾石是否被完全冲洗干净。到了9月，他已经开始忙于给花园种花植树。他给胡克写信问他能否提供一些耐寒的植物种子，胡克给他寄去了一些草本植物的种子、多年生植物的根和灌木。在房子刚造好一半时，有一天早上包工头没有来，工人们无法领取工资。于是，华莱士的建筑设计师就把包工头给辞了，华莱士开始亲自指导工程的后期工作。他还收到了一大堆包工头拖欠的材料账单。1871年12月30日，安妮在霍利府生下了威廉（昵称威尔）："伯蒂有了一个弟弟了，"华莱士写信告诉范妮，"安妮平安无事，婴儿比伯蒂出生时要重一些，好像比他还高1英寸（约2.54厘米），绝对比当时的伯蒂要好看得多。我们现在正在安装水管和进行内部装修，非常忙。"1872年3月25日，在华莱士当选为林奈学会会员的几个星期之后，这栋房子终于装修完毕，他们全家搬了进去。

对于一个收入不稳定的人来说，德尔（别墅名称）工程的耗资非常巨大。他母亲的去世减轻了他经济上的压力；他还出售了他的大部分昆虫标本，蝴蝶标本卖给了威廉·休伊森，他为莱尔校对了他的《人类的远古时代》新版手稿，但得到的佣金很不划算。这栋楼房建造得十分雄伟，就连门口园丁住的看守屋也有四个房间。它的一楼有一个大厅、客厅、餐厅、书房和暖房；二楼有四间大卧室、一个化妆间和浴室；顶楼还有四间卧室（可作婴儿室）——足够多的房间让孩子们和仆人们住。这些房间都很宽裕，房顶很高，光线充足；它们的设计很朴素，但装饰得很得体。例如，大厅的地上铺上了瓷砖，门窗还装上了彩色玻璃。外面的庭院也布置得很漂亮，既经济——有用砖墙围起来的花园、温室和一个饲养家禽的房子——又悠闲——有小道和台阶、池塘、喷泉和一个槌球场，庭院里还有很多花卉和树木。华莱士去过达尔文在唐恩的幽静而宽敞的乡下隐居地。德尔将是华莱士自己的天堂，一个博物学家的安乐窝，一个让他的妻子和孩子们能安全、健康生活的环境。他书房里有一只角蟾，这是他哥哥约翰从加利福尼亚寄给他的，它快乐地在屋里四处爬行。当地的火车班次不多，到伦敦去参加晚间会议不是很方便；但这只是一个小小的代价。

几个月很快就悄悄地过去了，他在从事动植物地理分布研究的同时，偶尔也愉快地在户外做一些规划和种植。科尔从南肯辛顿给他写了一封信，告诉他他们没有足够的资金来支付另一个贝斯纳尔格林博物馆的主管职位，但这并没有引起他的过度警觉，尽管他因此接受了一些监考工作，并增加了他为报纸杂志的撰稿以获得一些零星收入。在他坚持撰写科学论文的同时，他还在文章、信件和评论中开始对社会问题展开了讨

大自然的收集者：华莱士的发现之旅

德尔庄园的建筑图纸

论：例如，他为麦克米伦出版社的杂志写了一篇论文：《政教分离和剥夺基金：一个建立真正的全国性英格兰教会的提案》。他还给《每日新闻报》写了一篇关于"自由贸易原则和煤的问题"的长信。

同时，打理自己的花园也常常分散了他的注意力。每逢有家人来访，树苗和插枝都会在格雷斯和赫斯特派波因特之间搬来运去。"谢谢你送来的金丝桃，"他写信告诉他岳父，"它完美无缺地抵达了，我马上把它种在了花园的北墙下面，这样在它长大之前就不会被冻坏了。"番红花已经开过了，月桂在寒冷的北风中受了损伤：这是他在德尔时一直都在对付的一个问题。米滕能否带来两三种粗壮的柳树插枝以便种在荒凉的河岸上？"我们非常欢迎你和罗斯前来拜访。假如你能在下星期日过来，罗斯可以留下来直到安妮回访你们，还能照顾我和孩子们。"然后，他利用米滕开药店之便，订购了一些药力非常强的药——当时的药品被美国佬称之为"烈药"："我至少得吃三四粒才有一点效果。你能否加强它的药力，让我吃一粒就行了？因为我不善于吞药粒，我宁愿吃一粒大的，而不愿

德尔庄园

意吃三粒小的。如果你能做的话，请给我寄一盒来。"

在他的余生中，华莱士从未把他的唯灵论关系与他的信仰区分开来。例如，他一直与圣乔治·米瓦特保持着联系，而米瓦特所著的《物种创始》则让达尔文非常恼火。华莱士给米瓦特写了一封介绍信，把他引见给了在那不勒斯的格皮夫人；莱尔的秘书阿拉贝拉·巴克利是一个很喜欢进行尝试的人，她让人对自己实施了催眠术，被当作传达信息的媒介。巴克利小姐成了华莱士非常要好的朋友和红颜知己，当他的大儿子伯蒂在1874年去世时（年仅6岁），她是少数几个他可以倾吐悲伤的人。伯蒂当时已经病了一段时间了，他与他母亲一起住在赫斯特派波因特；华莱士在他过世的前一天还与他在一起，他建议对他实施顺势疗法。他认为，如果在两周前就开始这个疗法的话，伯蒂一定会获救："我们的传统医生们对人体在健康和生病时的一些细微影响不太重视，因此，对很多在提供适当的条件就能够治愈的病不提供任何帮助。"当他听到这个坏消息时，他已经回到了德尔。

阿拉贝拉·巴克利的信充满了温情，写得十分亲切："惊闻我的小宠儿不在了，倍感悲痛，我以为他早就脱离了危险。现在他离我们而去，我们再也看不到他长大成人，在这个世界上占有他应得的一席之地了。"很显然，死亡在唯灵者看来并不是一条不可逾越的鸿沟。对华莱士夫人来说，只要她尽力，她就能获得一些关于伯蒂的消息，虽然不是直接听到他的声音，但这也是一种安慰。

> 唯灵论能够完全改变一个人对死亡的看法，真是太好了；但我认为，它增加了人们想知道逝者们正在干什么的愿望——你有很多朋友能为你获得一些信息，我认为格皮夫人能得到关于他的很多消息，因为她认识亲爱的小伯蒂。我想知道，谁会照料他，并为你教育他。

由于她自己的唯灵能力不强，而她死去的妹妹珍妮和朋友们又不认识伯蒂，她认为她自己是无法得到伯蒂的可靠消息的。尽管如此，她在那天晚上还是做了尝试，并忠实地记录了所有的细节。

> （问题——你能得到伯蒂·华莱士的任何消息吗？）我们会试着弄清有关他的情况，然后告诉你。珍妮迫不及待地想要为华莱士先生帮这个忙，是他把你带给了我们——如果……（没有了下文。）

第二天早上，心灵交流继续进行。

> 我想告诉你一些关于伯蒂·华莱士的情况。他叔叔赫伯特·华莱士正在这里照顾他。他妈妈想知道他的情况，但小伯蒂现在还不应该试图进行交流，但如果她坚持的话，他祖母或许能够……

又中断了。

> 我们要告诉你，伯蒂在这里；他正在熟睡，他叔叔在照看他。他一会儿就会醒来，他所需要的东西都准备好了。如果他母亲请求他祖母，甚至他叔叔的话，她能够得到他的消息，他们很想告诉她，他一切都好。他因长时间未眠和虚弱而感到疲倦，但睡一觉就会好的。我们现在不能告诉你更多的情况了，由于赫伯特无法与你写信交流，这是我们写的。

随后，阿拉贝拉·巴克利产生了犹豫和焦虑，这让人感到她的信息的真实感：

> "问题：这一切是我的想象吗?""不是。这完全不是你自己的话。""问题：我真的能把这些消息作为心灵交流转给华莱士先生吗?""这是我们给你讲的话，你不要难为你自己。"

华莱士虽然从这些降神会中得到了很多安慰，但伯蒂的去世对他的打击是巨大的。后来，他一直都在尽力回避这个话题。当他不得不提起它时，眼里总是充满了泪水。早在伯蒂去世前，华莱士就很明确地相信，唯灵论能够在这两个世界之间建立起一座桥梁。他深切的悲痛和这种心灵交流本质更加增强了他的信仰，给他论证严密的作品增添了一种最强烈的感情色彩。3月14日，他与格皮夫人进行了一次实验。他伴着她去了一个专业照相馆，哈德逊照相馆，试图拍摄"幽灵照片"。"去哈德逊照相馆之前，"华莱士写道，"我与格皮夫人坐在一起，通过灵敲击确认了如有可能，我母亲会出现在底片上。"他们一共照了三张照片，每张上面都有第二个人物出现：华莱士认为其中两张是他母亲，尽管它们看上去与她生前的照片完全不一样。

我必须得承认，这像是一些对我母亲生前比较了解的幽灵们在底片上所制作的影像。至于她自己是否还存在，并制作了这些影像，是无法被证明的；但是如果我们认为是她产生了这些影像的话，那么这将是一个更简单和自然的解释，而不是相信我们周围的一些人有意在欺骗我们，让我们相信有一个身后的世界。

　　华莱士失去伯蒂的悲伤因他相信灵魂会在身后继续存在而得到了安慰。这给他带来了一种内在的力量和内心的宁静，它们一直都伴随着他。这件事直接导致他在5月和6月的《半月评论》上分两期发表的文章《为现代唯灵论辩护》，和在当年下半年出版的一本收集了三篇论文的文集：《论奇迹和现代唯灵论》。文章第一部分的发表提高了华莱士的唯灵主义知名度，他开始收到了有名灵媒的邀请信，请他去参加他们的降神会。"试一试伯恩斯吧，他住在南安普顿路15号，"华莱士向弗朗西斯·高尔顿建议说。"他认识所有的灵媒，并了解他们……当我的全篇文章发表后，我会很高兴让你给我讲一讲科学界对它的反应——当然，这只包括那些真正**读过**这篇文章的人——我想不会太多。"巴克利小姐告诉他，查尔斯·莱尔爵士已经读过了他在《半月评论》上的这篇文章，并向他描述了赫胥黎在降神会上发现一个灵媒把椅子放到桌子上的那一刻——"一场最明白无误的骗局"。但华莱士此时已经发生了信仰上的超越，他对赫胥黎的不断揭露或卡彭特的尖锐驳斥完全充耳不闻。

　　失去伯蒂的打击使华莱士在一段时间内的写作量大大减少。在他为写自传所做的笔记中，1875年的条目比其他任何一年都要少；但他至少干了一件大事来分散他的注意力：他完成并校对了《动物的地理分布》一书。这变成了一部巨著，阿尔弗雷德·牛顿成了他的顾问和名誉编辑。华莱士向他详细描述了书的策划——书中的地图会用不同颜色来绘制海洋，以表明它的深度，并显现出由"深海引起的隔离效果"。他还加了一段附言："我想我必须把它命名为《陆地动物的地理分布》，要不然渔民们会因为我遗漏了'动物世界中最重要的一部分'之类的，而看不起我。"他向牛顿寄去了一大堆手稿让他批注——"你**注释**和**批评**的越多，我就会对你越感激。"——在整个3月、4月和5月，手稿和注解在格雷斯和剑桥之间来回穿梭，华莱士对牛顿对鸟类部分的校对感到非常放心：

> 你一生都在研究鸟类，并且完全熟悉相关的文献，在你看来，我把不同的名称用于同一鸟属，肯定显得十分愚蠢。因此请记住，我只是在进行东方旅行时才开始从事鸟的研究的——我对欧洲和北美的鸟类如同对非洲的鸟类一样的陌生。

在这部著作中，华莱士根据他对亚马孙地区，以及十分重要的马来群岛的详细了解，以此类推了世界上的动物分布；他的中心思想就是那条"线"，他感谢赫胥黎在1868年的《动物学会》上"第一次让我在地理学上占有一席之地"，"因为他当时说——'它**可以被称之为华莱士线**'"。人们向他提出的问题和请求源源不断：丘鹬发源于何地？然而，弄清他引用的学术名称比鸟的名称更难——人们知道私校和中学的"教授"是什么人吗？英格兰人知道Ph.D指的是什么吗？例如，赫胥黎曾把"斯克莱特博士"称之为："祈祷启蒙我吧"。当华莱士去南肯辛顿区改考卷时，这些问题的答复终止了三个星期，他每年都要干这个苦差事，但它却成了他的财政收入中越来越重要的一部分。

两卷本的《动物的地理分布》的出版受到了广泛的赞扬。《自然》称之为"动物地理学上第一个完美的专著"。达尔文也表达了"无限的钦佩"——它为"未来所有分布工作"奠定了基础。他唯一的一点吹毛求疵——从他嘴里说出来，真是很具讽刺——就是华莱士没有提供"大量的引证"，这一点作者自己也爽快地承认——他是一个"非常不系统"的人。胡克在他的英国科学促进协会主席演讲中，称它为"自这个协会成立以来，在分布学上最重要的两部宏观著作之一"。另一部是阿方斯·德·康多勒的《植物地理学》。华莱士在总体上采纳了斯克莱特在鸟类分布研究中所划分的六大区域，但引入了更多的分区和时间的概念。他还提出了不少自己的观点，例如，他提出了哺乳动物最初发源于北半球，然后，扩散到了世界各地。总体来说，这是一部深思熟虑的关于动物分布的普遍规律的权威著作。

　　沉浸在这部著作的出版和它受到的欢迎中，华莱士把德尔庄园放到了市场上出售，他则准备搬到伦敦南面的萨里郡多金镇的罗斯希尔村去住。他为此找了好几个理由：寒冷的北风毁坏了他的花园；直达查令十字街站的火车使他能够再次到城里参加晚上举行的会议；住在伦敦南部更方便去安妮在萨塞克斯的家。但还有一些财政上的考虑。德尔庄园这时已经正常运营，开销很大，马上出售可以赚一些钱。拍卖商们准备在高端市场出售它——一栋非常出色的独立式住宅，不同寻常地吸引人的场院，种满了最完美的攀墙果树和修整成金字塔式的果树的花园，它四周的围墙建有柱头，"整个庄园的迷人之处数不胜数，在英格兰首屈一指"。它把华莱士描述成了一个最悠闲的、拥有土地的乡绅："这个房产是专门为喜爱狩猎的绅士们建造的，埃塞克斯猎犬随叫随到。它离泰晤士河只有一英里，一小时的航程就能驶入大海，十分方便游艇往来。"华莱士一家在7月离开了德尔庄园，除了对下了很大功夫的花园之外，毫无遗憾。（"卖主保留带走所有花卉和鳞茎植物的权利。"）

　　那年夏天，华莱士一直都在为他将在英国科学促进协会会议的生物学部D组的演讲感到苦恼。这次会议将在格拉斯哥市举行。他告诉牛顿，他先是决定他的演讲只会涉及动物学，因为他"已经有四五年没有接触过人类学了"。福斯特先生向他保证说："我对这个部门的领导只是名义上的，（你能演讲）是人类学家们的荣誉"；但华莱士却不这么认为。到了8月底，他改变了主意，准备在演讲的前一部分讲生物学，后半部分谈论"人类的远古时代和起源"的问题。演讲按时进行了，但真正的闹剧却在后面。有一个年轻的物理学家叫威廉·巴雷特，他是约翰·丁达尔的助手，他投了一篇关于在催眠术中的心灵感应的文章。生物学部的评委会决定不接受这个棘手的包袱，很快把它转给了下属的人类学组的评委会：他们决定同意让他发表，但这仅仅是因为华莱士作为评委会主席，投了决定性的一票。在论文宣读之时，自命为通灵现象的灾星的卡彭特来到了会场，他加入了一场非常激烈的讨论，其中包括华莱士和雷利勋爵。这场辩论被媒体大肆渲染，《泰晤士报》对此展开了激烈的争论。生物学家E. R. 兰克斯特刚刚在前一天参加了美国灵媒斯莱德举行的第一次降神会；雷利汇报说斯莱德让他亲身经历了石板自动写字；华莱士也曾参加过他的一次降神会。兰克斯特给《泰晤士报》写了一封信，指控斯莱德造假，并认为华莱士的行为"更令人质疑"，他声称英国科学促进协会由此而蒙羞。（只有巴雷特论文的标题出现在协会的报告中。）华莱士先是写信给《泰晤士报》为他自己和斯莱德辩护，后来还在法庭上为斯莱德在兰克斯特对他的诉讼中出庭作证。尽管如此，法庭还是判兰克斯特胜诉。据《唯灵主义者报》报道，华莱士没有以个人身份出庭作证，而是作为"英国科学促进协会生物部主席"出庭，这或许带有一定的挑衅意味；因此，当华莱士在第二年申请英国科学促进协会的助理秘书长一职时，他毫无悬念地落选了。同时，这场争论还在持续。卡彭特在伦敦研究院做了一系列关于唯灵论的演讲，他的讲稿的发行引起了华莱士一系列尖锐的回击，他给《福雷泽杂志》《自然》《雅典娜神殿》，还有《每日新闻报》和《旁观者》写信，对它进行了抨击。他还在《科学季刊》上对卡彭特的讲稿发表了评论——这是一个相当别有用意的诱惑，因为这个刊物的主编是唯灵论支持者威廉·克鲁克斯。卡彭特还亲自写信给华莱士，坚称他只是对证据表示怀疑——为什么华莱士会如此充满了敌意和攻击性呢？（巴雷特后来还负责创立了通灵研究学会，又一个华莱士参加了的唯灵组织。）

华莱士一家并没有在多金住很久，虽然他在那里完成了《热带自然界和其他论文》一书。尽管他们的房子坐落在山顶上，但他们认为那里的环境令他们精神不振。华莱士向一个美国灵媒咨询了他的健康问题，有一天，这个灵媒在一次催眠状态中，主动透露他儿子威尔有危险，"如果我们想要救他的话，就必须离开多金，到一个更令人心旷神怡的地方，让他能够尽可能多地在户外活动，'闻到大地的气息'。"这是华莱士提前搬到克罗伊登的原因之一；另一个原因是那里有更好的学校。他们一家从1878年3月起，在克罗伊登两个地方居住过，先是在杜帕斯山街，后来是圣·彼得斯路。在这里，他撰写了他在十年中的第二部伟大著作《海岛生物》，从这里，他开始了一场对埃平森林主管人的工作竞选，这是一个他十分渴望的职位。

埃平森林在他身上激发了最强烈的社会感和科学兴趣，重新唤起了他年轻时对每一个人应有的土地共同权利的同情感，那时，他在威尔士从事圈地测量工作。埃平森林大约覆盖了5500～6000英亩（约2200～2400公顷）的土地，长着铁木树、山毛榉树和橡树，是埃塞克斯古老森林的残余部分，在13世纪被定为皇家狩猎场。在19世纪50年代，埃诺森林已经基本上被毁坏了，正如奥利弗·拉克姆所说的，"现代环境保护运动就是为了避免让埃平森林重蹈覆辙而开始的。"《1857年圈地法令》给庄园主们发出了圈地信号，他们每圈1英亩（约0.4公顷）的地就可获得1000英镑的奖励。反对他们的是一个个的普通平民，他们自古以来就有权在森林中放牧和砍伐木材：在一个著名案例中，两个威灵盖尔家族的平民有意行使了他们的砍伐权利，结果被判将近两个月的监禁加做苦力。巴克斯顿一家在这场争取权利的运动中非常具有影响力，他们非常成功地说服了伦敦金融城政府参与了这个运动——伦敦下水道管理委员会于1854年在小伊尔福德）买了200英亩（约80公顷）地做墓地，并把它们赋予了平民权利。一场强烈的争执在法庭上和下议院里展开，通过一系列的公共调查和一个皇家专门调查委员会的介入，1874年，上诉法院主持法官乔治·杰塞尔爵士做出了最后裁决，判定伦敦金融城胜诉。1878年，《埃平森林法令》委任了伦敦金融城为埃平森林的监护人，并责

橡子

成他们"时时刻刻都要尽力保护森林的自然状态"。当时所提出的管理方案包括四个皇室护林官和一个主管人。

华莱士对这个方案欣喜若狂。在这场与资产阶级庄园主们的斗争中，老百姓的权利得到了保护，集体利益战胜了自私自利，居住在伦敦东北地区拥挤的房屋里的人们将能呼吸到新鲜、干净的空气，乡野里丰富多彩的大自然将得到保护和保存。这时候，他已经意识到了人们对森林的毁坏。胡克向他描述了正在北美发生的事情："你所描述的人们对'参天大树'的摧毁让我非常悲哀。如果它们得不到保护，我们的后人将会认为我们是多么野蛮啊。"他希望加州或美国政府能够买下一片土地作为国家公园，让这些树木茂盛生长，不受山火和锯子的威胁。1878年8月，他再次给胡克写了一封信，他这时完全盯住了埃平的工作。"我一直都在寻找一份既能给我提供一份固定收入，又能让我有空从事写作的工作。"他解释说。胡克能否在附带的意见书草稿上签个字——尽管华莱士对请他阅读这种充满"自吹自擂的"东西感到很不自在。但他还是请胡克通过他对金融城委员会的影响力给他帮个忙。两个星期之后，他又给他寄了两份意见书的"最后草稿"请他签名，一篇长文和一篇缩简本，他还向很多人索取了推荐书和证明信：伦敦博物学会的主席们，当地居民和议员们。最初打听到的消息不很乐观。他告诉胡克，埃平森林委员会认为他们不需要一个"科学家"。更糟糕的是，他们甚至认为，"我会把那埃平森林改造成一个皇家植物园！"迫不得已，他在《半月评论》上发表了一篇长文，并打算给委员会的委员们每人送一份。同时，胡克能否找一下工务委员会主席诺埃尔——然后，诺埃尔或许能找一找康诺特公爵，据传他将出任埃平森林护林人——然后，他或许能提醒一下委员会，华莱士的计划或许可行。他似乎毫无顾忌地在利用他的关系去施加影响。他还与拉斐尔·梅尔多拉保持着密切的联系。梅尔多拉住在埃平森林，是埃平森林和埃塞克斯田野俱乐部的活跃成员，他正在为埃平森林寻求一个未来的生态保护方案而奔走呼吁。

华莱士的文章在11月份的《半月评论》上发表了。文章一开始就呼吁人们有漫游的权利："人们普遍认为，任何人都可以在任何土地上漫游，他回应说，在法律上，没有'公用土地'这回事。"他接着对这个议会法令的背景进行了解释，然后说明了一些需要解决的问题。森林的康复将是非常关键的，"因为居住的需要和空气污染"使埃平森林靠近伦敦的那一片有很多树木都快死了，还有因砾石开采、非法圈地和任意砍伐所造成的摧毁。他提议在这些地方重新种植树木，分片种植属于各个温带地区伟大的森林的树木和灌木：应该有北美东部和西部的树木；东欧和西亚的树木；还有东亚和日本的；最后是南半球的树木。这将是一个很大的植物园，供伦敦居民们在林中小道上散步和骑马，逗留在没有上漆的木桥和石头桥上。这或许与"保存森林的自然环境"相比有些过了头；但它却维护了该法令的主要精神，这个法令规定，埃平森林应该保留为一个森林，而不是进化成一个公园。

委员会并不急于做出决定。1879年6月，有人提议任命一名总管理人，工资为500英镑。这个提议在10月通过，申请信蜂拥而至，一共有152份，最后的候选人名单上有41人：其中有学校教师、退伍军人、警官和土地测量师。12月3日，12名候选人在市政厅面试，12月8日星期一，最后3名候选人亚历山大·麦肯齐、弗兰克·巴特勒和华莱士被召回："我再次提醒你们，拉选票将会被取消资格，此职位要求在埃平森林定居。"委员会对有影响力的科学界人士的推荐并没有买账，他们或许对华莱士颇具远见的计划更感到担心，最终任命了麦肯齐。据华莱士说，"伦敦城的商人们和商贩们"想要一个"更实际的人"来把开阔地用于游戏和运动，并鼓励郊游和学校活动。

华莱士感到十分绝望，开始乱抓救命稻草。"顺便问一下，"他询问牛顿，"你认识伯明翰市的约西亚·梅森科学院的理事吗？"他们正在招收博物学教授——或许会有一个教务处主任、学监或图书管理员的职位适合他申请，因为他很需要一个"比著书更为稳定的工作，它的收入太少了。"（他在1880年2月听说理事会决定不需要一个图书管理员。）

埃平森林求职的失败对华莱士的自尊心、钱包和信心都是一个十分沉重的打击。他对这次挑战非常上心，因为他坚信乡野应该受到保护，并为公众所享受，而且他还有一个保护它并把它用于教育的蓝图。此外，他还想象着这是一种健康的生活，可以在户外工作，而且还能利用他以前当土地测量师的经验和他的博物学专业知识——重新回到他当年在威尔士或当采集者的日子。或许他56岁的年龄开始对他产生了不利的影响。经历了多年的挣扎、写文章、判考卷和做演讲，这令他心灰意冷，他向阿拉贝拉·巴克利倾诉了他的焦虑，解释说写作让他感到疲劳，"它的不稳定性"让他非常担心："我想从事一项固定工作，它要么有一部分时间在室外工作，如果必须在室内工作的话，一天不能超过五六个小时，而且有时候还能在家中完成。"1875年，华莱士的忠实朋友查尔斯·莱尔爵士逝世。于是，阿拉贝拉·巴克利转而向达尔文求助。如果人们知道华莱士只需要一个"一般的"工作，难道胡克或卢伯克就不能想办法让他的"了不起的博物学能力"得到充分发挥吗？她认为他应该有所得，她"想不出有谁能比你这个人更好了"。达尔文的反应十分积极，找一份工作不太可能，"但申请一份政府津贴还是有可能的"。达尔文像往常一样，不认为自己是最适合帮助他的人——"这应该由一个人缘广泛，并能征求多人意见的人来做"——但他会尽力而为：他会征询胡克的意见，就像他遇到很多事情时所做的那样。在这封信中，他向胡克建议道，"可以提出一个相当有力的请求"，"特别是当一个像你这样有影响力的人能为他说一些好话时。"

然而，胡克的回应非常负面。华莱士已经"完全丧失了体面"。胡克提到了他的唯灵论信仰和他在英国科学促进协会上对巴雷特的论文的支持，"做得很不地道"。（其实，这件事并没有任何不地道之处，除非胡克指的是华莱士作为一个唯灵主义者，投了决定票让他的论文在会上宣读：这个公开争议持续了一年多，华莱士和威廉·卡彭特是主要的争辩对手。）另外，还有华莱士在汉普登事件上的表现，他"接受了那个关于地球是圆的极其愚蠢的打赌，并私吞了赌金"，这一行为"对一个对自己的领域十分懂行的科学家来说，是很不光彩的。"（华莱士后来把他自己的这一行为称之为"一个道德上的疏忽"和"我一生中最后悔的事件"。虽然他最终亏了本，但最初确实"私吞了赌金"。）一个人怎能请求他的朋友们签署这种申请信呢？"还有，应该公平地告诉政府这个候选人是一个公开的、重要的唯灵主义者！"无论如何，胡克争辩说，一个"并不是贫困交加"的人是不可能得到一份政府补贴的，考虑到胡克刚刚帮助詹姆斯·焦耳[1]获得了一份政府补贴，他的这种说法是很不准确的；毕竟，他接着挖苦说，"华莱士并不是声称他需要帮助，而是找不到工作。"

胡克的长篇数落至少让达尔文暂时泄了气，他的信"毫无争论的余

---

1 詹姆斯·焦耳（1818—1889），英国物理学家。

地"："如果我没有咨询你的话，真不知道会犯一个多大的错误，并把这件事弄糟。"胡克是对的：他所提到的唯灵论，"特别是那一场打赌，我从未想到过"。他告诉巴克利小姐，申请政府津贴一事完全没有希望。她很理解地回答说，她一直都担心，"华莱士先生缺乏世俗的谨慎，或许会对他造成伤害"。第二天，胡克直接从华莱士那里得知，伦敦城政府没有任命他为埃平森林的主管人。

胡克自己很顺利地接替了他父亲在皇家植物园的工作，奇怪的是他却对华莱士面临的困境缺乏同情。但这是一个有趣的例子，说明华莱士对唯灵论的公开热情和他的幼稚让他处于一个十分不利的地位。或许胡克想起了当年华莱士因他对自然选择及其影响的公开沉默而表现出的不耐烦。或许是因华莱士为了申请埃平森林工作向他不断的请求——华莱士有时会非常执着——让他烦了。华莱士似乎对胡克的拒绝毫无察觉。7月，华莱士给胡克寄去了《海岛生物》的两个章节，它们主要来源于胡克关于新西兰和南极植物的工作：华莱士不想麻烦他，但他能否推荐一个植物学家帮忙校对一下？胡克很快就回了信，提出了很好的建议和修正。8月，华莱士征求胡克的许可要把书题献给他，这是一个十分善意的举动。

现在，他的新书马上就要完成了，他有了一点时间来处理家务事。他出售德尔庄园得到了一些钱，现在也知道了埃平森林的工作结果，他认为造房子要比租房更便宜。他对建房的要求从未改变过：坐落在风景优美的山坡上，并有足够的土地来建一个大花园，还要方便乘火车。他在戈德尔明郊外的弗里斯山买了一块地，他母亲的一个堂妹伊丽莎·罗伯茨小姐听说了他的困境后，把她遗嘱中准备留给他的1000英镑提前给了他，这笔钱的利息让他的财政状况得到了一点缓解。即便是如此，他两个孩子的教育也需要钱，他急需一个稳定的收入，而不是仅仅依靠为《大众科学》写文章所得的零星收入，或者一些偶尔的佣金，像他为斯坦福出版社所写的一部关于澳大拉西亚的著作。科学著作可以增加他的声望，但却不能增加他的存款，尽管他从哈伯出版社那里得到了《海岛生物》美国版预付的50英镑。他对自己不断减少的财产进行了详细清查，把一些多余的书卖给了斯特兰德街上的一个书商。然后，还有他在南美探险时收集的鸟皮。他写信告诉在伦敦动物园的斯克莱特：他知道有人正开始收集鸟的标本吗？如果没有的话，它们会被送到斯蒂文斯的拍卖行。斯克莱特向他要了一份清单：311个标本，一共250种。华莱士把它们寄给了他。他希望能得到25英镑，"但如果你认为它们真不值这么多钱的话，我一定会接受你出的价。"他这时已经没有了讨价还价的资格。

同时，达尔文并没有忘记华莱士，尽管当初他在胡克的嘲讽面前打了退堂鼓。他先是向鲁伯特征询了意见，然后，在1880年10月又找了赫胥黎。他们俩都很支持他，赫胥黎甚至主动要求去"努力说服胡克和威廉·斯波蒂斯伍德"。达尔文再次写信告诉巴克利小姐：他需要一些关于华莱士当前状况的资料和生平介绍，以便用来给政府写一篇请愿书；她告诉他，华莱士向她私下透露说，政府津贴将会使他"如释重负"——"如果达尔文和赫胥黎他们认为我应该得到它的话，我想我或许会的。"

达尔文马上动手起草了一份请愿书让赫胥黎过目。赫胥黎最初建议，达尔文自己给格拉德斯通[1]写一封请愿书就够了；但达尔文认为不行，他的观点占了上风。胡克实际上是关键人物。11月，《海岛生物》出版了，它"作为一个钦佩和尊重的象征"题献给了胡克，"一个比任何作家在增进我们关于植物群，特别是海岛植物群的地理分布知识上做出了重大贡献的人。"

《海岛生物》考察了动物植物的传播和物种的形成，研究了它们是如何在不同类型的岛屿——海洋型和大陆型，远古的和近代的——上面迁移的，并在地质变化的基础上，特别考虑到了气候变化对它们的影响，例如持续的冰川期。他很清晰地探讨了很多博物学家一直都在试图

---

1 格拉德斯通（1809—1898），英国政治家，曾任英国首相。

解决的复杂问题，就像他对动物地理分布的研究一样，华莱士十分清晰地把现有的事实和理论与他的推测融合在一起。"非常棒，"达尔文写道。"（它）在我看来是你已经出版了的最好的一本书。"华莱士这一次考虑得很全面，感谢了很多给他帮过忙的人。尽管如此，阿莎·格雷和威廉·西塞尔顿－戴尔还是写信向他抱怨。"你第七章的结尾……完全可以当作我已发表的讲稿的摘要，你曾经还向我评论过，如果你能在你相同的观点处引用我的文章，我将不胜感激。"格雷尖酸地说道。西塞尔顿－戴尔是皇家植物园的助理园长、华莱士的好朋友，他的回应同样很粗鲁。"如果我在写最后一章时能够在面前放着你的讲稿，"华莱士回答说，"我肯定会用它来支持南半球的植物群是通过现有的大陆块从北半球迁徙过来的……"实际上，他的观点是根据约瑟夫·胡克爵士和乔治·边沁提供的事实独立获得的。第二个月，他给西塞尔顿－戴尔送了一些手工艺品，以供皇家植物园使用，作为一种和解姿态：一张新几内亚露兜树叶做的睡毯，一大块摩鹿加群岛树皮布和一个蒂汶岛的竖琴。

《海岛生物》出版的时机真是再好不过了。胡克对此书的赞扬是真心实意的，他又重复了他在8月给华莱士信中对它的称赞——"你比任何人都更多地清除了遮挡着这门学科的蜘蛛网"——但他也对他的巴拿马群岛评论发出了质疑。他向达尔文重复了他的赞扬，又说，"像他这样的人竟然会是一个唯灵论者，真是比所有植物的迁徙还精彩。"赫胥黎抓住这个时机去找了他。11月26日，胡克再次给达尔文写信告诉他，他对政府津贴的看法发生了转变，那场赌局现在看来，实际上"完全讲述了一个不同的故事"——赫胥黎认为华莱士把赌金都捐给了慈善事业。（这是一个大方的误解。）最后只剩下唯灵论了——"我认为这不应该是促进他申请的一个障碍——尽管我对是否应该在私下向首相提起这件事持怀疑态度"。关于对他在英国科学促进协会的"不地道"行为的指责，很明显已经不再是一个问题。胡克的首肯已经为他铺平了道路。"我不认为有必要让部长们对他的唯灵论信仰引起关注，"达尔文给赫胥黎写信说，"或者告诉格拉德斯通（你所说的）——唯灵论并不比国内流行的任何迷信更糟糕。"华莱士信仰唯灵论已经是公开的秘密；尽管如此，他的申请书中并没有提起他在这方面的文章。

　　请愿书终于成形了，签名者们的名单也已经敲定，达尔文开始了寻求他们签名的重任，为了加快这个过程，他在寄出去的材料中，还附带上了写有地址的信封：皇家学会主席斯波蒂斯伍德、林奈学会主席阿尔曼、伦敦动物园长弗劳尔、阿贝代尔勋爵、地质测量所所长拉姆齐、冈瑟、卢伯克、斯克莱特、贝茨、胡克、赫胥黎和达尔文。达尔文似乎完全投入了他的使命；千万不要耽误任何时间，他敦促他的科学家朋友们；"我对这个请愿的成功怀有巨大的兴趣。"阿盖尔公爵的态度如何？他是格拉德斯通内阁的成员，科普作家，一个反进化论者。"阿盖尔公爵非常客气地……说他完全同意给华莱士提供政府津贴，好极了。"达尔文愿意亲自率领一个代表团去见首相，但最终商定的方案是提交一份请愿书和附函。现在木已成舟。达尔文在1月4日告诉阿拉贝拉·巴克利说——"我一生中从来没有对哪一件事的期望比对这件事的成功要多"——"但我的儿子们会说'这真是一件苦差事'——我是说写了这么多信。"两天之后，格拉德斯通首相写信给达尔文说："我要赶快告诉你，虽然这个基金规模不大，目前也不景气，但我还是会推荐给华莱士先生每年200英镑的津贴。"现在，达尔文终于可以把这个好消息告诉华莱士了："12个好人"签署了请愿书；他希望，当他看到"那些我请求过的科学家，还有我们政府都对你一生的科学贡献表示感激，能感到一丝安慰。""好啊，好啊——读一下附函吧，"达尔文高兴地告诉赫胥黎：太妙了，格拉德斯通把津贴的日期追溯到了1880年7月。华莱士在他58岁生日这天，得知了这个好消息："这将为我除去一大心病，我已被它纠缠了好几年了。"他向达尔文征求意见，应该如何感谢格拉德斯通首相和他的12个支持者。当他从巴克利小姐和赫胥黎那里得知达尔文所起的关键作用时，他又给他写了一封更亲切的信："我必须再次向你表达我由衷的感谢，我向你发誓，世上无人能与你在此事上的仁慈相比，承蒙厚恩，我对此无比感激。"这是一次漫长的申请运动，达尔文的慷慨和坚持不懈终成正果。然而，华莱士永远也没有逃脱经济拮据的困扰——他太喜欢造房了——但是每季度50英镑的补贴为他余生的三十三年提供了一个可靠的安全保障。

第十二章  参天大树

　　在获得了皇室年度津贴的保障之后，华莱士终于可以松一口气了。他这时58岁，在完成了《海岛生物》之后，还没有一个让他再写一部关于博物学的书的新想法，在经济上，也没有令他担忧的黑洞。纳特伍德别墅的建造进展十分顺利，它坐落在弗里斯山坡上，占地0.5英亩（约0.2公顷），四周长满了榛树和栎树，往西望去，风景如画。华莱士注意到这里的土壤底层是海绿砂岩，上面有一层很有用的腐叶土，让他不禁满怀期待。他们在小花园和温室里种植了上千种植物。在别墅几百米之外，是卡尔特府学校，他们在那里遇到了好友，其中还有一两个棋友，像J. W. 夏普先生。汉普登也在这里露了面，他散发了大量传单，大骂华莱士是恶棍，但这里没人理会他。华莱士在尼思时的老朋友查尔斯·海沃德正住在附近他侄子家，这家人的小孩们与华莱士的威尔和维奥莱特同龄。同年，爱尔兰诗人威廉·阿林厄姆和他当画家和插图画家的妻子海伦也搬到了附近的威特利；英国最负盛名的女园艺师格特鲁德·杰基尔此时正在7英里（约11公里）外的孟士德伍德庄园设计她的花园。这似乎是一个退休的好时机，从此可以过上一个更隐居的生活。

但事与愿违，他找到了一个新话题，或者说一系列的话题：土地改革，特别是土地国有化，他认为它是社会改革同时也是社会进步的关键。在亚马孙和马来群岛探险的间隔期间，他阅读了斯宾塞的《社会静力学》以及其关于"土地使用权"的讨论，这给他留下了深刻印象，从那以后，关于谁拥有土地这个问题就一直萦绕在他的脑海中。在东方旅行期间，他对遇到的各种土地所有权和耕种系统都很感兴趣，他还漫不经心地考虑过寻求一种在个人自由与集体利益之间的平衡的需要，以及进化与发展的需要。他后来在《马来群岛自然科学考察记》的结尾处对此进行了呼吁，由此得到了约翰·穆勒[1]的响应，应穆勒之邀，他参加了土地所有制改革协会：华莱士参加了他们的会议，并为之出谋划策，但这个协会在穆勒去世后就解散了。然而，斯宾塞的思想（而不是他的解决方案）一直留在了他的脑海里，其中很多关键性问题在保护埃平森林运动中又重新浮现。对华莱士来说，埃平森林的命运涉及了很多深刻的原则；但更为迫切的是爱尔兰的土地问题，以及爱尔兰的佃户在19世纪70年代的农业大萧条中所遭受的地主们的不公正对待。1880年11月，他在《当代评论》上发表了一篇逻辑缜密的文章，即《如何使土地国有化：一个解决爱尔兰土地问题的基本方案》。它不仅很激进，而且非常复杂，华莱士像往常一样试图在个人权利与社会权利之间寻求一种平衡。他提议个人可以临时拥有土地，但国家应该获得土地所有权，而建筑、设备和附加

---

1　约翰·穆勒（1806—1873），英国著名哲学家、经济学家、政治理论家，西方近代自由主义最重要的代表人物之一。

价值则应归佃户们所有，他们同时拥有出售权。这些精巧的提议引起了公众的关注，华莱士收到了大量来信。第二年，土地国有化学会成立了，华莱士有点不情愿地当选为第一任主席。

在19世纪80年代，土地改革因爱尔兰的国情变得十分紧急，它完全主导了当时的社会思潮。1879年的经济崩溃、失业率上升和人口增长（尽管每年有25万人移民到国外）使潜在的产权结构备受关注。布莱克纳尔女士曾说过："土地不再能带来利润和快乐，它给人们提供了一种地位，但却让人无法保持下去"——这就是旧的土地拥有阶级的挽歌；社会主义者们把土地国有化当成了他们的第一原则。华莱士就像飞蛾扑火一样，拥抱了这个问题。他积极地参加了各种会议，并为之出谋划策。他认为没有一本令他满意的入门手册，于是决定开始撰写《土地国有化：必要性和目的》，用他自己的话来说：

> 它对英格兰、爱尔兰和苏格兰的土地制度中所存在的弊病提供唯一的概括；并把它们与那些有更好制度的国家和地区进行比较，然后提出一个用唯一的公平制度来取代现有体制，但却不会导致财产被没收或对任何人造成伤害的方案。

他解决这个问题的方法非常独特，具有他的一贯风格：首先，从道德的角度对问题进行毫不妥协的剖析；然后，把英国与其他体制进行比较，它们大部分取自欧洲，而且运行得更好；最后，提出一个纠正这个不公平体制的简单方案，这个方案不会对任何人造成伤害，因此，整个国家都会受益，无论在道义上，还是在人民的健康和生活上。1881年，美国经济学家亨利·乔治抵达英格兰，他的力作《进步和贫困》早已名扬世界。华莱士与他见面后非常喜欢他，乔治在一系列的国土地国有化会议上做了发言，他的书马上成了华莱士收集的神圣著作之一。

华莱士甚至还试图把达尔文也拉入他的行列。他读过《进步和贫穷》吗？他询问道："这是过去二十年中最令人惊奇、最具独创性的一本书"——他当然指的是自《物种起源》以来；它将与亚当·斯密的《国富论》一样影响深远。达尔文的回复像往常一样，非常礼貌但却模棱两可："我多年前读过一些有关政治经济学的书，它们在我脑海里产生了很坏的影响，以致让我完全不能相信我自己在这方面的判断力，并还怀疑他人的判断力。"研究这些社会问题是困难的——非常困难，他暗示到。他希望华莱士不会"放弃博物学"，尽管他认为政治也是"很有诱惑力的"。当华莱士开始涉足社会科学和社会主义时，达尔文出版了他最新的，也是最后一本关于蠕虫的书，似乎是要证明自己的观点。1882年4月，达尔文去世了，享年73岁，葬于威斯敏斯特修道院。华莱士，这个"达尔文故事中通常的题外话"，与皇家学会主席斯波蒂斯伍德、林奈学会主席卢伯克、胡克和赫胥黎一起，成了达尔文的抬棺人，他抬着棺材的尾部。达尔文已经抛弃了他的基督教信仰，自称是一个不可知论者，但他却得到了教会和国家的全面认可；每一个神坛和报刊都宣称他的理论完全与传统的宗教信仰是一致的。华莱士抬着棺材的时候，肯定再次反省过他在这件事情中所扮演的角色，和他自己在学术界中如此不同的地位。

埃平森林求职一事还给他带来了一个好处，那就是他与拉斐尔·梅尔多拉结下了日益加深的友谊。当他需要在伦敦过夜时，他会住在梅尔多拉家，如果主人很忙的话，他会高兴地与他的母亲下棋。梅尔多拉也经常到戈德尔明来度周末，他和华莱士、威尔一起在莱姆里吉斯待了一周，寻找化石。他甚至还被请来为社交活动当备胎："我必须得问你愿不愿意跟华莱士夫人和维奥莱特一起，在1月29日星期二，到海沃德斯夫人家去？H夫人**迷上了跳舞**……"即使在梅尔多拉结婚之后，他们的友谊也没有中断，梅尔多拉对这个年迈的科学家的崇拜和支持从未动摇过。

人们或许会认为，达尔文的去世会激励华莱士去追求他自己的科学探索；但它所起的作用似乎正好相反：华莱士只是在19世纪80年代末，才写了一本关于《达尔文主义》的书，作为自己对他的悼念；除此之外，在整个19世纪80年代，他基本上没有写过任何关于科学或博物学的文章或书，除了一些评论之外。土地国有化完全占据了他的思维。达尔文和斯宾塞更愿意寄希望于自然选择的规律，认为它会在时间的流逝中最终会开花结果，赫胥黎则坚信更好的教育会最终导致改善和进步，但华莱士相信快速的社会进化是可能的。对他来说，这一切都是如此简单。人的更高天性能够主宰自然选择，使个人成就得以实现，同时又能大公无私地顾及所有人的利益。给每个人1英亩（约0.4公顷）地，100万人就能脱贫过上幸福的生活。"在最贫穷的农舍周围开辟一个菜园，种上果树和遮阴树，提供一定的空间养猪和家禽，这将不可避免地激发人们不懈的努力和勤俭节约，很快就会让在那里居住的人们脱离贫穷，并能减少酗酒和降低犯罪率，如果不是全面消除的话。"他在《土地国有化的"原因"和"方法"》中写道。他的这些"万能的"提议中有一种令人同情的幼稚："城镇中的房地产问题现在无法讨论。"他写道，请读者们在他的书的新版本附录中寻找答案。他揭露了爱尔兰的不公正、苏格兰的"高地大清洗"，以及英格兰穷人的绝望处境等可怕事实，并对这些问题进行了十分直接、严厉和毫不妥协的剖析。这场辩论一直在继续，这些问题将会在费边学会的讨论中和英国早期社会主义的形成中得到详细的分析。华莱士与萧伯纳有很多共同的担忧和癖好——其中包括对官方统计的蔑视和对接种疫苗的不信任——但他却缺乏萧伯纳的智慧和灵活的头脑。此时，他对自己的土地改革计划信心百倍；它一旦被实现，美好的未来就会到来。土地国有化学会的黄色货车驶向了全国各地，耐心地向大众描述着"一种真实的未来，而不是一个遥不可及的前景"。

他对唯灵论的信仰也同样坚定不移，这一点可以在他与维多利亚时期另一个对生命的意义不断探索的伟大诗人丁尼生的交谈中略窥一斑。诗人威廉·阿林厄姆是华莱士与丁尼生之间的牵线人，他是丁尼生和卡莱尔[1]的好友，他的健谈远远胜过了他的诗文，在文艺界颇受欢迎：艺术家和设计师爱德华·伯恩－琼斯爵士，著名设计师威廉·莫里斯，著名画家威廉·霍尔曼·亨特，教育家芭芭拉·博迪雄和著名诗人罗伯特·勃朗宁，都向他敞开了家门，倾诉他们的内心情感。他在日记中记下了他的所见所闻，把它们描绘得十分生动、自然，让人强烈地感受到了主人公在日常生活中的奔波操劳和当务之急。据阿林厄姆叙述，他们经常谈到上帝和来世——或许是他先提到了这些话题；然而，永恒的真理一直都萦绕在丁尼生和卡莱尔的心中。例如，他记录了卡莱尔在1878年谈论到达尔文主义的情境：

> "我根本不在乎达尔文的理论，"他不久又说，"我们不可能相信这个世界不是上帝的产物，那个制造了我们的上帝——他（或者用'它'——如果人们认为这更适合的话）知道如何在人的灵魂中注入对正义和真理不可动摇的热爱。我最喜欢康德说的那句话，'有两件东西让我惊讶得目瞪口呆——灿烂的星空和人类灵魂中的是非感。'"
>
> "如果这些有肉身的绅士适当地思考了宇宙的本质的话，他们理应被惊得目瞪口呆。"

在这些观点中，卡莱尔的立场与华莱士相似，他这时正处在一个"有肉身的绅士"和一个信仰智慧、来世和人类的完美性的人之间。

1884年8月，阿林厄姆一家拜访了华莱士，他们的孩子们与威尔和维奥莱特在庄园里尽情奔跑，而华莱士则向他们展示了他的花园——有加州的郁金香，加拿大的百合花和三种桉树。然后，他们坐在一棵大树下，尽情地交谈了唯灵论、显灵和灵媒们，华莱士描述了幽灵在另一个世界的状态。他随后问阿林厄姆是否能"视化"他的思维："'能，一直

---

1　托马斯·卡莱尔（1795—1881），苏格兰哲学家、评论家、讽刺作家、历史学家、教师。

都能。'‘我完全不能（华莱士说）——我头脑中只有思维。'然后，他谈到了高尔顿把人脑分为可视化与不可视化两类。"阿林厄姆向丁尼生谈到了他们的这次谈话，当年下半年，阿林厄姆陪着华莱士应桂冠诗人丁尼生的邀请——这可算是一个皇家命令——坐火车从戈德尔明去了丁尼生在黑斯尔米尔镇的家，丁尼生在上半年刚被封为贵族。哈勒姆·丁尼生[1]坐小马车到车站把他们接到了奥尔德沃思府。午餐后，他们参观了庄园里的针叶树，然后回到了书房。

华莱士详细地描述了桌灵击和桌灵动等现象，有他自己的亲身经历，也有他人的经历。他从不怀疑任何赞同"唯灵论"的言论，并能反驳任何反对意见。"马斯基林[2]和库克[3]做了一些了不起的事儿"——"是的，他们在某种程度上得到了灵媒的一些帮助。"

"'神灵'常常会给出一些愚蠢而误导的答案。""是的，这是可能的；这只能证明他们也是人。"

华莱士说，认为物质能够自动是荒谬的。我冒昧地说，据我观察，物质确实能够自我移动，而且是在永恒地运动。

他再次申辩道，像桌灵击等这些现象很明显是由一个和我们一样的智慧所主导的，我们与未知世界之间的交流方式不仅非常少，而且很困难。

这时丁尼生说，"如果我们四周受到了一个大海的压迫，难道就只几个小缝隙渗透过水来了吗?"——华莱士没有回应，他继续描述了斯莱德和其他灵媒让幽灵在石板上写字的一些例子。

---

1　哈勒姆·丁尼生，著名诗人丁尼生的儿子。曾任澳大利亚联邦总督。

2　内维尔·马斯基林（1732—1881），英国天文学家。

3　詹姆斯·库克（1728—1779），人称库克船长，英国皇家海军军官、航海家、探险家和制图师。

随后，他们开始谈论政治，华莱士的观点与丁尼生有明显的不同。他很冒失地抨击了上议院和世袭制度，并谴责了政府用公款来购买马尔伯勒公爵拥有的拉斐尔的画，认为这是一个"丑闻"——"让富人们去购买并把它们捐赠给国家吧，如果他们认为这是合适的话。"——关于埃及问题，他争辩说，我们最好不要干预马赫迪——"他或许真是一个伟人，但无论如何，我们并不知道他干了什么坏事，"丁尼生对此回答说，"我知道他不是一个好人。"然后，他们谈到了丁尼生读过的《热带自然世界》一书，这是一个比较安全的话题。丁尼生朗诵了《伊诺克·阿登》中的一段，华莱士用他"低沉而优美的声音"背诵了一遍。丁尼生想知道棕榈树是否能引人注目地高高耸立在森林的上方：

> 华莱士："是的，在山坡上如此。"
>
> 丁尼生："它们是什么颜色？"
>
> 华莱士："很浅的颜色——灰绿色。"
>
> 丁尼生："从上方看热带森林是否显得很**阴森**？"
>
> 华莱士："不一定；还不如英格兰的森林。"
>
> 丁尼生："那么，我必须得把'阴森'这个词改了。"

丁尼生对科学非常感兴趣。据威尔弗雷德·沃德说，赫胥黎曾经说，丁尼生"对物理学原理的理解可以与最伟大的专家们相媲美"。他对华莱士著作的了解并不局限于唯灵论。他常常提到华莱士的天才，并"倾向于认为他的结论在一些方面比达尔文的更准确"。"华莱士指出，人有一个前瞻性大脑——其能力远远超过了身体所需，这说明人脑的更高级能力是不能用自然选择来解释的。"在与华莱士会面后几个星期里，丁尼生一直都在谈论他。"华莱士说，他所信仰的这个体系远远胜过了基督教：它是**永恒的进步**——我一直都认为，肯定在什么地方会**有一个人能明察一切**——也就是说**上帝**。但我希望我会在**他**身上找到一些人情味。"丁尼生因好友哈勒姆的早逝遭受了沉重打击，他通过对人能不朽的信仰而慢慢得到了恢复，然而，他的这一信仰又被达尔文的进化论所动摇；在他与华莱士讨论之后的第三年，他的儿子莱昂内尔去世了，他随后参加了一次降神会，希望能从那里得到一些他的消息。对于丁尼生这类人来说，华莱士能让他的自然选择信念与他对唯灵主义的崇拜相兼容，这既令他们感到欣慰，又让他们感到安心。阿林厄姆还记录了一次丁尼生与一个走在科学前沿的科学家的十分不同的会面：

> 格拉德斯通首相和丁达尔坐在我桌前，格拉德斯通坐在我右边，丁达尔坐在左边。丁达尔开始随意地谈论着"这首诗——或诗意——上帝"。格拉德斯通盯了他一眼，严肃地说，"丁达尔教授，把上帝留给诗人和哲学家们吧，谈谈你的工作。"丁达尔有好几分钟说不出话来。

华莱士对唯灵论的崇拜，对胡克这类人来说，或许有些失格；但对丁尼生和格拉德斯通来说，却是一种魅力。

尽管华莱士得到了皇家年度津贴的补助，但他发现管理自己的收入仍然十分不易。自从《海岛生物》出版后，他就没有什么可观的"额外收入"，只是在1880年12月底从哈伯出版社那里得到了此书在美国出版的预付款50英镑。他作为斯坦福出版社的"地理与旅行摘要"系列中《澳大拉西亚》一书的编辑，一年可得到10英镑的收入。但除此之外，他基本上没有其他收入：关于土地国有化和接种疫苗的文章和演讲都是为公众服务，没有收入；在1884年的大部分时间里，他眼角膜发炎，读书和写作都十分困难。像往常一样，受到了"媒体上关于这个问题的很多胡说八道的文章的激怒"，他以匿名方式参加了皮尔斯公司征集关于"贸易萧条"的最佳文章的竞赛，奖金为100英镑。评委们对他的文章非常欣赏，但却因为不赞同他的解决方案而没有让他获奖。麦克米伦出版社决定发表这篇文章，它的题目就说明了一切：《困难时期：一篇关于当今贸易萧条的论文，在巨大国外贷款、过度战争开销、投机和百万富翁剧增和农村人口减少中寻找根本原因；并提出了解决方案》——华莱士把他的所有担忧和灵丹妙药糅合在一起，形成了一个似乎不可辩驳的观点。这篇文章引起了广泛的注意，但却因为华莱士在土地国有化上的强硬立场而被置于一边：他有些懊恼地回忆到，《纽卡斯尔纪事报》宣称它是"最近在这个问题上最重要的贡献"。

但他该如何应对自己的困难时期和投机损失呢？一个有效的额外收入是演讲，一次演讲可得10几尼，路费报销。他逐渐建立了一套关于博物学的讲题，有时也可以探讨一些社会问题：他自称不喜欢演讲，但他是一个很有成效的演讲者，能把复杂的问题解释得十分简单易懂。在19世纪80年代，他经常到处做演讲，有时是一系列公开演讲，偶尔还到学校讲课，像拉格比学校和哈罗学校。他还应邀到美国波士顿洛厄尔研究所进行一系列讲座（他在达尔文的葬礼上遇到了美国大使詹姆斯·拉塞尔·洛厄尔；他桌子上还有一份从墨尔本发来的邀请函——或许他能一起接受这两个邀请。

他对这件事进行了仔细研究。他认真盘问了其他一些演讲者，像杰拉尔德·马西和动物学会会员伍德牧师。他还给埃德蒙·戈斯写信进行了咨询，戈斯在美国的巡回演讲非常成功。他是否应该像马西所建议的那样雇用一个经纪人？马西建议他在每一个地方只做**一两**次演讲，这样才能获得**最大的报酬——这对我来说非常重要**，因为只有丰厚的报酬才能让我愿意承担这次巡回演讲的风险和辛劳。"他能否在洛厄尔讲座之外再加一两次公开演讲？雷德帕斯学会办事处作为经纪人如何？"我的喉咙有点弱不禁风，我必须避免在冬季去美国东部。我的想法是，如果可能的话，最好在10月到11月中旬去美国东部做演讲，然后去南方，从那里再去加利福尼亚。"戈斯给了他很大鼓励。华莱士核查了他的开销：每年交付给多金房屋互助协会房贷66英镑，威尔每学期的学费为12几尼，因为他现在在克兰利学校上学。

他写信告诉洛厄尔研究所，他接受他们的邀请，并开始写作讲稿，一篇关于"达尔文理论"，另外三篇有关动物植物的颜色。他需要彩色幻灯片和图解，还有——更暖和——的新装以抵抗美国东部无法忍受的冬季。他在卡尔特府公学用幻灯片给学生们和老师们进行了试讲，并在劳顿的埃平野外俱乐部用图解试讲了他的公开讲座。他这几个月的日程安排得满满的。他还为《半月评论》赶写了一篇针对乔治·罗马尼斯的文章，正好赶在英国科学协会在伯明翰开年会前发表——"我**认为**我已经证明了他的整个论点都是完全错误的。"他告诉梅尔多拉，梅尔多拉也在《自然》上发表了一篇同样的回应；他希望梅尔多拉能在会上帮他做一个简短声明。罗马尼斯主张："物种的区别**一般**仅仅存在于一些**无用的**特征上"，华莱士对这个说法深恶痛绝。他写这篇文章的目的就是要揭露"罗马尼斯声称自然选择不是一个物种起源理论的傲慢和无知"。罗马尼斯自居为达尔文的继承者，这应该"在舆论和公众接受之前被制止"。

1886年10月9日，华莱士从伦敦的塔丘起航，一个星期之后，天气终于放晴了，令他感到欣慰：这是一次又寒冷又索然无味的航行，他为了购买一张有单间船舱、票价适中的船票而选择了一艘非常缓慢的蒸汽船。

10月23日星期六，他抵达了纽约。第二天，他拜见了亨利·乔治，并在星期一聆听了他的一次公开演讲。在去北部的波士顿之前，他抽空去了一趟哈德孙河上游，观赏了帕利塞兹峭壁和绚丽多彩的秋色。他到波士顿后，住在昆西府，一美元一晚。他最初几天十分繁忙：会见他未来的经纪人威廉斯，接受采访，并在研究院测试他的幻灯片和图解。他在11月1日做了第一次演讲："座无虚席，"他写道。巡回演讲终于启幕了，他感到如释重负，开始下棋，与朋友们互访。第二个周末，他去了韦尔斯利学院，威廉·登顿教授在那里教书，他参观了他的地质收藏和新几内亚鸟类标本。"每个屋都有火炉——两点吃饭，油炸鸡——土豆，果脯，果酱，没有别的餐！给我一杯茶吧！"第二天早上8点，他回到了波士顿，安放好幻灯片，为晚上的海洋群岛演讲做准备——"因为总统招待会，没满座。"

华莱士的美国之行日记有点沉默寡言，它记录了一系列的事件但却鲜有评论，缺乏他的马来群岛日记那样充满好奇又栩栩如生的详细描述。它也缺乏对美国知识界和当时科学思潮的评述。阿莎·格雷在家中举行了一次晚宴，他应邀去为来宾们讲述了"是什么导致我写了那篇论文"，并在格雷家过夜。格雷虽然没有参加那次林奈学会会议，但他却是一个十分关键的人物，他们肯定进行了一些知情的交谈：但华莱士唯一的评语是"在那里过了夜"。他只是在描述参观博物馆和私人收藏时，才记录了更多细节。亚历山大·阿加西斯陪他参观了剑桥博物馆（美国麻省州）——"安排得非常精彩"——"非常好！""确实是一个博物馆！"他告诉梅尔多拉。"这是我唯一见到的名副其实的博物馆，它完全实现了我二十年前在麦克米伦的期刊上的文章中所提到的所有原则"——美国皮博迪考古博物馆同样也很不错：这两个博物馆完全值得博物学家们专程从欧洲来参观。他还颇感兴趣地参观了其他一些机构：在他的洛厄尔讲座完成之后，他从波士顿出发到一些大学和学院进行了往返交流，像约翰斯·霍普金斯大学，麻省的威廉姆斯学院和瓦萨学院。但是，在他的笔记中，他对开销露出了一丝忧虑："买了纸和信封——很贵"；演讲预约："给威廉斯打了电话——无！"；关于他的健康："咳嗽得很厉害——白天晚上都要湿敷……"他的私人信件甚至也很少详谈他所遇到的人："昨晚与霍姆斯博士晚餐，人称'早餐桌上的独裁者'。"

然而，这种辛苦的巡回演讲也有一种补偿，那就是与美国唯灵论者们交流的良机，他们中有的是坚定的唯灵论信仰者，有的只是好奇。他非常高兴地融入了新英格兰州的唯灵论群体，并发现那里有更多"科学家们"愿意公开地、系统地调查唯灵论。在他抵达波士顿的第一个周末，他拜访了唯灵论杂志《光明旗帜》的主编厄恩斯特，并很快与当地的灵媒取得了联系。一年前，他的一篇短文《唯灵论现象与科学协调吗？》在波士顿的两份杂志上转载，这是他与卡彭特论战后所发表的第一篇文章，因此，当地人对他的论点已经十分熟悉。虽然他仅仅记录了他与阿莎·格雷和奥利弗·温德尔·霍姆斯的相会，但他在与"神奇灵媒"迪金森夫人见面的记录中却添加了一系列传闻，并把它们描述成了事实：

> 迪金森先生2月份在罗马制作了一些干花，有雏菊和紫罗兰，他把它们放在一个信封里寄给了他妻子。在信到达的前一天，这些花就出现在她的桌子上了。信在第二天到达时，里面的花却不见了！迪金森先生回家后确认了这些花！信封还未被拆开。

活跃的灵媒，意料之外的闲暇，还有一群气味相投的知识分子，这个难得的机会是无法错过的。华莱士与威廉·詹姆斯见过几次面。1882年，詹姆斯在英格兰遇见了F. W. H. 迈尔斯[1]和亨利·西奇威克，1884年，他参与创立了美国通灵研究学会。华莱士与他探讨了一些研究课题。在华莱士参与的由著名灵媒罗斯夫人举行的三次降神会中，詹姆斯参加了其中的一次。

在第一次降神会上，出现了一系列人物，其中有一个高个印第安人，他穿着莫卡辛鞋，边跳舞边交谈，还与华莱士及其他人握了手。还有一个抱着婴儿的女人："我走上前去，抚摸了婴儿的脸、鼻子和头发，还亲吻了他——他柔软的皮肤与我抚摸过的所有婴儿都一样。"华莱士在事前已经仔细检查过这个房间，降神会结束后，他又检查了墙壁，认为它"不可能有地方来隐藏这个婴儿，更不用说其他人了"。第二次降神会没有像第一次那样引人注目，虽然有两个真实人物在一起出现。华莱士似乎被安置在一个很特别的位置上——"我坐在门道里"；第二天，又安排

---

1　弗雷德里克·威廉·亨利·迈尔斯（1843—1901），英国诗人、古典学家、语言学家，心理研究学会的创始人。

了一次降神会，这一次詹姆斯也在场。当时出现了很多人物，华莱士特别被一个"披着布的漂亮女人"所打动，她说她在伦敦见到过他和弗洛伦丝·库克在一起："她很像那个最经常与库克一起出现的人物，她经常与我交谈和开玩笑！她像在伦敦时一样，让我摸她的耳朵（没有耳环）。"华莱士似乎有点容易受漂亮的女人形体的影响；但这一次的关键人物却是一个长着白胡子、一头白发的矮小老绅士，他握着华莱士的手，不断向他鞠躬。

> 开始，我没有认出他。但他向我鞠躬，看上去很高兴，但却不能说话。这时，我脑海里突然闪现出我堂兄阿尔杰农·威尔逊生前的最后一些照片，太像了，只是老一些。随后，他的脸、身材和穿着越看越像。我问，"你是阿尔杰农吗？"他使劲点了点头，似乎很高兴，又使劲与我握手，并拍了拍我的脸……不错，非常像，但我一直在想我的父亲，还有一些朋友，像达尔文，等等，因此开始没有意识到……

与达尔文在降神会上相遇，那可真要创造历史了。但是，从华莱士识别出他堂兄的这个过程可以看出，一个极想被说服的人，即使他不是主动的，也会积极地参与到这个过程中去。第二天，华莱士在帕克饭店参加了约翰·默里·福布斯举办的一次专宴。来宾名单上满是知名人士：奥利弗·温德尔·霍姆斯，詹姆斯·拉塞尔·洛厄尔，爱德华·沃尔多·埃默森，詹姆斯·弗里曼·克拉克，威廉·詹姆斯，阿莎·格雷，弗朗西斯·沃克将军，查尔斯·诺顿，威廉·道森爵士，还有一些大学校长、教授、作家等。这是一个顶级晚宴，到处都摆放着鲜花，没有演讲，大家可以随意地谈论政治、旅行、詹姆斯·布鲁克爵士和唯灵论。第二天，华莱士在暴风雪中乘坐卧铺去了华盛顿。

在接下来的三个月里，华莱士放慢了旅行的步伐。他做了一系列讲座，例如，1月1日在美国地理学会做了报告《海岛：它们的物理关系和生物关系》；在纽约也举行了一次讲座；3月，他去加拿大参加了一些零星活动，并借机去参观了天然奇景尼亚加拉大瀑布："很宏伟，但并不如我想象的那么宏伟，"他告诉他女儿。他给妇女人类学学会做了《关于社会人类学中的大问题》的报告，并参加了华盛顿文学学会的会议，他受到了非常热烈的欢迎——"出人意料的荣誉和愉快"；"他们一直都在读我的书"——简直让他"目瞪口呆！！！"他在美国国立博物馆待了很长时间，并访问了天文台，在宇宙俱乐部度过了很多愉快的夜晚。他为纽约的《独立报》撰写了一篇关于爱德华·科普[1]的《适者起源》的书评，他估算其收入为："大约2900字，每725字6美元，一共应该是24美元。"很快，他接到了约翰·韦斯利·鲍威尔上校、查尔斯·诺德霍夫和利皮特将军的邀请信。他与鲍威尔有很多共同之处；鲍威尔曾经率领过一次在科罗拉多河上穿过大峡谷的900英里（约1448公里）的大漂流，他还当过地质勘测局局长和国立博物馆人种学的部门主管。华莱士与埃利奥特·库斯相处得很融洽：库斯在哥伦比亚大学当教授，他是地质和地理调查局的博物学家和秘书长，著名的鸟类学家——他十分热衷于通灵现象。通过库斯和利比特的引见，华莱士再次在降神会的圈子里受到了热烈的欢迎。

与此同时，在波士顿发生了一起降神会丑闻。罗斯一家在举行降神会时遭到了突然袭击。当时，一个年轻男子正与一个显灵的幽灵进行"交谈"，有人给他发了一个暗号，他一把抓住幽灵的手，把他拉到了屋子中间。灯突然亮了，查尔斯·罗斯正要拔枪，一个壮汉一把抓住了他的手，其他人一哄而上，按住了汉娜·罗斯，还有那些躲在柜子里的"幽灵"：柜子里藏着四个男孩和一个小女孩，他们没穿多少衣服。据《纽约时报》报道，人们发现了一个"非常巧妙的机关"，它可以用来控制柜子里的暗门。威廉·詹姆斯当时并不在场，但媒体说他称赞罗斯夫

---

1　爱德华·科普（1840—1897），美国古生物学家。

人为"19世纪的奇迹"之一。詹姆斯对此非常愤怒,写信向《光明旗帜》表明了自己的立场,并详细地描述了他参加过的罗斯夫人举行的降神会,其中一次,华莱士还在场。他第一次去的时候,仔细检查了墙壁和地板,但没有发现任何破绽。于是,他认为罗斯夫人比他拜访过的任何"显灵者"都"更值得多花点时间":

> 第二次,通常关着的拉门被打开了。华莱士博士被容许坐在它后面的屋里,如果他们有托儿的话,一定会从那里进来。到此,一切顺利。但当我要求与华莱士博士坐在一起时,却遭到了拒绝。降神会一开始,一个披着白袍的幽灵就出现了,她干了一件不寻常的事儿,请华莱士博士离开他的座位,来到了前屋。然后,她把她的白袍展开,挡住了门道的一侧和柜子的一部分,她让他在那里站了一会儿。这一举动不禁使人怀疑她是为了**遮住托儿们从后屋通过门道和门帘进来的通道,这个门帘的一侧挂在门柱上**。在降神会议结束时,这一幕又重演了一遍。这一次华莱士被容许静静地坐在原位。但这一次门道的一侧遮盖不严,同场的一个女士告诉我,当华莱士起身时,她清楚地**看见门柱被门帘或走过它的黑影子**给挡住了。在这次降神会上,一个从柜子里出现的女性所披的白布被披在膝盖上方,**下面的腿上穿着黑裤子**,与她之前和之后出现的男幽灵们穿得一模一样。

这些发现,加上在第三次降神会上所发生的一些让人难以置信的事,让詹姆斯相信,"无论罗斯夫人的表演有无灵媒的因素,她肯定是在骗人":"好的木匠活能在任何墙上装一个秘密通道。"

詹姆斯的这些详细描述使人们能从一个新的角度来看待华莱士的介入;他作为科学家的声望和他对唯灵现象的轻信太容易被那些肆无忌惮的人利用了。詹姆斯对灵媒功能也非常感兴趣,他一眼就能识别出那些明显的欺诈行为;他所描述的这些降神会的细节与1月底被曝光的罗斯事件是一致的。但华莱士却从华盛顿给《光明旗帜》写信，为罗斯夫人辩护。他对黑"裤子"和在柜子里发现的小孩们视而不见，而只是依赖他对被他检查过的墙壁记忆："所提到的墙上刷了墙纸，从上到下直到护壁板，离地毯8英尺（约2.4米）高，它对面的墙上刷了浆，直到离地面4英尺（约1.2米）高的挡板上。我请求詹姆斯教授在这样的墙上找出一个暗门来……"他甚至还在华盛顿的一个降神会上收到了一条支持他的灵讯。他对自己的信仰毫不动摇，完全失去了客观性：到这个阶段，他对寻求事实真相完全丧失了兴趣，或者说，对某一种现象的真实性，他这时更专注于唯灵论所倡导的哲学和道德，还有他心中对身后重逢的信仰。在一次通灵学会的会议上，他与库斯辩论了通神学与唯灵论各自的优势（库斯是布拉瓦茨基夫人[1]的忠实粉丝）："我为我们唯灵论争得了一个更高地位，很好的讨论——直到12点。威拉德法官也发了言——希伯特夫人和我让他下不了台！"他体验了华盛顿的灵媒们所演示的一切：固体从幕帘中穿过，在照片中显影，预言和他哥哥威廉传递的灵讯等等。

然而，他这次访问的主要目的还没有达到。每一季度，为了领取皇室年度津贴，他得提供一个他还活着的证明，他会去拜访英国大使馆，获得一封签名信寄回家去。"我发现我完全忘了给斯坦福先生写信了，我会写的。"他透露说——他可能欠他一些版税钱。华盛顿之行让他非常愉快，他对美国的气候也很适应，但他的讲座安排却不像唯灵论的活动一样多："三个月没有**一个**讲座，我必须注意节省。"他写信告诉安妮。他一直在询问下一季度的讲座安排；一个深知此行的朋友告诉他，他之所以没有得到更多的演讲机会，是因为威廉斯安排不善的缘故，"**伍德牧师**对搞演讲这一行太不在行了"。他随后去了辛辛那提，然后去了爱荷华和堪萨斯，可能在此之后，他才会去加利福尼亚——这个旅程与他从英格兰到美国的往返船票一样贵。如果他在去的路上没有讲座的话，他会

1　布拉瓦茨基夫人（1831—1891），俄国通神学家。

请他哥哥约翰在落基山脉与他相会。同时，他汇报说，他拜访了美国总统——"这是一次极普通的私人拜访，他主要谈论了加州的葡萄酒和葡萄干"——他还寄出了几箱植物——一箱春季植物给杰基尔小姐，美洲猪牙花和兰花给他岳父：他在当地的森林里一直寻找着植物珍品。

4月6日，他离开了华盛顿，穿越阿巴拉契亚山脉向西南前行。尽管他手头拮据，他还是想方设法地遍游这个国家的奇山异景。他在弗吉尼亚的谢南多厄河谷做了停留，参观了十分壮观的卢雷岩洞——它有"所有可以想象的钟乳石和石笋"；他在阿勒格尼山脉的克利夫顿福奇停留了一晚。第二天，他坐错了火车，不得不走了一天的路——"重叠的山峦一层接连一层，就像威尔士的风景一样，但却没有它的参差不齐，而且树木更多"；随后，他去了西弗吉尼亚的煤矿地区和卡诺瓦山谷。他在那里住在威廉·爱德华兹家——对，就是那个亚马孙的爱德华兹——华莱士与贝茨在去帕拉之前，在伦敦向他请教过，一晃就有四十年没见面了。他在爱德华兹家待了四个晚上，参观了他所收集的美国蝴蝶标本，并仔细向他询问了美国的经济状况：他对他所看见的矿工住宅非常满意——很整洁，粉刷得很不错，还有种植得很好的花园；他得知，爱尔兰人在这里干得很不错，勤劳、聪明、富有进取心，作为技工，他们胜过了威尔士人，与德国人齐肩。所有这些信息对他的土地国有化工作非常有帮助。

下一站是辛辛那提。在这儿，他可以沿着莱尔的足迹，考察俄亥俄流域的早期印第安人的古墓。与往常一样，他受到了那些与他志同道合的人的热烈欢迎：有科学家、博物学家、唯灵主义者和象棋爱好者。他记录了响尾蛇的很多细节——但让他非常失望的是，他在野外却没有见到它。他做了两次讲座，第一次挣了50英镑，第二次在大学讲座的收入在他花了15英镑买了一个提灯和支付操作员后，还剩下35英镑。随后他去了布卢明顿的印第安纳大学：布兰纳博士接待了他，他在巴西工作过几年，熟悉帕拉和马瑙斯；他又做了一个讲座；没看见什么花卉，但见到很好的红枫树；记录了啄木鸟的颜色，"白背红头，非常引人注目——很强壮，完全不怕其他猛禽"。乘坐豪华客车去了圣路易斯。全是木栅栏，没有树篱：过了密西西比河后，坐卧铺车去了堪萨斯市，然后沿着密苏里河谷北上，去了苏城。在那儿做了三个讲座，寄宿在一家人家中；参观了一个养猪场、一个亚麻油和蛋糕制造厂，然后沿着大苏河流域进行了植物考察；非常美妙的植物，有延龄草、耧斗菜、堇菜——又给杰基尔小姐托运了一批植物标本。回到堪萨斯市，到西边的劳伦斯市做了一个讲座，然后到曼哈顿市做了一个关于达尔文主义的报告。他这时正好在去加州的半路上，他写信告诉他哥哥约翰，他肯定会去看他的；他给新英格兰基金公司寄去了一张275英镑的汇单，让他大大松了一口气。他还应邀在萨莱纳市的菲利普斯家寄宿，并收到了一两封可能的演讲预约信。他买了一本库尔特的《落基山脉植物志》，决定好好放松一下：他发现了一只角蟾，比他在德尔庄园养的角蟾要小一些，他还做了一次非常成功的植物考察。在萨莱纳停留了一周之后，他终于向加州出发了，这是一件他朝思暮想了三十年的事。他在丹佛停留了几个小时，在那里见到了詹姆斯·贝克，他是东丹佛高中的校长，他把华莱士介绍给了学校的老师艾丽斯·伊斯特伍德。他随后穿越了科罗拉多州、怀俄明州、犹他州和内华达州，沿途看见了一只草原土拨鼠，一群长得像长腿兔子一样的羚羊，被剥蚀成奇形怪状的砂石岩，还有鼠尾草灌丛。最后，在经过了里诺镇之后，气候完全变了。1887年5月23日，他在奥克兰市登上一艘渡轮，去与他哥哥约翰相会。

约翰在一个"大旅馆"鲍德文为他订了房间——实际上是两个卧室和一个客厅，以便他弟弟能够接待客人和接受采访。"约翰看上去比我记忆中要老多了，显得久经风霜！"他写信告诉他妻子。他又穿上了一条冬季法兰绒裤子，因为他长时间坐火车后腰痛又犯了。他受到了很好的接待。他做了两次关于达尔文主义的报告，满座；他充分利用了他的显赫的人际关系和引见，其中，他朋友吉本斯博士和伟大的生态环境保护者约翰·缪尔陪他参观了当地著名的红杉树林。他与阿道夫·苏特罗一起共进了早餐，还作为利兰·斯坦福参议员及夫人的客人，访问了帕洛阿尔托市，他是在华盛顿时遇到他们的。（斯坦福一家也是唯灵论者；和华莱士一样，他们也失去了一个十分喜爱的儿子。）在旧金山待了一周之后，他去了他哥哥约翰在斯托克顿市的家，在那里，他见到了他的家人：约翰的妻子玛丽和他们的孩子们威廉（已婚，有两个儿子）、梅和阿瑟。他在那里还做了讲演——约翰在斯托克顿市为他安排了两个小型讲座，他在6月5日星期日还得返回旧金山去参加一个唯灵论讲座。在大都会剧院有上千人聆听了他关于"如果一个人死去，他还能重生吗？"的讲演。

对死后生命的确认无疑是华莱士对达尔文主义的一个非常重要的补充；他认为一个没有灵魂层面的达尔文主义，至少在它的很多倡导者的解释中，是不能全面而适当地描述人的生命的。在辛辛那提，他记录了他参加过的一次会议："迈尔斯博士因达尔文主义而变成了一个怀疑论者，但他通过唯灵论又开始恢复了他的信仰。"华莱士相信，对于"如果一个人死了，他还会重生吗？"的答案，不仅仅是一个终极问题：这个答案无论是否定的，还是肯定的，它都会决定人类未来的幸福或痛苦：

> 如果**所有**人无一例外地相信今生之外再无来世——如果所有的孩子都被告知，他们可以得到的唯一幸福只能来自今生今世——那么，在我看来，人类将会变得毫无希望，因为一切胜利、真理、无私的动力都会消失，而且我们也没有**充足的理由**来说服穷人、坏人或自私的人，为什么他不应该牺牲他人利益来谋取私利。

如果把这个重大问题留给现代科学教育来解决，那将会是一个灾难；一个双重打击：第一，科学告诉我们这个世界终将毁灭，人类将会消失；第二，当前的宗教传统影响将被逐渐地削弱。这个前景是很可怕的：权力将会成为唯一的正确标准，同时"强大而自私的人将会疯狂地主宰这

大自然的收集者：华莱士的发现之旅

个世界"。但令人高兴的是，这个人间地狱永远也不会出现，因为它是建立在一个虚伪的根基上的。现在，阻止这种"对人的灵魂表示怀疑的进一步传播"的运动已经开始——在接下来的一个半小时里，华莱士接着阐明了这些运动和影响的性质，他甚至解释了为什么追求真理的科学家们常常是这种怀疑论的支持者。他的讲座受到了旧金山媒体的广泛报道，并在旧金山、波士顿、曼彻斯特以及英格兰作为手册出版。

　　他的任务圆满地完成了，现在终于可以放松一下了。在进行了一次不同寻常的降神会——"父亲和威廉给维奥莱特传了信，让她召开一次降神会——他们将通过她进行心灵交流"——之后，他与约翰和侄女梅一起去了约塞米蒂。在这里他置身于大自然的奇迹和壮观的森林中。他热爱这里的一切——或许是世界上最美的瀑布、松树和冷杉，还有不少花卉（他采集了不少）。然后，他独自一人去了卡拉韦拉斯的红杉森林。在所有的美国自然奇迹中，这些宏伟壮观的大树给他留下了最深刻的印象：就像他在尼亚加拉大瀑布时一样，"它们的宏伟让置身于其中的人感到更加强大"。他在那里待了三天，对它们进行了考察和测量，他对这些参天大树光滑、垂直的树干，其漂亮的树皮所独有的鲜艳的橙棕色和绸缎般的光滑表面，感叹不已。如果他能够管理埃平森林就好了……这些大树让他领悟到了大自然的真谛，就像委内瑞拉森林中的美洲虎和卫吉岛的极乐鸟一样。他已经看见了他的幻想，可以回家了。

　　他心满意足地回到了斯托克顿市，又参加了一次降神会，再次拜访了斯坦福参议员，最后到圣克鲁斯去观赏了红杉树"大森林群"。他把壮观的红杉和巨型水杉看成是西方世界里的两大奇迹，它们成了他强烈呼吁环境保护的核心：

　　　　尼亚加拉大瀑布震耳欲聋的落水，约塞米蒂俊俏的悬崖和奔腾而
　　下的瀑布，还有一望无际的大草原和洛基山脉优美的高山植物——在
　　我眼里，它们都没有加州这两种了不起的"参天大树"所独有的雄伟

和壮观，还有它们显示出来的大自然的活力。然而最不幸的是，只有它们是完全受制于人类的摧毁力，而且已经被摧毁了一部分。我们期望，通过真正的教育，人们会热爱和欣赏大自然，把我们拥有的这些无与伦比的大树看成是我们子孙后代的财产，趁现在还来得及，认真地照管它们，不仅仅只保护一两小片森林，而是大片大片的森林，让它们像过去一样千秋万代地茁壮成长，展现出它们的完美无瑕和美丽，或许会持续数百万年，生长到更为广阔的区域。

华莱士或许想起了他与约翰·缪尔一起在红杉林里的日子。他写道：

> 任何愚蠢的人都能摧毁树木……这些西部森林中有些大树已经生长了三千多年……从耶稣时代以来——甚至远在耶稣之前——上帝在这些美好而多事的时代，照料着这些树木，让它们免遭干旱、疾病、雪崩、无数次摧枯拉朽的狂风暴雨和洪水的摧残；但是，上帝也无法从愚蠢的人手中挽救它们——只有山姆大叔能够做到。

"我在生长着红杉的松林中漫游了多日，"他写信告诉梅尔多拉，"尽管所有的旅游指南和畅销书作家都喜欢夸大其词，但它们仍然是这个世界上活生生的奇迹之一，对热爱大自然的人来说，或许胜过一切，完全值得横穿美国一睹其风采。"

华莱士在加州的最后几天因生病而十分不适：他上唇浮肿，不得不用柳叶刀穿刺放水，这使他被困在室内一个星期，同时也给他提供了时间来处理信件。他又寄回去了一封证明书，以便安妮能够领取他的皇室津贴，他还回应了一两封从英格兰发来的讲座邀请信。他的身体状况和缺少在美国挣大钱的机会帮他做出了回国的决定；加州干燥、炎热和充满灰尘的气候就如同东方漫长的冬天和春天一样令人生厌，"其程度之严重，变化之无常，实在让人无法忍受"。他最终的结论是："英格兰虽然有很多缺点，但我仍然爱你如旧。"然而，他决定首先要好好考察一下洛基山脉地区。他最初希望他岳父能来美国与他一起进行植物考察；尽管如此，他在去芝加哥的密歇根农学院做报告之前，还有三个星期的时间。他向哥哥家告了别，送给侄女梅一个文具盒和一枚琥珀胸针，然后向他的第一站内华达山脉出发了。

在这一段短暂时期，华莱士又变成了一个野外博物学家，但这一次，他只收集了一些植物标本。当然，他也发现了一些动物和昆虫——一只臭鼬，一只绢蝶——但他主要还是采集花卉和苔藓。内华达山脉有丰富的钓钟柳，他还发现了龙胆，他把它们托运回了萨里。他对这里辽阔的景观感到惊叹，同时也看到了"火、水、冰的力量在地球表层的形成过程中起作用的证据"；但他眼里更多的还是搜寻植物。他继续向东旅行，先去了科罗拉多温泉，在那里参观了众神花园和彩虹瀑布，然后北上去了丹佛市。他在格雷斯峰地区待了一个星期，进行徒步旅行和采集。他的同伴是艾丽斯·伊斯特伍德，她是在他在西行时认识的。这个了不起的女人当时只有28岁，是一个主要靠自学成才的植物学家，她后来出任了加州科学院院长。她从小就在洛基山脉避暑，拿着《科罗拉多州植物志》和阿莎·格雷的《植物学》，穿着自己设计的舒适的牛仔服骑马漫游。华莱士的年龄和声望，还有他的科学目的，让他深受人们的敬仰；尽管如此，这种安排还是让人感到有点不合常规，因为他们两人常常在偏远的矿工家里吃饭和山中的茅屋里住宿："穿着衣服在肮脏的矿工床上睡觉。5点起床，点火，早餐——整理好前一天收集的植物，7点出发去攀登格雷斯山。"他们两人在学术上的志同道合已经超越了他们对植物学的共同爱好："始终如一"，艾丽斯·伊斯特伍德会说，"是所有狭隘的心胸的灾星。"在这个鲜花盛开的季节，他们置身于高高的洛基山上，花了两个半小时登上了14 300英尺（约4358米）的山巅："真是一个好天气，晴空无云，可以看见圣十字山。下山十分缓慢——一路都在收集植物"——一份长长的珍贵植物清单。然后走过一条小道，进入了一个开满鲜花的高山山谷，穿过树林下山——林中无路，有很多倒下的树——走了大约2000英尺（约610米），来到了一个英格兰矿山工程师的棚屋。打了更多的包裹——一些标本给格特鲁德·杰基尔，一些给约克的巴克豪斯。"累坏了，"华莱士写道；但他的哮喘病却不见踪影，有的只是他对四周大自然的丰富多彩的兴奋。第二天，他们考察了灰熊山谷鲜花盛开的山坡，发现了科罗拉多从未出现过的松毛翠。"美妙的耧斗菜！还有林中一片片金黄的山金车茜草（*Arnica cordifonia*）。"第二天一早，他们在6点起床去采集龙胆（*Gentiana affinis*）、高山蓝钟花（*Mertensia alpina*）、花篮梅花草（*Parnassia fimbriata*）——又给杰基尔小姐打了两包植物标本——然后去格雷蒙特镇坐火车回到了丹佛。他们在一起度过了美好的一周。

在他离开了宏伟的洛基山脉之后，旅行和文明世界的骚扰又回来了。他在火车站买的桃子已经干瘪了："进货时还未成熟——一贯如此！"每一辆奔驰而过的火车头都冒着又黑又浓的黑烟——毫无顾忌地添煤，完全不顾及人们的感受。芝加哥多云，天空充满了烟雾，建筑极不规则，湖边八条平行的铁道被丑陋的铁丝网隔离开来，与伦敦一样糟糕。他在瓦尔帕莱索大学还有一次讲座，最后一天的植物考察，然后便去了加拿大。在肯辛顿市，他四处寻找延龄草，还买了一些礼物："给安妮买了一把女士的掸灰刷，50美分。"他对圣劳伦斯河略感失望："并不如里奥伦格罗河的激流区那样汹涌澎湃。"在魁北克，他买了一枚银围巾针——与掸灰刷相配——还品尝了一个牛排馅饼："我第一次吃到的很不错的家庭馅饼！"

他从魁北克起航回国。跨越大西洋的航程糟糕透了；他抱怨晕船、胸闷和哮喘。一个同行者送给他一些葡萄给他鼓气，但它们却被老鼠吃了。8月19日晚，他们终于抵达了利物浦，这真是一种解脱。第二天早上，他整理了行李，给安妮发了一封电报，坐11点钟的火车回家。在下午5点，他坐上了从戈德尔明火车站到纳特伍德的轻便马车。上车几分钟后，他就看见马车夫身上冒起了烟，他的外套和裤子着了火："我在美国6000英里（约9700公里）的旅行中都没有遇到如此奇怪的情景！"他带着350英镑的利润和下一个课题的想法回来了。他将把他的达尔文主义讲座写成一本书。

# 第十三章　人类的前途

　　美国对华莱士的影响十分深远。除了他下一本书的主题外，它还为他提供了一系列讲座的想法和资料，使之在随后的三年中得以很好利用；他还根据他美国的经历和笔记写了几篇文章：在《半月评论》上发表了《美国博物馆》一文；为《十九世纪》写了《北美人的原始时代》；还为土地国有化学会做了题为"美国的土地教训"的演讲。更重要的是，这次经历向他展示了发展和资本主义、权力压倒正义以及美元霸权所带来的危险的例子。这个辽阔的大陆正在被迅速地按一个网格体系来殖民和开发，它的景色看上去"单调乏味、不自然的粗犷"，"缺乏人与自然之间的协调"——这一点在滥伐森林和之字形栅栏的使用上特别明显。他后来评论道："美国大部分地区看上去阴郁、空荡，十分难看，与我们正在毁坏田野、摧毁其田园之美的丑陋一样。"他认为，美国人继承了欧洲人的恶劣影响：宗教宽容基本被他们扔到了一边；奴隶制被强加给黑人和白人；不公正的封建土地制把最富有的自然资源拱手送给了铁路大亨、谷物投机者们，完全牺牲了辛勤的劳动者们的利益。这一切太容易用自然选择理论来解释了：这些移民大多是独立自主、精力充沛的人，他们在自己的原生民族中甚至也是最优秀的；在经历了两个多世纪与大自然和原住民的斗争和锻炼之后，最后还经历了一场解放战争的考验，这使他们不可避免地去发扬他们祖辈们的美德、偏见，甚至还有恶习——随后的19世纪的科学进步把他们带入了争夺财富的竞赛，"他们破了纪录"。北美的访问加强了他对"社会达尔文主义"的疑虑。

在处理完信件和阅读资料之后，华莱士开始了《达尔文主义》一书的写作，同时他又开始考虑搬家。纳特伍德庄园正在被四周的建筑包围，新建筑不仅遮蔽了风景，一栋大房子还挡住了它南面的阳光，使它的花园暴露在冷风中：他的哮喘病发作得很厉害，还不断地感冒。1888年夏天，华莱士和安妮在度假时开始认真地在英国南部找房子。他们在彭赞斯市附近寻找了一个星期——"没看到合适的房子"——但他们却被蒙茅斯周围美丽的风景所吸引，"或许是世界上最美丽的地方"——有一些很不错的房子，还带有土地，很便宜，但却离城镇和火车站太远。他们参观了廷特恩修道院和迪恩森林，后者是考察飞蛾的好地方。在西蒙兹亚特，他们成功地发现了一种从未见过的蝴蝶：

> 我们在林中的一条大路上走着，我突然看见前面的地上有一只张开翅膀的**紫闪蛱蝶**，这是我首次见到活的帝王紫蝶！我忙叫我妻子停了下来，不要踩着它。然后，我跪下来伸出手去用指尖轻轻地触摸着它的翅尖，它马上竖起了翅膀，然后我用手指夹住了它。我把它钉在我的帽子上，安全地带回家给了威尔。

这是一个好兆头。他们接着去了格罗斯特郡的奥尔德尼镇，伟大的植物画家玛丽安娜·诺思邀请他们到她漂亮的乡间别墅去小住几日，那里的风景非常迷人，他们在那里还遇到了高尔顿一家；诺思小姐与安妮相互交换植物已经有一段时间了，她在这里住了两年，把她的花园打理得就像一个"已经生长了二十年的花园"。华莱士告诉梅尔多拉，他与高尔顿对变异问题和其他事情进行了很好的讨论——他很高兴看到他和波尔顿在《自然》上与罗马尼斯发生了"一点小纠纷"。华莱士一家对一栋维修得很好的大庄园产生了兴趣，它的租金微不足道，有8英亩（约3.2公顷）土地，一个果园，一片森林和一条生长着鲑鱼的小溪——但这个庄园有一个很大的缺点：这里有一个被废弃的织布厂，必须得拆除。诺思小姐非常希望他们把它租下来，但需要花500英镑来拆除织布厂："能租下来当然很好！但我不能这样做。"他非常遗憾地写信告诉他姐姐，这一次他终于向现实屈服了。

《达尔文主义》一书在1889年5月出版。波尔顿帮他进行了校对，并照例进行了批评，华莱士回答道：

> 我完全清楚我对人的看法将会——而且已经——受到批评。我还进一步提到了魏斯曼的观点：但我怀疑他的或你的观点是符合事实的。当然，我看问题的角度不同。我（认为我）知道非人类智慧是存在的——在大脑之外还有灵魂——也就是说，存在着一个灵魂世界！对我来说，这不仅仅是一个信仰，而是建立在长期不断地对事实进行观察的基础上的知识——这些知识改变了我对人的能力的起源和本质的看法。

正如波尔顿后来指出的，华莱士的大脑是"一个连贯的整体，它的各种各样的活动会产生相互影响"。华莱士没有给他的朋友寄去书的校样的最后一页，要不然更会让他感到震惊。

科福观庄园

　　他们还在继续找房子，先是在家附近和朴次茅斯市之间的乡下，然后转向西边稍远一点的伯恩茅斯镇和普尔镇。最终，他们在帕克斯通村找到了一个漂亮而隐匿的出租房，它还能出售：它四周长着茂盛的桉树，二十年都没有翻修过石板瓦，这都是很好的迹象。他们把纳特伍德别墅租了出去，在1889年仲夏，搬到了帕克斯通的科福观庄园，这时《达尔文主义》一书刚刚出版。他们非常喜欢这个地方，决定把它买下来进行扩建，然后建一个漂亮的花园。华莱士对在带有泥炭的沙土里种植帚石南和杜鹃花感到特别兴奋，然而他的痛苦经历告诉他，这样做对他所喜爱的大多数植物并无好处。多塞特郡的乡间和海岸给他们带来了新的希望和快乐，那里有丰富的化石和考古遗址，新森林及那里的河谷一直延伸到了多塞特郡和威尔特郡的白垩田野，为他们提供了一个急待探索的新天地。第二年春天，他们向坎福德庄园的温伯恩勋爵请求，"到他的田野和森林中去寻花"，但遭到了果断拒绝：交配季节刚刚开始，这会打扰筑巢。这个国家最伟大的博物学家、一个自由漫游的热烈支持者，不得不向庄园主的狩猎利益让步。

这时，华莱士已经67岁了，他在科福观的房子和庄园都要大装修，他可能因此决定减少他的公共活动。在19世纪90年代早期，他没有发表任何重要著作，只是把他以前的两部选集合在一起，增加了一些新材料，出版了《自然选择和热带风光文集》。1890年2月，他在谢菲尔德和利物浦做了最后演讲，从而结束了这个收入丰厚的副业，这一半是因为他丧失了兴趣和出于健康上的考虑，一半是他认为写作能带来更大好处。他的笔从未停过，他不仅继续发表了关于唯灵论和土地国有化的文章，而且还花了大量时间为皇家接种疫苗调查委员会提供证据。

华莱士作为一个激进的反接种疫苗者，已经有十多年了。他坚信接种疫苗的医学证据漏洞百出、很不可靠，而他的分析则是全面和正确的："四十五年的注册登记数据证明，接种疫苗既无用，又很危险。"实际上，皇家调查委员会邀请了他加入，但他更愿意向他们出庭作证，他坚持说，他没有行医资格，只能对这些数据发表自己的见解。调查委员会的专员们不断地向他询问一些医疗问题，似乎对统计一窍不通，这让他越来越生气和沮丧。但更让他最愤怒的，还是接种疫苗是强制性的：

> 当我在每个星期都会读到，有男人们因为不愿让他们的孩子们遭受一个他们（还有我）认为是既无效，又会引起伤害和危险的外科手术而被罚款或坐牢的消息时，我感到即使我的力量微不足道，我也必须得为解除这条残酷而专横的法律尽最大努力……

制度的不公正总会激发起华莱士的奋力反抗。他的研究最终被写成了一本小册子，在19世纪90年代后期关于新《接种疫苗法令》被讨论之前，被散发给了每一个下议院议员。这本小册子的题目直言不讳：《接种疫苗是一个妄想：它的刑法实施是犯罪，皇家调查委员会报告中的官方证据对此提供了证明》。

对人类和社会前途的关注完全占据了他的思考。在他继续为《自然》和《自然科学》撰文的同时，他还为其他关注社会和政治问题的杂志写了大量文章，像《半月评论》和《十九世纪》，还有后来的《号角》。1890年9月，他在《半月评论》上发表了一篇关于"人的选择"的文章，对他自己的自然选择理论进行了很大补充，这是一个他当时的思辨思维的很好例子。他接受了魏斯曼关于遗传的观点——即后天获得的特征是不能遗传给下一代的——因此，他需要找到一个能够解决人类进步和改进的理论，因为在他的"更高道德"体系中，他既拒绝了"暴力"理论，又拒绝了自然选择理论。他仔细研究了一些提案，认为它们要么不完善，要么他不喜欢。高尔顿提倡"一个使用家庭健康、智力和道德的评分系统"，得分高的家庭由政府提供资助，鼓励他们早婚早育。这个提案虽然不像其他方案那样令人反感（至少根据他的描述），但却不太可能有效：它或许可以增加"更高等、更好的"人的数目，但它却不能改变大部分人的现状。海勒姆·斯坦利提出了一个更激进的方案，他不主张增加优胜者，而是提议培训专家们来实施对"酒鬼、罪犯、病患和道德上有缺陷者"的消灭（他只是暗示了用什么方法）：没有什么能比这个方案更令人反感了，即使它或许会有效，华莱士写道。格兰特·艾伦——《未来女孩》和《妇女问题直言》的作者——提出了一个相反的、让华莱士更反感的方案：消除所有对婚姻的法律限制，教育女孩子们，所有健康、聪明的妇女的职责就是生育尽可能多的完美的孩子；她们应该通过一种轮流捐精程序，挑选最强壮、最健康、最聪明的男子做临时丈夫，这样就能确保人类的不断改良。可恶！华莱士宣布，因为它冲击了稳定家庭的根基，和倡导"纯粹肉欲主义"（他一直都对性选择理论表示质疑）。

无论如何，他争辩说，所有这些方案都有一个致命弱点，那就是它们提议要干预社会体制，但却没有对当前社会是极不完善，并且"十分邪恶、不可救药"的现实做出解答。妇女们的困境令人震惊；她们中的大部分人被迫为基本生计而长时间工作，而剩下的人则被迫踏入不和谐的婚姻，作为她们获得"个人独立或身体健康"的唯一手段。看看上层社会的报纸就能明白富人们是怎样生活的——看看《野外》与《女王》杂志的广告版和他们"无休止的娱乐和奢侈，他们令人不可思议的浪费和挥霍"——一次聚会就在花卉上花费上千英镑！然后，再看看数百万工人所处的恶劣环境状况——"就像上议院劳工调查委员会的报告中所描述的那样，证据确凿"。如果立法机构对大量的不公正和腐败都无所作为的话，那么它又怎敢对婚姻和家庭进行干预呢？首先，我们必须创造一个机会平等的社会：华莱士没有把土地国有化当成一计灵丹妙药，而是从爱德华·贝拉米的理想国小说《回顾》中借鉴了一个宏大方案，这本书让他深受鼓舞。贝拉米的未来世界是按照一个大家庭的形式构建的，所有的安乐享受都平均分享。与罗伯特·欧文的远见卓识一样，教育是其关键，在21岁之前，所有男女都能享受最好、最全面的教育，随后是三年的工作见习，以便让每一个人都能对未来的职业做出适当选择；由于每一个人都会得到一份公共"信用"股份，因此，贫困是不存在的。

华莱士预料他的计划会遭到强烈反对。难道这种理想主义不会在一个接近完美的体系排除了马尔萨斯的积极抑制手段——战争、瘟疫和饥荒——之后，引发人口暴增吗？对早婚限制的减少会导致人口增加，几代之后，人口就会超过食物供给——然后，马尔萨斯理论的断言就会实现。华莱士对此已经准备好了一系列答案。首先，结婚年龄会推迟，这一来是因为社会观的转变和教育，二来是因为延长教育和培训的结果：由于"人们的脑力和体力会得到最大限度的训练和锻炼，在这期间，他们基本上是不会考虑结婚的"。其次，大多数妇女在从"恶劣的监护和为生存而挣扎"中解放出来之后，她们肯定想先获得几年的社会经验，然后才会考虑婚姻大事；据高尔顿说，25岁与30岁的妇女生育率大约是八比五。第三，出生率会下降：高知父母们常常会组成较小的家庭，如果每个人一生都在努力培养和锻炼他们的"高级功能"，那么出生率就会稍微下降。智力和道德进步就会战胜马尔萨斯的老定律。

　　然而，华莱士论点的关键取决于妇女的决定性作用，他称其为"妇女在婚姻选择中的动力"。很多妇女在当时为了稳定的生活而不是通过选择结了婚，如果所有妇女在财政上不再依靠他人，对婚姻没有物质上的祈求，她们就会在婚姻选择上更加小心。嫁给一个自己不爱的男人会被看成是件丢脸的事儿。男人们"爱的激情通常更为强烈和广泛"，在这个理想社会中，除了通过婚姻，将无法得到满足，这就让所有的妇女都会得到更多求爱——从而让强大的选择权落在女性手中。那些游手好闲和自私的人会遭到拒绝。患病者和弱智者通常会无法结婚。任何有精神错乱或遗传病迹象的人，以及天生残废的人将会找不到对象。"作为遗传这些疾病和缺陷的工具"将会被认为是对社会的冒犯。

　　华莱士现在要解决的问题，与他当年创立自然选择进化论时所面临的问题一样：如何把适者生存的原理，首先与更高级的、道德的和精神的品质的发展结合在一起，其次，与他对人类进步和完善的信仰结合在一起。正如他在论文《适者生存实际上就是消灭不适应者》中所指出的，它就是一种清除过程，这也是动物世界自我改进的一种方式。然而，这个"健全过程"在人类身上受到了抑制，因为人性——即"人的根本情感"——会激发我们去挽救那些弱者和受害者：这种品质是与我们的身体，甚至智力发展相对立的，但它却是我们道德进步所必不可少的，是它使我们成为人，而不是动物。那么，我们会如何来弥补这个显然的缺点呢？（华莱士从未怀疑过这一切最终都会实现；其他选择想起来都太可怕了。）首先，靠消除贫困，并承认所有公民都有公平享受共同财富的权利；然后，"人类改良这个更重大、更深刻的问题"可以放心地留给"未来的妇女们训练有素的头脑和纯洁的天性去解决"。

　　华莱士和达尔文一样，在他对自然选择的理解上也受到了自己的本性和家庭背景的影响。他结婚很晚，但妻子却比他年轻很多，三个孩子中有两个长大成人——一个典型的"知识分子"小家庭。他对性冲动是藐视的，至少在妇女身上如此；他对格兰特·艾伦放宽婚姻的法律约束，

以便为妇女提供一个自由选择临时伴侣的想法非常反感，因为他认为无论是狭义的还是广义的家庭都是使我们成为人的一部分原因：他相信集体，而不是个人。同时，与男人相比，他总是更看重女人，这一部分是因为她们遭受了更多的不公平待遇。他认为，迪亚克女人之所以生育较少，仅仅是因为她们从小就开始干重体力活的缘故；而西方妇女则是被剥夺了经济上的独立，被迫加入一桩不平等、索然无味的婚姻，以便能有一席安身之地。华莱士永远不会像萧伯纳那样自由地发表意见，但他的逻辑与萧伯纳在《华伦夫人的职业》一书中的观点基本一致。然而，薇薇·华伦逃离了她母亲的青楼生意，在剑桥大学格顿学院接受了高等教育，她回绝了弗兰克的爱之梦，拒绝了令人作呕的克罗夫茨的淫欲和财富，一点也没理会普雷德的女性唯美主义，最终选择了在伦敦的一个律师所独立工作。华莱士的"未来妇女"会把个人欲望置于这个新社会的集体理想之下，主要是根据智力和道德品质进行选择，而不是达尔文理论中的那些外在之美。华莱士对控制性选择的更广泛的影响非常警觉，他感到必须制定一个在道义上可以接受的框架，以便抵制当时提出的那些"人工"选择的程序。在公开场合，他尽量避免谈及避孕问题，或其他计划生育的方法，尽管他与安妮·贝赞特[1]关系不错。他认为自己的复杂方案是完全合情合理的，并称它为是他对这个世界所贡献的"最重要的新思想"。

华莱士对一个年轻的芬兰研究者爱德华·韦斯特马克寄给他和牛津大学的爱德华·泰勒的论文《人类的婚姻起源》非常喜欢。他与他进行了详细的通信交往，并邀请他到帕克斯通做客。他还为他的著作《人类婚姻史》写了一个很慷慨的序言，甚至还阅读了书的校样，提醒他不要奢望过高："请不要把书的第二校样寄给我，我会阅读第一或第二校样，

---

1　安妮·贝赞特（1847—1933），英国神智学者、社会改革家。早年宣扬无神论，主张节制生育，促进工会运动。

但不是二者。"他非常清楚地表明，他不相信"原始的男女混交"理论，并回忆了他四十年前在野外的考察：

> 即使是沃佩斯河的完全赤身裸体的妇女也会在她们的**姿态**上表现出羞怯，当她们与一个男人相见时，总会侧着身子，在坐着的时候，也会有意地夹着腿挡住外阴……性结合在所有民族中一般都发生在晚上，我相信，没有任何**民族**是**公开地**、在任何时候都进行毫无掩饰的性结合的。

他最后告诫说：

> 我得补充一点，旅游者们很容易夸大裸体的人缺乏羞怯，他们的证言常常适用于**特例**，而不是**惯例**。

华莱士天生的羞怯使他在讨论性的时候难以启齿。他曾建议韦斯特马克用"婚姻"而不是"性交"这个词，以避免冒犯潜在的读者。

华莱士对科学研究的兴趣一如既往。这是一个他从未涉足过的科学领域，但他对它的潜力有很多想法。最重要的是，他想知道更多关于遗传的事实。他主动与高尔顿联系，讨论有关建立一个实验农场的想法。在这样的机构里，两大未知领域会得到澄清。

> 首先，个体所获得的特征能否遗传，因而在物种进化中成为一个重要因素——或者，正如你和魏斯曼所说的，这个观点并不成立，我们很多人现在也相信这一点，因此，我们只能完全依赖变异和自然选择；其次，当密切相关但却永远不相同的物种杂交之后，它们的后裔再进行繁衍时，会出现多少不孕现象，其特征是什么。

他敦促尽快建立一个小型实验农场，繁殖动物，像野兔和老鼠、鸟类、鸭子和昆虫——还应该做相似的植物实验。我们能否申请一个英国科学促进协会或皇家学会的基金？能否找一找这些学会富有的博物学家们？

尽管华莱士的社会主义和非传统观点越来越公开化，公共荣誉却开始落到了他的身上。1889年，牛津大学授予他荣誉民法博士学位。"我一向都对公共仪式感到深恶痛绝，"他向波尔顿透露说。他有太多的事情要去做，几乎不可能跑到牛津去，"除非是迫不得已；这样做就会把一个本来就烦人的仪式完全变成一种惩罚"。他的朋友们能给他的最大帮助就是完全不要打扰他。（波尔顿这次说服他改变了主意。）第二年，皇家学会因他"独立地发现了通过自然选择的物种起源"，授予他达尔文奖章。1892年，更多的荣誉扑面而来，先是皇家地理学会的创始人奖章，然后是林奈学会的金质奖章。"刚刚发生了一件很糟糕的事！我刚让人把装奖章的盒子做好了，'先不计费用'，他们又授予了我另一个奖章。我最好还是感谢他们，拒绝接受？"他是真心不喜欢这种事儿。"这是不是太可怕了？"他向女儿抱怨道。"得接受两个奖章——做两次演讲，还得好好地感谢他们，并很礼貌地告诉他们我感激不已，但却很厌烦！"结果，这些奖章是连在一起授予他的，先是地理学会的，然后是林奈学会的。他想象了一个星期二安排的情景：上午先参加一个园艺博览，然后参观布尔兰花展——这很适合他的口味；接下来是无法回避的考官会议，这是他每年仍在参加的苦差事；然后他会坐出租车赶到伯灵顿府——"刚好来晚了！奖章被盗！！伪造一封信告诉委员会我病了！！！！！无法去！！送信人代我接受奖章！！！！非常激动！！！！全面崩溃！！！！！！！"他又回到了现实，向维奥莱特提供了一些如何准备即将在福勒贝尔研究所参加考试的建议。"告诉你的校长，为了确保星期三、星期四考试的成功，你必须在星期一和星期二让大脑完全放松。你可以给孩子们上课——但仅此而已。"

或许他只是对科学机构的这些正规仪式感到十分无聊；他当然从未改变他不愿做公开演讲的本性，尽管他在必要时会毫不退缩。如果他去伦敦的话，他宁愿拜访老友，像在查普曼出版社工作的乔治·西尔克，或者顺便到他姐姐范妮在西布朗普顿的家去喝茶，或者到皇家植物园的温室去看看。在他与官方的通信中还让人感到有一种不满情绪，这或许是过去积累起来的小小怠慢和意见不合的遗物，有几次他都被他们忽视了。例如，在皇家地理学会创始人奖章宣布前的一个月，他给学会的斯科特·凯尔蒂写信申辩说，他完全无法向它的会刊提供任何关于贝茨的特殊材料，贝茨这时刚刚去世：

> 实际上，我对他在生活上和工作上的了解比**很多人**都少，尽管我们一起去了亚马孙……由于我在过去的二十五年中住在乡下，我极少见到他，因此我对他在伦敦的生活和工作知之甚少。我们一起在亚马孙也大概只待了六个月，之后只遇到过一两次。至于个人回忆，我实在没有什么可说的，因为我对很久以前的事已经记忆模糊了。我不认为我有一封贝茨给我的信。

华莱士这段对他和贝茨友情的描述看上去非常小气，而且也不准确。实际上，他已经给《自然》写了一篇贝茨的讣告，很久以后，他在他的自传中详述了他们之间的关系，为此他向贝茨的遗孀索取了他写给贝茨的一些信件，他还**保存了**贝茨写给他的信。因此，他的拒绝很有可能为了掩饰他对地理学会的不满，当年他申请成为它的助理秘书长时被拒绝。接着，皇家学会也开始向他示好，胡克和威廉·西塞尔顿-戴尔想要推荐他为皇家学会会员，他们试探了他的口气，结果也被他弄得绕来绕去。"我认为你误解了我的意思，"华莱士纠正西塞尔顿-戴尔说，"我认为你问我会不会反对成为一个会员，我当然说，'完全不会'，但这并不表明我希望成为一个会员。"无论如何，他离开它已经很久了，现在已经无关紧要了，而且他住得很远，无法参加他们的会议，等等。最后，胡克和西塞尔顿－戴尔直截了当地向他请求，终于说服了他："你与皇家学会脱离关系实际上等于给它造成伤害。"华莱士最终让了步，他已经有意或无意地表明，这个荣誉应该在二十五年前就授予他了。他可能在私下也向胡克说明了这一点。在1892年上半年，他请胡克发起一个请愿书，为他岳父争取一份皇室年度津贴；胡克拒绝了他，但他提出要帮他看看皇家植物园能否买下米滕收集的标本。华莱士对这种冷淡感到很不高兴，他完全能够在接受邀请之前，好好地钓钓这些科学界的胡克们和西塞尔顿－戴尔们的胃口。他十分清楚达尔文当年是如何帮了他的大忙，现在，当他看见一个值得帮助的人时，他也会竭尽全力进行回报。

在科福观庄园的第一年，他忙于整理他的花园，很难抽身离开几天。他和安妮彻底清理了戈德尔明的花园（纳特伍德庄园仍被出租），把大量的宝贝植物移植到了新家。格特鲁德·杰基尔给他们送来了数百棵报春花。西塞尔顿－戴尔请华莱士给他开一个他想从皇家植物园要的植物清单，这可是一个无法拒绝的好事。华莱士在世界各地的笔友都收到了他接二连三的请求：从澳大利亚和南非的德兰士瓦运来了球茎植物和块茎植物，里德利从新加坡植物园给他寄来了兰花。华莱士有四间单独的兰花室。他温室里的蚜虫和醋栗上的毛毛虫让他费了不少心，还有一个池塘也需要扩建和加温，以便能种荷花。他养的一条蝾螈对水泥一无所知，爬出了水池，结果第二天早上被发现时已经奄奄一息："新水泥是有毒的呀。"这实际上是一个全职工作。

他们度假时也往往带有一个植物学或地质学的目的。1893年7月，华莱士一家去了英格兰北部的湖区。他们雇用了两匹小马和一个牧羊人做向导，登上了鲍菲尔山——"山顶上的大岩石非常壮观！"——他们住在帕特代尔的伍茨夫人的禁酒旅馆，每人每晚6先令，十分奢侈。他们还参观了周围的瀑布和山中小湖。8月1日，星期二，华莱士在日记中写道："登上了帕特代尔远方的山脊，去了哈特岩和费尔菲尔德山，海拔2860英

在百德巴瑞丘的家庭野餐

尺（约872米），壮观的峭壁和广阔的山谷，饶有兴趣的步行——从很陡峭的山上下到了格里斯代尔湖，继续下山到了格里斯代尔，然后回到了帕特代尔。"当我们回到旅馆时，已经走了12英里（约19千米）的路，爬了海拔3000英尺（约914米）的山，一共走了9个小时，累坏了。"他向他岳父汇报说。他岳父此时正在威尔士采集苔藓。安妮对没有发现罕见的羊齿草而感到失望，这里的高山植物也不多；但他却在山顶处发现了星虎耳草（*Saxifraga magellanica*）和雪花虎耳草（*Saxifraga nivalis*），还在斯蒂克尔湖上方的岩石中发现了高山羽衣草（*Alchemilla alpina*）和高山唐松草（*Thalictrum alpinum*），这让他想起了瑞士的魔鬼厨房山谷。这里山清水秀，风景如画，让他十分欣喜，他还找到了他要寻找的冰川现象。（他亲眼所见的这些第一手资料填补了他思维中关键的一隅，为他在1893年11月和12月在《半月评论》上发表的影响重大的文章《冰川时期和它的作用》提供了资料。）随后，他与安妮一起坐汽轮沿着阿尔斯沃特湖北上，接着坐马车去了彭里斯，随后又乘火车去了阿普尔比和塞特尔，在金狮旅馆住了三个晚上。维奥莱特在这里与他们会合，她带着一个"好伙伴"，一条新的变色龙：维奥莱特这时23岁了，在利物浦的一个幼儿园当老师。他们不愿意在星期天和银行休假日待在一个小旅馆里，于是坐火车回到了帕克斯通，他们在那儿见到了一株鲜花盛开的沙鹦豆（*Swainsona formosa*），一株长着红花蕊但却没有开放的兰花："另一株也只有果荚和干花，没人见过它开花！难道这是一个自我受精、不能开花的劣种？"他给朋友和家人的信里充满了关于他的花园的逸闻趣事，特别是那些珍奇的植物，像蓝色罂粟花和粉红色的荷花。"一个花苞看起来似乎要在明天开花，不久前还出现了一个大蜘蛛！它停在荷花叶子上，后来又见过两三次。今天早上，它停在池塘边，把前脚放在池塘的水里。"他观察着，思索着，非常心满意足。

那年秋天，华莱士的姐姐范妮·西姆斯因癌症去世了。她的病痛让他非常痛苦，他出资为她提供了治疗，并从一个灵媒那里得到了安慰，他向他询问了一些通常的问题以便确认："她的印第安人胸针是谁赠送的？""阿尔弗雷德。"他丝毫都不怀疑范妮会继续生活在另一个精神世界里：她在这个世界上最爱他，而他也非常想念她，还有对她在伦敦的拜访。两年后，他哥哥约翰也在加州因癌症去世，在他那一辈人中，现在只剩下阿尔弗雷德了。维奥莱特已经长大独立了，威尔现在去了纽卡斯尔，他在伦敦培训时成绩不佳，没能在伦敦的电气工程公司里找到工作，但他父亲通过朋友的关系为他找到了一份学徒工：两年先交付200英镑。他从早上6点工作到下午5点半，每小时工钱为1便士3法新[1]。但他很喜欢这份工作，每到周末便骑车在诺森伯兰四处周游。

这时，两个孩子都开始了自己的人生生涯，华莱士终于可以放松一点了。当年12月，他的老友理查德·斯普鲁斯在康尼斯索普的小约克郡

---

1　法新，英国1961年以前使用的旧硬币，等于四分之一便士。

别墅里去世，从这个别墅可以看到壮观的霍德华城堡——他也是一个在科学界没有获得他应得荣誉的科学家。在三个伟大的亚马孙博物学家中，华莱士、贝茨和斯普鲁斯，现在只剩下华莱士一人。

　　1894年，华莱士和安妮在德文郡度假，达特穆尔高地南部的山坡和围墙上都长满了蕨类植物——"妈妈简直都无法行走"——第二年，华莱士与米滕一起到瑞士进行了一次认真的植物考察旅行：他们去了卢塞恩、安德马特、罗讷冰川、格里姆瑟尔山口、迈林根、阿加峡谷，和翁根，高高的阿尔卑斯山脉连续10天晴空万里。但大自然对他们掠夺它的花卉和苔藓进行了强烈的报复，华莱士和米滕遭到了大量吸血蚊子的猛烈攻击，致使他们不得不提前结束了他们的度假。安妮留在家里照料花园，从富尔卡山口收到了成箱的植物，其中包括两种绝美无比的龙胆和非常详细的如何照料它们的指令。1896年，华莱士再次回到了瑞士，但这一次却有不同的目的。维奥莱特1894年在那里与亨利·伦恩博士一家度过了一个夏天；现在，伦恩邀请华莱士为他在达沃斯举办的一系列讲座中做一个讲座。尽管他以前已经决定再也不做讲座了，但这个好机会却令他无法错过。安妮与维奥莱特一起先去了阿德尔博登，让华莱士一人留在多塞特的家中整理花园和指导凯特种兰花。华莱士随后收到了他的"极高档次"的火车票，它装在一个蓝色皮盒子里，有很漂亮的行李标签：他与七个人一起坐头等舱，三个绅士和四位女士："其中，勒加利纳先生是一个不很有名的诗人，我认为他是一个社会主义者，因此，毫无疑问，我们会相处得很好。他在我的讲座前一个晚上演讲，题目很荒唐——'对美丽的迫害'——而且是在科学系！"他担心达沃斯会是一个很糟糕的地方，一个完美的城市：在他的导游书中列举了15个大旅馆，但这个老社会主义者却在维多利亚旅馆度过了一段美好的时光。他讲座的题目是"19世纪的进步"，他又恶作剧地加了一个"副标题"——"被拒绝的发现和被认同的错误"——即颅相学和接种疫苗。听众中有几位医生，他们用"通常的方式"表示了不满。华莱士对此毫不在意，向他们保证他们会在有生之年看到整个医学界承认接种疫苗仅仅是一个妄想。就像他在唯灵论上一样，面对异议和讽刺，他毫不动摇。会后，他非常高兴地与家人在阿德尔博登度了一个星期的假，这是一个"辛劳过度的英格兰人的疗养院和高山花园"。

这个时期，华莱士的学术研究有点支离破碎——他的活力不减当年，但却失去了持续的关注力。他在《半月评论》上发表了一篇《演讲的表达性》的文章，提出了一种关于语言的根源的前卫性理论，对拟声法原则进行了延伸；1896年6月，他鼓起干劲为林奈学会写了一篇重要论文《效用问题》，他特别对罗马尼思的观点进行了批判：他总是喜欢抨击罗马尼斯。他在伦敦时，经常住在拉菲尔·梅尔多拉家里，在他讲演后的第二天，他与东道主一起共用了一顿悠闲的早餐。梅尔多拉还邀请了波尔顿和弗朗西斯·达尔文[1]。他们坐在一起交谈了大半个上午，直到华莱士最终起身去赶火车："嗯，我真希望能和你们聊一整天！"在这种聚会上，他感到最轻松；但这是他在科学学会上宣读的最后一篇论文。

他似乎也意识到他每天分散注意力的当务之急太多了。维奥莱特也责备他写信不勤：

> 如果你每天都收到关于达尔文主义、唯灵论、接种疫苗、社会主义、旅行、狗的尾巴、猫的胡须、冰川、兰花，等等的信，并对收到的关于**所有**这些方面的书进行答谢、阅读，还有索取关于其他方面、其他方面，还有其他方面的信息——还有一本书要写，一个花园需要管理，还有四间兰花房，还要下棋，接见拜访者，打电话，访友和给植物命名，等等，等等，等等，或许你会变成一个"非常糟糕的写信者"！或许，也不会！

---

1　弗朗西斯·达尔文（1848—1925），达尔文的三儿子，天文学家，擅长植物生理学。

华莱士会非常有礼貌地回答他收到的每一封信，并不惜麻烦地帮助每一个年轻收集者，像弗雷德里克·伯奇。由于他的公共形象，他吸引了很多形形色色的人，只是在极少数情况下，他才会说"不值得回答"，例如一个疯狂的培根主义者的来信。然后，还有波尔顿教授，他向维奥莱特抱怨说，他低声下气地求他第二年到牛津大学去，"为竖立一座达尔文的雕像发表一个演讲！""我还得给他写一个周到、善意但却十分肯定的回绝——这得需要好好想一想，在我已经是满头白发的头上又得增加一两根了！"他并非要拒绝给达尔文这个荣誉，而是不赞成用竖立雕像这种做法：非常荒谬，也不合适。达尔文肯定更希望在唐恩建立一个实验性养殖场，那将是对他的成就的一个更好的纪念碑。或许，胡克作为纪念仪式的主要人物更合适，他调侃地暗示——胡克非常喜欢这种事。

当年早些时候，他在降神会中得到了一些预示。一个年迈的苏格兰外科医生主控灵告诉华莱士要多吃鱼，并让他相信，他不会在近年"走进他们的世界"，因为他还有很多工作需要做。另一个主控灵叫森夏恩，是一个印第安女孩，她说得更准确："你不会一直住在这里，你会离开这个地方，你会更多地参与到这个世界中去，为唯灵论做一些公共工作。"他在笔记本中记下了她的临别留言："你生命的第三章，还有你的书即将出现。它可以被表达为满足、回顾和工作。"两个月后，他接到了伦恩博士的邀请信。

不管会不会产生更多的白发，他现在找到了写一本新书的想法。伦恩已经向他建议了一个题目，华莱士决定把他的讲座扩展成一本书《美妙的世纪》——它不仅充满了胜利，当然也还有失败（催眠术，颅相学，唯灵论，接种疫苗）。他还在自己的健康上获得了一个突破。雕塑家艾伯特·布鲁斯－乔伊拜访了帕克斯顿：他正在根据华莱士的照片做一个大奖章，请求他做一次"现场"模特。（大奖章在规模上比雕像让他更容易接受；但他还是得被劝说才同意，后来他坚决拒绝了为一个画家做模特。）这一次，华莱士对自己身体不适表示道歉，并解释说他哮喘病发作得很厉害，让他睡眠不佳。布鲁斯－乔伊向他推荐了索尔兹伯里医生的饮食法，据华莱士说，它建议少吃含淀粉的食物，"特别是土豆、面包和含水分最多的蔬菜"，代之以煮熟的肉、水果、鸡蛋和少量的牛奶布丁。不管这个饮食法的科学根据是什么——华莱士声称索尔兹伯里的饮食法是三十年实验的结晶——它对华莱士很有用：一个星期之后，他就感觉好多了，一个月之后，他完全康复，突然，他又能像以往一样充满激情地开始写作了。

在1897年的大部分时间里，他都沉浸在《美妙的世纪》的写作中，1898年6月，它出版了：它还产生了大量的大众"读本"和一个有插图的版本。华莱士从未丧失他清晰阐述的能力；他的写作简练而直接，但却没让人感到有居高临下的说教。而且，因为他的写作包罗万象，既涉及社会，又讨论了科学，因此，他不断地被各种杂志和报刊请求撰写文章，有英国的，也有美国的。随着19世纪90年代的流逝，它们还请他对即将到来的下一个世纪发表他的看法。他依旧是毫无悔改地引发了争议。他在1899年9月的《曼彻斯特卫报》上强烈地抗议在南非进行的德兰士瓦战争。他的声望在不断上升。麦克米伦出版社出版了他的论文集《科学和社会研究》，还有增补了的《达尔文主义》和《海岛生物》的新版本。他在接近耄耋之年时，名声比任何时候都大。

家庭生活一直都是他的快乐源泉，但有时也引发担忧。花园由他们共同料理：安妮是一个卓有成绩的水彩画家，当她父母和姐妹们经常来访时，他们会出游当地美丽的风景胜地，安妮会在那里作画。范妮的鳏夫托马斯·西姆斯在财政上遇到了麻烦：他的照相馆生意因无法交付租金被转卖了，华莱士告诉梅尔多拉，他真可能会饿死在工作间；他完全不会做生意，在财政上完全依赖于范妮。梅尔多拉知道有哪个科学研究所需要一个优秀摄影师吗？在学校放假期间，维奥莱特会回家去住，尽管她老是抱怨，但她和威尔还是经常收到华莱士寄给他们的信。他对他们的忠告毫无保留，尽管他很小心，不愿把自己的观点强加给他们。"在曼城，我想会有不少出色的唯灵主义者，"他告诉威尔，他当时正在曼城工作，"而且还有一个唯灵论学会，如果你想要加入的话，你或许可以长长见识；但除非你对这件事真正有兴趣，要不然不值一试……"当出现了天花流行的迹象时，他的建议是，"泡20分钟热水澡，然后，喝半品脱盐水（一个平底玻璃杯的水用一小茶匙的盐），一天两次，热水澡和盐水，两三天就能治好。"后来，威尔和他的好友麦卡尔平一起去了美国。他们先在波士顿附近的一个电气化铁路上工作，然后去了阿第伦达克山脉帮人挖土豆和刷房子。后来，威尔骑自行车从芝加哥去了丹佛，最终抵达了西部大草原，沿途靠帮人架电话线挣钱糊口，冷得连胡子都冻住了。他父亲从大英博物馆给他寄去了如何给小哺乳动物剥皮和进行防腐处理的详细说明：在科罗拉多州收集骨骼会更容易些，因为那里气候十分干燥。他敦促他在丹佛买一些圈套，并学会使用它们："你应该带一些有绳子的标签，但要小心使用，它们易于系在标本上。如果你好好干，并找一些男孩或猎手帮助你，你或许会挣到与你架电话线一样多的钱，我对此毫不怀疑！"他还随信画了一把填充兽皮时用的钳子："如果你在丹佛买不到，你可以自己做一把。"维奥莱特此时正要去德国度假，她也被告知要为大英博物馆收集动物标本："因为她在那儿也无事可干，这将是一份好工作，而且还可以支付她的开销。"

这时，他的体力已经完全恢复了，而且还得到了一些意想不到的版税和报酬，他不安分守己的老毛病又犯了：当年买房时的很理想的条件——地点、气候、土地和期望——现在又变得有点令人生厌了。随着更多房子在四周出现，科福观庄园受到了威胁，他再也不觉得自己身处乡野了，就像当年在戈德尔明所发生的那样。这一次，华莱士的扩张情绪有些膨胀，他认为要想从此不再受新建房屋的干扰，就得买一座庄园。他提出了一个方案，称之为一种"志同道合之人的家园"。他有两个合伙人，一个是土地国有化支持者 A. C. 斯温顿，另一个是罗兰·肖。他们开始考察各种房地产，"以便在有益于健康和风景优美的地方找到一个具有乡间住宅优势的地盘，它应该离伦敦只有一两个小时的路程，可以受到永久性保护"。他们准备每人出资1000英镑，并希望能找到足够多的朋友，凑够7000到10 000英镑。一旦购买了一座合适的庄园，华莱士博士"作为这个计划的发起人，并花了很多时间寻找"，将会占据庄园的主要寓所及周围的场地，并作为其他人的代理人和测量人，直到整个庄园住满为止。庄园的大小由投资多少而定，在2英亩（约0.8公顷）到10英亩（约4公顷）之间，森林和尚未开垦部分将会得到保护，作为自然公园让所有住户享受。任何对这个计划违反了土地国有化原则的顾虑，都会被计划中的这一条打消：多余的土地将被出售，以弥补当初的投资，但以后的所有利润都会花在大家的利益上。这份提案被打印成册，在朋友中散发——动物学会的斯克莱特收到了一份——但没有足够多的人响应，或许在这个华而不实的理想国计划中，人们认为华莱士自己的利益占的比例太大，无论它是多么合理。

在华莱士夫妇考察过的庄园中，有一个是在阿默舍姆附近的格兰奇农庄，它大约值15 000英镑，但作为一个有住宅的庄园，价值要翻四倍。他们敦促威尔和维奥莱特去看一看。威尔当时正在伦敦，他收到了详细的火车时刻表和伦敦铁路地图，关键车站还画上了蓝圈；或许他能骑车过来——路程大约有30英里（约48公里）。11月下旬，华莱士夫妇去了伦敦，在那里订了个旅馆住了两个晚上，中间去了格兰奇农庄。那个农宅已有两百年的历史：外面有一片保龄球草坪，一个菜园，一个果园，一个公园和一大片水青冈树林——大约有70英亩（约28公顷）。当他在雾中穿过这片森林时，他宏伟的埃平森林计划又在脑海中浮现。林中有很多空地，在那里小心种植一些树后，可在他这个英格兰天堂中为其他合伙人开辟出很多绿树成荫的建房佳址；这里土质松散，第三系砂没有石灰，因此适合种植杜鹃花。周围的乡间是他所见到的最美丽的田园风景，属于那些反对开发的庄园主。"我从来都没有想到会找到一个比这更好的地方，或更好的投资机会了。"他告诉威尔。它的主人格尼家非常好客，令

布罗德斯通的老果园庄园

人十分愉快，他们坚持要请华莱士夫妇共进野鸡和兔子馅饼午餐。事后，他们返回了伦敦的帕丁顿车站，在贝克街与维奥莱特相会，并去了她的寓所，见到了维奥莱特的雇主米凯利斯夫人，他们还参观了学校的教室，被陪伴着坐地铁回到了他们的旅馆。然而，虽然他完全相信格兰奇农庄的"巨大潜力"，但其价格却有点过高了。

1901年的春夏，他们还在继续找房子，就在他即将完全绝望时，他在离帕克斯顿4英里（约6.4公里）处发现了一个长满苹果树、梨树和李子树的老果园，它坐落在一个长满野草的山谷中，风景优美，离火车站只有0.5英里（约0.8公里）。"终于成功了！"他高兴地告诉维奥莱特。"'我在道格拉斯的宅邸见到了他——狮子坑中的狮子！'而且活着回来了。他的吼叫非常可怕！但他最终像一只乳鸽一样温顺！"这只狮子是温伯恩勋爵"盛气凌人的经纪人"佩特森。华莱士获得了3英亩（约1.2公顷）地，他同意一旦签订了转让合同，他会马上支付全部费用，这使佩特森变得十分殷勤。庄园里有1英亩（约0.4公顷）草地，两小片美丽的树林，长着西班牙栗子树、橡树和一棵古老而优美的冷杉树，从那里可以看到普尔港，一边是珀贝克丘陵，在南面和东面是老哈里岩。他们把纳特伍德庄园卖了。华莱士又再次开始专心致志地设计新住宅和花园，并指导它们的修建。尽管它也带来了很多烦恼，但他很热衷这个工作。他想在林中建造一栋瑞士小木屋式的"真正的矮平房"，让它融入安静、美丽的乡村风景之中，但温伯恩勋爵和"官方"坚持必须建红砖房。庄园的场地有很多工作要做，而且需要不断指导：大量植物从科福观移植了过来，还有1000多株从一个即将倒闭的小苗圃买来的灌木和树，以及从世界各地送来的礼物，其中包括托马斯·汉伯里爵士从他在意大利花园里挑选的植物。华莱士买了一头驴和一架小车来运土、腐叶土和壤土——但这头驴又踢又咬，因此他不得不让建筑工人们在闲余时帮他运土。他在壁炉的设计上小题大做，改变了设计师设计的客厅里烟囱的外形。最后，谢天谢地，正好在他80大寿之前，他与安妮在1902年圣诞搬进了老果园庄园。

　　慢慢地，慢如蜗牛似的，华莱士开始把他的新房子和花园整理出了个头绪。他告诉梅尔多拉："特别是花园，土堆和建筑垃圾堆了一年，杂草丛生！"他按惯例向世界各地的植物园发出了求助信。西塞尔顿－戴尔被告知，他特别想得到玛丽安娜·诺思最喜欢的花卉之一，智利的蓝普雅花的幼苗或种子——还有，他看见《花园》关于澳洲巨花睡莲（*Nymphaea gigantea*）罕见地开了花的通告吗？然而，他并不急于重新种植花草树木，因为他的庄园已经十分美丽迷人。他的书房设计得非常理想，整栋房子都带有走廊和阳台，房顶建有山形墙，并装有天窗，房子全部用红砖和红瓦建造，所有的木板都漆成了白色，十分别致和独具特色，不仅很朴实，而且很舒适。维奥莱特与一个朋友一起，在坦布里奇·韦尔斯镇的沃德赫斯特租了一栋房子，她希望能够招收一些学生来寄宿和教学。沃德赫斯特海拔只有500英尺（约152米），让维奥莱特马上感受到了搬出伦敦的好处。威尔仍然在休斯敦·汤普森电气工程公司上班，但他从纽卡斯尔调到了拉格比镇，回家要方便多了。这时，华莱士的身体非常健康——比过去几年要好多了，他期待着还有几年"十分充实的安宁"。

在过去的两年中，他的大部分时间都用来修正和增补《海岛生物》和《美好的世纪》了。现在，他又有时间转向新的领域了，并且马上找到了一个关于宇宙的课题，更准确地说，是宇宙与人的关系这个问题——这是一个新颖但却很流行的问题。新庄园花了很多钱，他想写一本书来还清债务。华莱士的所有课题，无论它们看起来有多么不同，或者是迫于经济压力而做，它们却都是紧密相连的：他先是梳理出人与其他动物之间的关系，然后研究在时间和空间上产生生命的物理条件；或者寻找能够使个人和民族能够更公平地共享地球资源的体系，以便带来道德和精神上的进步和幸福。对这些大问题进行钻研是合情合理的，华莱士在撰写《美妙的世纪》时，为了书写"光谱分析""天文学"和"宇宙理论"这几章，阅读了大量资料，他为他的90大寿献上了一篇长文《人在宇宙中的地位》，在纽约的《独立报》和《半月评论》上发表，下半年，他把它写成了一部有300页的书，由查普曼·霍尔出版社出版。尽管书中引用了很多权威人士的评论——"华盛顿大学的西蒙·纽科姆教授消除了我们的疑惑"；意大利天文学家斯基亚帕雷利"得到了同样的结论"；"约翰·赫舍尔爵士也提供了证词"——但它实际上提出了一种智能成因和设计而不是偶然的哲学或神学，或者用华莱士惯用的简明扼要的话说，"是物质和它复杂的力量在其无穷的组合都劳而无功之后，所出现的一个恰当而准确的组合"。华莱士不肯接受生命是偶然发生的，因为他拒绝接受它的推论：最初让人进化的那些定律最终会导致人的灭绝。在研究了天文学的最新证据之后，他断言：

当然，这里所提出的这个关系**或许**是一个真正的因果关系，但它是在无限的时间里，从千百万次机遇中所产生的。然而，在另一方面，有些思想家认为，宇宙是上帝的显现，而且，人类灵魂的有规律发展为这个宇宙的存在提供了一个适当的原因，他们认为，我们自身是这个发展的唯一和必然的结果，而且，在我们所占据的这个宇宙中心之外的其他任何地方，都不可能产生这个结果。

大家都清楚华莱士所提的这些正确的思想家是谁。这本书非常受欢迎，在英国和美国多次再版。华莱士急切地希望有些"知识渊博的人"能在月刊或半月刊上写一篇书评——"不要用专业天文学家，因为他们不能胜任对整个论题的评论"：应该找像克鲁泡特金王子那样值得尊敬的人，或开尔文勋爵那样敢于直言的人。四年之后，华莱士在《火星能居住吗?》一文中，继续发展了这个主题，作为对洛厄尔教授的著作《火星和它的"运河"》的尖锐反击：在华莱士的计划中，任何其他形式的有智生命都是不存在的；他对完全推翻了洛厄尔教授的辩论方法感到非常开心。"他最初认为几条直线就是艺术，随着他发现越来越多的直线时，他认为这些更能完全证明它们就是艺术，然后，他就歪曲了所有证据来迎合这个观点。"他几乎是在描述他自己对一些唯灵论现象的辩护。

华莱士的竞争精神仍未泯灭。《对不远的未来的期待和希望》一文被《柏林地方新闻报》拒稿——"观点太激进。"华莱士自己说——它最终在《号角》上发表。他撰文反对军国主义和死刑，并支持个人选举权和铁路国有化；他总是在思考着未来："如果有一个社会主义政府，它应该会如何开始呢?"文学，特别是诗歌，仍然对他有非常重要的影响。他把书房翻了个遍，还不停地麻烦他的朋友们为《美好的世纪》的每一章找一个合适的引言：他引用了丁尼生的诗作为"地质学"一章的引言：

群山的阴影不停浮动

起伏多变各不相同；

坚实的大地融化成雾，

像朵朵白云飘然而逝。

还有 A. H. 休姆令人恐惧的诗行预示着"接种疫苗，一个妄想"：

今天酒窝绽放在笑脸，

快乐的宝宝起笑颜；

明天被关在暗室里

苍白的婴儿在哭啼，

看见浑身的静脉里

流动着钢铁的毒剂。

华莱士十分欣赏埃德加·爱伦·坡的长诗《利奥内尼》——据称，这是他"对地球的告别词"，并由催眠师莉齐·多滕发射了出去——华莱士在《半月评论》上对它进行了介绍；在他的旧金山演讲"如果一个人死去，他会重生吗？"中，他用它做了结束语。在他的文章《阿拉伯之夜的极乐鸟》中，他又回到了他最喜欢的主题之一：地理和贸易、文学和神话。尽管他的眼疾给他带来了不少麻烦，但他仍然阅读了大量的书籍文献：天文学、心理学、唯灵论、灵学研究、宗教（如印度教和佛教）、教育、资本主义、贫穷，以及社会主义。他购买了很多托尔斯泰的小册子：《一个人需要多少土地？》《我的信仰是如何产生的》《生命的意义》，等等。他还弄到了威廉·莫里斯的《社会主义原理纲要》，萧伯纳的费边主义文集，奥斯卡·王尔德的《雷丁监狱之歌》。

然而，他最重要的工作还是他在1904年开始撰写的自传。他手上已经积累了大量的资料：他收藏了大量的信件、笔记、小册子、报刊剪辑、文章的复印件、校样、房子的平面图、植物清单，等等，尽管有点杂乱无章。虽然他对日子的记忆有些模糊，但他对所发生的事情却记忆犹新，特别是当时的情感。他给亲朋好友们写信，常常请求暂借他以前写给他们的信件。在这一过程中，他又重新与老朋友们取得了联系，这让他十分开心。他还因此获得了一次在威尔士免费度假的机会：他的一个朋友的朋友借给他一个在尼思山谷的荒山中的乡间别墅——还有一辆汽车，这是他"早年最喜欢的探索游玩地之一"。当然，他还有已经出版了的游记为他在亚马孙和马来群岛的探险旅行提供资料；他的其他几本书也记载了一些个人经历，像《论奇迹和现代唯灵论》。他自传的题目——《我的一生：大事记和主张》——暗示着他在书中有一些保留。他详细地描述了他的求知历程和个人的喜怒哀乐，但却很少谈及他的人际关系，并且一点也没有涉及他的家庭生活。这本自传并没有刻意掩盖，而只是比较含蓄和谨慎，然而，他对自己却是毫不留情，一点都没有掩饰他的失望和挫折，对自己的羞怯和与人相处时的最初尴尬也是直言不讳。他似乎令人惊讶地毫无怨恨之情，身上有一种平静的自信和乐观主义精神，这一切都源于他对唯灵论的信仰。当他回顾自己一生的时候，他从中看到了一种天意，这种天意引导着他一步一步地为人类的知识添砖加瓦，并为他传播这些知识指明了方向。这部自传非常受欢迎，尽管有些介绍认为它太冗长。书中的有些章节似乎把他手边的所有材料都写了进去，其中，有一些是他早期的作品，像一篇《南威尔士的农场主》的文章。他对梅尔多拉私下说，他开始写书时，认为手上的资料凑不够一本页数可观的书，于是就把"所有合适的东西都放了进去，期待着在印刷之前能进行大量删减"；但当查普曼·霍尔出版社的总经理阿瑟·沃读过手稿后，他只建议在一章中删去了几页，在另一章中删去了几行字而已。三年之后，他听从他儿子的建议，出版了一本缩减版，为他的一生提供了一个更清晰的叙述，并对他所取得的成就，做出了一个不同寻常的评价。华莱士阅读了所有的书评，甚至对那些出言不逊的评论也津津乐道。他摘录了一些寄给梅尔多拉，像《半月评论》上的这一段：

華莱士先生在很多问题上都是一个"抗体"。他反对接种疫苗、国家资助教育、土地法，等等，作为补偿，他支持唯灵论和颅相学，因此，他身上背负了一些几乎无法承担的幻想和谬误的重负。

他特别喜欢"抗体"这个比喻句，而且这一段写得十分巧妙，让人耳目一新——随后，这个评论者就像所有人一样，大肆赞扬了他的生物著作和游记！华莱士这时非常乐观，大多数书评都很正面和公正；英国的政局也开始发生了变化。"有约翰·伯恩斯和劳埃德·乔治的内阁是英格兰有史以来最激进的政府，它让我对生活充满了新的期望，我想再多活几年，看看它将会带来什么样的变化。"

他对过去的深切回忆和他倡导的社会变革终于有了变成现实的希望，这使他又充满了活力。现在，他开始着手进行一件被耽误了很久的事，即向他在学术上最亲密的朋友理查德·斯普鲁斯表达他的敬意。斯普鲁斯在亚马孙生活了十四年，身体健康受到了很大损伤，而且再也没有得到恢复，他把余生的精力完全投入了对苔藓的研究和写作。现在，华莱士在斯普鲁斯遗嘱执行人马修·斯莱特的支持下，还有胡克和克莱门茨·马卡姆的鼓励下，收集了所有可以找到的资料：笔记、日志、信件、植物分类、地图和草图。他向皇家学会施压，获得了一笔拨款，并到皇家植物园标本馆，把斯普鲁斯给胡克和乔治·边沁的信件都复制了一份，他还请了一个灵媒去寻找一本遗失的日志，但没有成功。斯普鲁斯记录了他所经历的所有事，他的笔迹十分工整，但有时字写得很小，而且还用了大量他称之为"象形文字"的缩写，因此，整理这些文件是一项艰巨的工作，需要很大耐心，花费很多时间，还得做大量的通信咨询。但这却是一件他十分乐意做的事；斯普鲁斯生动而细致的描述，还有他带有讽刺的天性，使当年他们在亚马孙的日子又活灵活现地出现在华莱士的眼前。早已被遗忘的人物和地方又重新从记忆中唤醒，"甚至在某种程度上浮现在脑海里"，他想起了那些努力学艺、艰难地设计他的理论框架的草创岁月。等到该书出版时，斯普鲁斯的同行、苔藓学家威廉·米滕已经去世了，华莱士是他的遗嘱执行人，他花了很多时间为他的妻妹们出售米滕的收藏。

随着华莱士早期野外博物学家生涯在他的自传和斯普鲁斯的记录中的重现，人们开始清楚地认识到他所取得的巨大成就。20世纪的华莱士，作为十九世纪科学成就的典范，极受欢迎，他还是它的变化和发展的活化身。他在知识界和大众媒体上不断发表的书、信件和文章，使他闻达于公众。你或许不会认同他的见解；你或许会认为他的观点是奇思异想，甚至有些乖张，但这却丝毫不能诋毁他对主流科学思想的贡献，更不能贬低他的人格力量和纯粹的人文主义感。1908年7月是宣读达尔文－华莱士论文的五十周年：林奈学会提议进行禧年庆祝，并发行了一枚纪念章，它的两面各印着这两位伟大的科学家的肖像——但华莱士却认为，这是一种"非常奇怪"的做法。他理所当然地应邀参加了这个庆典，并讲述了他是如何写成他的论文的经过：这一次，他放弃了他越来越不愿意访问伦敦的做法。"我只考虑到这个庆典会给我带来什么，"他告诉梅尔多拉，又加了一句，**"非常机密！"**："我想我得感谢你或波尔顿试图**'出奇'**地把我放到与达尔文平起平坐的地位！如果我能熬过这个庆典的话，我会好好地说说这件事！！"波尔顿认为，华莱士完全是出于一种职责而参加了这次庆典，"因为这是一次向这个与他的名字紧密相连的伟大天才致敬的机会，绝不可错过"。到这时，胡克是另一个参与过这件事的幸存者，他也应邀发表了讲话。"他们给我颁发了一枚金质奖章，"华莱士告诉他的年轻博物学家朋友弗雷德里克·伯奇，"在另外六位获奖的博物学家中，三名是英格兰人，三名是外国人，他们获得了银质奖章。因此，我必须得去。"约翰·卢伯克爵士邀请华莱士共进早餐，但他很礼貌地拒绝了；多年来，他一直都采取了"不进早餐"和"不进晚餐"的做法，以避免哮喘病复发，让他能够再多做一点工作。他预祝卢伯克的《羽毛进口议案》获得成功："禁止进口是唯一的办法——虽然它比重罚每一个在公共场合穿戴羽毛的人要差一些"——"二次再犯必须坐牢，"这个从前的鸟类收集者坚决地补充道，"然而，时机尚不成熟。"他马上写了一篇"致词"——"我在其中大肆赞美了捕捉甲虫和蝴蝶，和在热带雨林中收集鸟类（这正是伯奇在圭亚那所做的），因为正是它，让达尔文和我发现了这个理论。"

他这种典型的自轻自贱的叙述，对他自己是不公平的。1908年的这次大会是在大乔治街的土木工程研究所举行的，它对华莱士的独立贡献做了全面认可，"正是你与你同样伟大的同事一起，创立了这个我们为之庆祝的盛典。"颁发给他的嘉奖令上写道。华莱士对他的醍醐灌顶时刻，给出了自己的解释：

> 这个想法突然灵光一现地出现在我的脑海里，就像它发生在达尔文身上一样；在几个小时之内，我就把它想清楚了——当时，它的各种应用和发展不断在我脑海中涌现，我草草地把它们写了下来——然后抄写在薄薄的纸上，寄给了达尔文——一个星期就大功告成了。我当时（并从那时起经常）是一个"急不可待的年轻人"：他（达尔文）却是一个不辞辛劳、十分耐心地为他所发现的真理寻找全面证据的学者，不为追求眼前的个人名誉所动。

这个描述很好地概括了他们俩之间的区别。他接着否认了这个理论归功于自己："任何人都不应该因为获得了一些想法而受到赞扬或责备，他只能为以后由此而引起的行动所负责。"他会接受这枚勋章的，

> 并不是因为我因一次幸运的机会而成了"适者生存"理论的独立创造人，而是因为你们非常慷慨地认可了我为解释和阐明这个理论所花的一点时间和所做的少量工作，指出了它的一些新颖的应用和（我想我能再加上一句）我为扩大这些应用的尝试，虽然有时偏离了我尊

敬的朋友和老师达尔文所能接受的方向。

他一生中从未对他的"小小异端邪说"感到后悔。

接着，胡克讲述了他当初在林奈学会论文发表一事中所起的作用。他对事情发生的经过补充了两个很有意思的细节，它们与《达尔文的一生及书信》和华莱士自传中的陈述略有不同。他首先强调，他、莱尔和达尔文在整个事件从未碰过面：一切都是通过书信决定的。他还指出，除了弗朗西斯·达尔文在《达尔文的一生及书信》中所提供的证据外，他的说法没有"任何书面证据"：没有莱尔给达尔文的回信，他"给莱尔或达尔文的信也都不存在了，唯一的证据只是后者对收到了其中一些信件的确认；最令人吃惊的是，华莱士先生的信及附件也不见了"。在给达尔文和华莱士庆功的官方大会上发表这种言论，似乎颇具争议。达尔文当时写的大部分信件都被保存下来了，并且发表了：为什么没有胡克的信件？还有莱尔的？华莱士的？这似乎是给弗朗西斯·达尔文的一个公开问题——一个人永远都没有得到答案的问题。

庆典大会继续进行——海克尔教授[1]和魏斯曼教授缺席，斯特拉斯布格尔教授热情地赞扬了华莱士，弗朗西斯·高尔顿和雷·兰克斯特也都发了言。华莱士没有久留：庆典没有安排庆祝酒会和晚宴。他乘坐出租马车去了滑铁卢火车站，7点半回到家中，为完成了这次公开露面而松了一口气。

林奈金质奖章在科学界起到了一定的促进作用。10月，华莱士收到了一封来自皇家研究所荣誉秘书长威廉·克鲁克斯的信，邀请他在1月的会议上做一个关于达尔文主义的报告，当时正值他"身体不适"。"我感到很不舒服，很想直接拒绝他！"他对伯奇私下说，"但我等了几天，感觉稍好一点。当我躺在炉火边的长沙发上时，突然产生了一个做讲座的

---

1　恩斯特·海克尔（1834—1919），德国动物学家和哲学家。

想法，我认为一定能行。"三四十年前，他曾经拒绝过皇家研究所的一个邀请，他向波尔顿解释说，这是因为他"当时感到不能胜任"。"我相信**灵感**，我所有的好主意都是突然出现的！我当时已经拿定主意，要拒绝这个邀请——当我躺在沙发上时，一个想法突然在我脑海中闪现！"——这个想法应该很适合他的听众，并能"**起到很好的作用**"。他认识到，这个邀请是给他的一个荣誉，想到戴维[1]、法拉第[2]和丁达尔都在这个研究所当过教授，而克鲁克斯又是他的老朋友——此外，他还是一个唯灵论者。不到一个星期，他又接到了皇家学会的来信，宣布他被授予科普利奖章——这让他兴奋不已，因为他从未向他们投过一篇论文，是科学界的一个"局外人"，并被认为"只是一个理论家"：他接受了波尔顿的提议，让他从阿奇博尔德·盖奇爵士那里代为领奖：因为奖章会装在一个皮盒子里，波尔顿只需到附近的邮局，"要一个比较结实的**挂号信信封**寄给他即可"。几天后，他又从国王的私人秘书诺利斯勋爵那里得到了一个好消息："国王殿下提议，在他的生日荣誉名单中，授予我'英国功绩勋章'[3]！"感叹号被他重重地写在信纸上。"是不是太可怕了——现在又获得了两个荣誉！我想，从未有人在半年内被授予过三个级别如此之高的荣誉！"他从未认为自己有资格获得科普利奖章，至于把"功绩勋章"授予一个狂热的唯灵论者、土地国有化支持者、社会主义者和反军国主义者，等等，简直是"令人震惊和不可思议的"。遗憾的是，这个勋章不仅会授予有成就的公民，而且还会授予军人，因为他们做出了很多杰出贡献，但华莱士还是写了一封有礼貌的接受信。当他发现他必须得穿一套"非常昂贵的宫廷制服"去受勋时，便以年事已高、身体虚弱为由，谢绝了到白金汉宫去参加授勋仪式。最终，国王的侍从武官莱格上校从

---

1　汉弗莱·戴维（1778—1829），英国化学家。

2　迈克尔·法拉第（1791—1867），英国物理学家、化学家。

3　英国功绩勋章，是一种英国和英联邦勋章，由英国君主所颁赠。勋章于1902年创设，以嘉奖在军事、科学、艺术、文学或推广文化方面有显著成就的人士。连同君主在内，本勋章的限额只有25位。

伦敦来到了布罗德斯通庄园，向他颁发了勋章。这个勋章是一个"嵌有金边的红蓝色珐琅十字架，色彩艳丽，十字架上方嵌接着皇冠，还有一条红蓝色、带有棱纹的绸带，用来把勋章戴在我的脖子上！"（一个伯恩茅斯的裁缝受委托把绸带缝在华莱士西服的马甲上，但他承认，一个工人粗心地把扣眼也给缝上了。）华莱士在1909年1月22日为皇家研究所做报告时，就戴着这枚勋章。他告诉梅尔多拉，他讲座的想法是，用一种传教士式的努力，从一个新的角度来看待达尔文主义，并让"突变论"等等无处藏身。梅尔多拉主动提出，如果需要的话，他可以帮他宣读讲稿，但华莱士让他放心，如果他失声的话，克鲁克斯会在场应急。"我想克鲁克斯应该能够大声念稿，要不然的话，他不会自告奋勇的。"让他十分宽慰的是，梅尔多拉和他一样，也"认为突变论的主张完全是无稽之谈——孟德尔派也和他们一样！我可能会在报告中提到他们。我希望我已经完全清晰地阐述了这个论题，使'最迟钝'的人也能看清他们主张的荒谬性。"他加了一段附言，充分说明了这一点："我真不知道人们对那些'达尔文主义'批评者欣赏的是他们的**鲁莽草率**，还是他们的**闪烁其词，或者完全缺乏逻辑推理的能力**。"华莱士就像是一个新近从山洞里出来的以利亚[1]，在皇家学会中大肆宣扬达尔文主义的**纯正真理**，并狠狠打击那些不信者。

　　华莱士的头脑仍然十分活跃，他还在努力解决那些重大问题，抨击那些他认为是对达尔文主义，或融入了他的观点的达尔文主义的新威胁。他的讲稿被整理成了一篇文章，《生命世界：达尔文主义的想象和解释》，最后成书出版。他认为《生命世界》是他"在过去半个世纪中，对达尔文进化论的思考和工作"的总结，但书的中心思想体现在书的副题上："一个创造力、指导思想和终极目的的体现"。华莱士对他在《人在宇宙中的地位》一书中所表达的哲学观不太满意，他想在这里创造一个更简

---

1　以利亚，《圣经》中的先知之一。

明、更广泛的框架。他不必因此而反对达尔文，因为他认为达尔文在他的探索中有意回避了一些根本问题：生命自身的本质和原因、生长和繁殖的力量。他小心翼翼地绕开了达尔文的神殿，向唯物主义生命观和意识观发动了进攻，他选择了"我们最伟大的哲学生物学家"海克尔和赫胥黎为目标。他反对海克尔的所有观点：

> 我们的"人性"是按照上帝的形象发展起来的，但它又堕落到了有胎盘哺乳动物的水平，这些动物对宇宙的价值并不大于蚂蚁、夏天的苍蝇、微小的滴虫或最细微的杆菌，人类仅仅是永恒的物质演化中的一个转折阶段，一种物质和能量的特殊形式，当我们以无穷的空间和永恒的时间作背景时，我们很快就能看到它的真实规模。

华莱士以他特有的活力向海克尔发起了进攻：说他是教条主义、独断专行、超出了他的知识范围、把否定与无所不知混淆一谈，"他的哲学既不科学又很蹩脚"。他试图对宏大的进化系统中人生戏剧的各个阶段提供一个概论，从而得到"一个对生命世界的奥秘的更公正的看法"。他的立场非常明确："从遥远的地质时代"起，地球就为人类准备好了。这本书通过华莱士的亲身经历、渊博的知识和他对他所用的有机物的深刻了解，为生命的发展提供了一个非常好的概观。书中栩栩如生地描述了地球表面的变化、地质记录、第三纪的生物，和一些关于物种、植物和动物的分布和适应性改变的例子，其中还掺杂着我们熟悉的东西：极乐鸟的尾羽、鹿豚弯曲的獠牙，以及"生长在伯恩茅斯附近的一片松树林里"的淡紫色的双色百合花（*Simethus bicolor*），它们"现在可能已经被建筑工人们斩草除根了"。华莱士大量引用了朋友们和信友们的见解和研究，并受到了他们的激励：其中包括理查德·斯普鲁斯、阿尔弗雷德·牛顿、爱德华·波尔顿、阿奇博尔德·盖基、约瑟夫·胡克、西塞尔顿－戴尔。这本书是对他一生工作和兴趣的回顾，非常通俗易懂，但它对当前的科

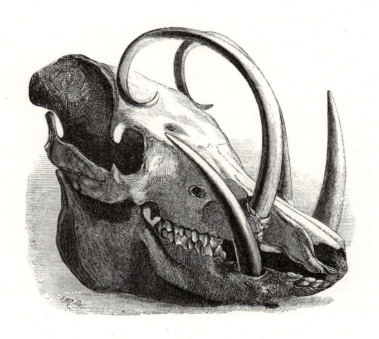

鹿豚的头骨

学发展也进行了探究，像魏斯曼的种质理论、染色体、分子和原子；他还增加了一章关于疼痛的作用和定义，"大自然残酷吗?"尽管他对"怎样发生"的好奇心像当初一样敏锐，但他实际上对于"为什么"更感兴趣。在他的最后这本综述书中，他试图通过假设一系列的智能干预，来为科学和宗教之间这个不可逾越的鸿沟架起一座桥梁。

　　在我看来，科学和宗教发生对立的主要原因似乎是，一方认为只有一种未知力量在主导造物，而另一方则认为有一个无限万能的上帝。神学家们毫无必要地创造的上帝的侍从和信使的天使和大天使们，或许也加强了这种对立，但在我看来，这两种看法都是不合理的。如果像我所主张的这样，因为地球产生了生命、智慧和我们人类，我们必须假定一个全能的上帝的存在，那么，我们应该假定在上帝与我们之间，存在着一个无限的鸿沟，这个鸿沟在一定程度上由无穷多等级的生物所占据，每一个等级的生物在它的起源、发展和对宇宙的控制上，都比它上一个等级的生物具有更高的权力，这似乎是一个唯一符合逻辑的假设。

华莱士的著作是他一生旅程的结晶，这个旅程仅被他看成是在灵魂的无休止发展过程中的一个阶段。他用作题词的两个引文就明确地表明了他的思想中的两大支柱。第一个来自伟大的瑞士植物学家阿方斯·德·康多勒：

> 每一种植物，不论是水青冈、百合花，还是海藻，都起源于一个细胞。这个细胞并没有包含一种神秘的东西，而是被赋予了，或者说伴随着，一种力量，这种力量激发并引导了以后所有的成长。这就是那些具有独特器官的物种所产生的事实，更确切地说是秘密。

华莱士或许会对基因学的清晰明了感到高兴，但是，很难想象基因学会让他对指导智慧的信仰产生动摇，这一点他用蒲柏的诗《人性随笔》表达得十分清楚：

> 整个大自然都是你未知的艺术，
> 所有偶然都是你无法领悟的指向，
> 所有不和都是你不能明白的协调，
> 一切局部邪恶终将导致普世美德。

1909年是达尔文诞生一百周年，剑桥举行了庆典，并出版了一卷论文集以示纪念。华莱士收到了撰文的邀请，但他"因多方原因"拒绝了，部分原因是他不愿与一些人掺合在一起。西塞尔顿-戴尔写了一篇"非常好并完全适合这一场合”的文章，但他也没有去剑桥参加庆典，他告诉华莱士，这是因为他“无法忍受被人告知，达尔文的衣钵已经传给了W. 贝特森[1]——而且，物种起源还有待被发现，以及有些差别在现实中并不存在”；这种挑衅一定会使他激怒。华莱士没有马上阅读贝特森和德弗里斯[2]所写的文章——在达尔文的庆典上，让这种人大出风头真是太荒谬、太不相称了。梅尔多拉总是为华莱士着想，确保他发给这个老战士和先知的电报措辞恰当。

在布罗德斯通庄园，华莱士正等待着他的书的出版，但他在花园外看到的景象却让他更加担心。他“在荒野中的迷人的小屋”再次遭到了被周围建筑包围的危险。人们已经“签约”购买了周围的很多土地，温伯恩勋爵把每英亩的地价涨到了250英镑。威尔和维奥莱特能否在附近各买一英亩地，以便多保留一点树林？当他的书出版后，他或许能弄到足够多的钱再买一英亩地——他急需买下通往普尔街的通行权。圈地和开发再一次威胁到了他的安宁。钱总算弄到了，维奥莱特搬了过来，最终在旁边的塔戈里伍德造了一栋房子，开办了一所小学校。

在他生命的最后几年中，他再也没有出门远行，而更喜欢待在自己的花园里，在家接见来访者。然而，他并没有对外面所发生的一切不闻不问。他告诉威尔，《自然》终于发表了一篇关于《生命世界》的评论，但它却放在令人不爽的“科学与推测”部分。作者对书中**“大量的新颖、令人感兴趣的事实和结论”**，还有**“自然选择原理的各种新的**应用”表示赞同——但是，作者很显然是一个不可知论者，他对华莱士没能避免“目的论猜测的种种缺陷”进行了抨击。然而，这个评论比他对《自然》的期望要好得多。同时，他还开始用可可壳泡水喝，虽然无害，但却很提神：他还主动提出要寄一些给威尔试一试。他还继续发表公开信：

---

1　威廉·贝特森（1861—1926），英国遗传学家。

2　德弗里斯（1848—1935），荷兰植物学家和遗传学家。

有的寄给了土地国有化学会的年会，有的寄给了反接种疫苗联盟；一封关于当前英伦群岛植物群与冰川时期的关系的信；还有寄给《泰晤士报》和《每日纪事报》抗议对《保险法令》进行调查的信。在他90高龄时，他还接受了《每日纪事报》关于"大罢工及后事，国家和平的希望"的采访，还有《每日新闻报》关于"生活问题"的采访。他给英国财政大臣劳埃德·乔治写了一封"简短但却十分重要的信"，建议他和阿斯奎斯[1]"通过皇家宣言，接管全国铁路的经营管理——理由是对它七十年的不善管理，几乎把这个国家带到了饥饿和战争的边缘……"他身上的社会主义者精神仍然充满了活力。他当时正在为出版商卡斯尔写两本小册子，《社会环境和道德进步》和《民主的背叛》。虽然他相信人类的最终美德，但他从未停止过努力为更多的民众改善当前的生活，只是他现在的工作速度很慢，他向波尔顿透露说，他每天都必须阅读有关**战争的消息**！

在1913年夏天和秋天，他和他妻子一样，身体越来越虚弱，他还备受关节炎的折磨。他与朋友詹姆斯·马钱特合作撰写的《达尔文与华莱士》一书也毫无进展。刚开始，他的花匠会用车推着他去庄园里观看他所喜爱的花卉；他这时产生了"一种对高山植物的可怜的狂热"。后来，他请求把他最喜爱的一些植物移植到他书房的窗前。"太多的信件和家事需要处理，太多的小毛病不断干扰，让我没有休闲之时。我就像乔布所说的：'一个蚂蚱对他都是一个负担'"。但他仍然认为，他还能"在这个**非常美好**的世界里再蹒跚地行进几年……"11月2日，星期日，他病倒了，卧床不起。他生病的消息引来了很多记者，他们找到他的男仆说：在他去世时，你能否放下他卧室的窗帘，给我们一个暗号？男仆向华莱士的家庭医生诺曼通报了这个请求。什么？诺曼回忆说，他试着关了窗帘，像这样吗？诺曼回忆中，有一个报纸提前发了一份讣告。华莱士在

---

1　赫伯特·亨利·阿斯奎斯（1852—1928），英国政治家，1908年至1916年出任英国首相。

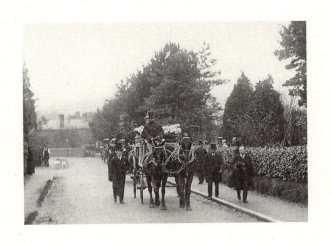

华莱士的葬礼

11月7日去世。他的直系家属都在场，威尔为媒体写了一个通知："华莱士博士在早上9点25分失去了知觉，安详辞世。"

媒体发布了长篇讣告，对他充满了赞颂之词。他的葬礼十分低调。他家人拒绝了把他安葬在威斯敏斯特教堂的建议。华莱士下葬于布罗德斯通墓地，索尔兹伯里大主教为他举行了葬礼。威尔和维奥莱特参加了葬礼，但安妮因行动不便，无法参加。（安妮在1914年12月10日去世。）拉斐尔·梅尔多拉代表皇家学会，他的老朋友爱德华·波尔顿代表林奈学会，约瑟夫·胡克代表土地国有化学会，参加了葬礼。一个在多塞特海滩上发现的高大的树干化石被安置在他的坟墓上，串联起他当年在亚马孙和马来群岛的探险经历和他在加州红杉树森林漫游的日子：也是一个对他信仰万物合一的象征。

第十五章　老英雄

2000年4月15日，星期六，一个潮湿的下午，在华莱士安息的布罗德斯通墓地举行了一场简朴、动人的庆典仪式。他的两个孙子——威廉的儿子约翰和理查德——在他的墓碑前安放了一个花圈，他的重孙给它献上了一束鲜花，华莱士家族正式将墓地的租赁和纪念碑的看护权，转交给了林奈学会，学会主席吉莱安·普兰斯爵士接受了它。当天早些时候，在伯恩茅斯大学的华莱士室，林奈学会举行了一次特别会议，会上宣读了一系列文章，庆祝华莱士一生所取得的伟大成就。1998年，林奈学会揭幕了一幅华莱士的全身画像，把它与达尔文的画像并列挂在了一起。四十年前，在他们共同发表论文的一百周年纪念日里，林奈学会为他们颁布了一枚纪念章。林奈学会对华莱士在自然选择理论上的贡献和他一生所取得的成就的宣传，尽了最大努力。华莱士与贝茨在亚马孙的共同探险，和华莱士在马来群岛史诗般的旅程，构成了伦敦自然博物馆的"探索旅程"的主要部分。华莱士在沃佩斯河上的开拓性探险，以及他所画的独一无二的罕见鱼类，在桑德拉·纳普的《林中足迹》一书中，得到了精彩的描述；他在东方广为人知的旅行是加文·道斯的《群岛》一书的出发点和主题，它应用进化论原理，从华莱士当初的观察，追溯到了当今这些岛上丰富多彩的动植物群，和岛上变化无常的自然资源。华莱士是一代又一代野外博物学家的偶像，这不仅是因为他所取得的巨大成就和发现，更来自于他独立自主、坚韧不拔、勇敢无畏的精神，以及他在发现一棵植物、一只蝴蝶，或在林中遇到一个"完美的小生物"时表现出的发自内心的喜悦。

华莱士姑妈的一个后裔约翰·威尔逊最近出版了一本书，《寻找阿尔弗雷德·拉塞尔·华莱士》，书的副标题是"一个被遗忘的博物学家"。华莱士在去世时，是当时世界上最著名的科学思想家之一，到后来，不知为何，他却逐渐从公众的视野中消失了，这几乎是一种华莱士式的自我埋没的行为。在他生命的最后阶段，他几乎成了一种老古董（也是一个活的传奇）：科学已经进步了，甚至连达尔文也黯然失色了一段时间。当马钱特的华莱士传记《通信与回忆》在1916年发表时，西方世界的注意力已经转移了。即使在科学界，人们对华莱士的评价也有很大保留。1917年，圣约翰·索普牧师写信给皇家地理学会，指责它所发表的一篇关于华莱士和活体解剖的文章"非常不妥当"，学会秘书长回信说："他在天文学上经常自相矛盾，他关于接种疫苗、活体解剖的这类观点，也完全与科学界的看法大相径庭……在他的博物学专业之外，华莱士博士的见解是不靠谱的。"华莱士的这些小小的异端奇想给他早年的伟大成就抹上了一层阴影；然而，他的传记作家马钱特，还有华莱士在他的自传中，既没有为他后期的这些政治、社会活动打掩护，也没有掩饰他对唯灵论的坚定信仰。我们或许可以把华莱士看成是一个古怪的人，一个在无意中发现了真理的人，这或许更容易理解吧。

在《通讯与回忆》出版后的近五十年里，基本上没有任何关于华莱士的文章或书籍发表，除了在那些关于19世纪中叶的重要人物的书中，顺带着被提到。他成了一个脚注，一个附笔，一本伟大游记的作者（他在书中有意避免谈论他的科学思想）。1958年，林奈学会举行了进化论的百年纪念日庆典，对人们进行了一个适时的提醒。威尔马·乔治在1964年出版的华莱士传记《生物哲学家》中，对他的科学思想重新进行了清晰的评估。美国学者们也开始对进化论思想的形成过程进行了探索，追溯了各种影响的交互作用，并对一些文件进行了仔细研究。芭芭拉·贝德尔写了一篇极具影响力的文章《华莱士、达尔文及自然选择理论》，她随后发表了一些追根求底的质疑。她在接受阿诺德·布拉克曼采访时，谈到了在华莱士－达尔文－胡克－莱尔通讯中失踪的一些关键信件，她说，"有人对这些文件进行了清理。"（她怀疑是弗朗西斯·达尔文。）刘易斯·麦金尼也进行了一系列一丝不苟、具有突破性的研究，最终在1972年写成了《华莱士和自然选择理论》一书，他在书中通过对华莱士的日志和笔记的研究，追溯了他的思想的发展过程，他直接提醒人们，应该注意特尔纳特信件到达的时间。它是什么时候抵达唐恩庄园的？它为什么没有像华莱士同时寄给贝茨的那封信那样，更早抵达唐恩庄园？如果它更早抵达了唐恩庄园，达尔文拿它做了些什么？难道他仅仅坐在那里对信的内容感到震惊吗——或者用它干了些什么？他自己的"巨著"到底写到哪里了？最后这个问题的答案是"性状趋异"（即自然选择原理）。据达尔文的私人日志记载，他在4月14日开始为他的"长篇巨作"写一段关于性状趋异的章节，并在6月12日写成。麦金尼对这件事的叙述非常谨慎：他提出了很多疑问，但在"欺诈"这个词前面加上了"或许"。难道达尔文先用华莱士的想法来澄清了自己的理论，然后写信向莱尔求助如何处理华莱士十分精彩的论文？又有两个美国人加入了这场引人入胜的争论：阿诺德·布拉克曼撰写了一篇说服力很强的调查研究报告：《一个精心的安排：达尔文与华莱士的离奇案件》，科学史学家约翰·L.布鲁克斯撰写了一篇同样精彩，并经过缜密研究的报告，《起源前夜：阿尔弗雷德·拉塞尔·华莱士的进化理论》。布鲁克斯和布拉克曼认为，1858年的事件是一个阴谋，他们重溯了那个至关重要的信件的行程，讲述了一个扣人心弦的故事，其巨大的爆炸力足以摧毁达尔文及其整个官方的说法。布鲁克斯断言，达尔文"肯定在5月的两个日子之一，收到了华莱士的手稿"："5月18日收到此信会给他25天的时间在6月12日之前完成他的手稿（关于'性状趋异'）；5月28日至29日收到则会留出不到两周的时间，但我们必须承认，绝望会使笔写得更快。"在布拉克曼更极端的版本中，这段插曲变成了一个典型的英国人，或英格兰人的伪善的例子，一个等级与教育制度的政治运作，在其中，华莱士这个标本收集者，一个野外博物学家和地位低下的收集者，被有权有势的科学家们所击败。因为他性格的缘故，华莱士在这个"精心策划中"，与他们"同流合污"。

但必须指出的是，从来都没有一个阴谋论建立在如此薄弱的证据之上，或者说使人迷惑的证据缺乏之上的。达尔文在给莱尔的信中宣称，他在18日收到了华莱士的信——"他今天给我寄来了附带的这封信"——"六月"是后来加上去的，应该是弗朗西斯·达尔文干的；接下来的信件出现在1858年6月25日和26日。华莱士寄给贝茨的信上的邮戳日期是"Ju 3 58"——即1958年6月3日。麦金尼、布鲁克斯和布拉克曼辩解说，寄给达尔文的信至少应该在6月18日之前的两个星期就抵达了。布鲁克斯对荷兰邮政的航班进行了调查，计算出寄给达尔文的信完全有可能在5月18日就到达了。寄给贝茨的信途经南安普顿市，走的是更廉价的"重件"慢路。布鲁克斯假定寄给达尔文的信途经马赛，因此应该更快抵达。这里假定整个邮政服务是绝对可靠的。然而，无论华莱士写特尔纳特论文用的纸有多薄，他寄给达尔文的信肯定要比寄给贝茨的信更重；它也有可能在路上被耽误了。我们也没有理由认为，达尔文在收到信后，没有马上给莱尔写信；他的那封信读起来确实像是一个人在受到一个最令人不快的打击后，即兴而作的。

布鲁克斯继续建议道，达尔文可能利用他在收到华莱士论文和把它转交给莱尔的这段时间里，在他的手稿里加上了一段关于性状趋异的章节，他用华莱士论文中的想法，弥补了自己理论的漏洞。为了支持这一观点，他指出，在达尔文计划的"物种巨著"中，关于"自然选择"的关键一章正是在这个时候加进去的，它后来被简缩成了《物种起源》：达尔文自己说，他在5月和6月上旬正在撰写性状趋异理论。当然，华莱士对达尔文的冲击已经相当大了；自从莱尔和布莱思提醒他要注意华莱士的沙捞越论文的含义以来，莱尔又进一步敦促他发表一个他的观点的"概要"，他因此加速了他的"物种"著作的写作。布鲁克斯声称，特尔纳特论文不仅给他带来了至关重要的线索，而且还促使他重新阅读了沙捞越论文。之后，他匆忙地全面修正了他对物种灭绝和性状趋异重要性，以及它们在自然体系中所占据的地位的看法。

同样，以上这个假设事件的因果顺序也没有任何证据，尽管一旦我们接受这个"信件早到"的假设，这种解释是完全可能的。然而，达尔文为什么会干这种事呢？他一直都让莱尔和胡克了解到他工作的详细进展，在他们看来，这完全不是什么秘密；达尔文还经常向他们两人，特别是胡克，吐露自己的心声。在优先权问题上，这些关于性状趋异的笔记是无关紧要的。达尔文手头没有任何可以发表的现成资料，而华莱士的论文却是完整的，精练而流畅。事实是，达尔文把它随信寄给了莱尔，成功地加速了华莱士理论的发表进程：从来没有一篇关键的科学论文像这样快地被审稿，并被公开发表了的。

至于在人格方面，达尔文的一生似乎都没有什么迹象表明，他有制造这种巨大骗局的能力，尽管他在确认他的资料来源及鸣谢上并不慷慨。而且，优先权的问题并不是仅在1858年6月才出现的。"我相当讨厌为了优先权而写作，"他在1856年5月向莱尔坦承说，"然而，我应该这样做。

要不然，如果有人在我之前发表了我的学说，我会很懊悔的。"两年后，莱尔的警告非常不幸地变成了现实。他非常懊悔，并为自己的懊悔而懊悔。"那么，我所有的独创性，不论它是什么，就这样被击得粉碎，尽管我的书，如果它还有任何价值的话，是不会贬值的，因为我把所有精力都用在了这个理论的应用上。"他发现他确实很在意他的独创性。一个星期之后，他儿子因猩红热濒临死亡，让他痛苦不堪，他向莱尔坦述了他的困惑：这完全是一件无聊的事儿。他要做得光明正大，不被人认为是卑鄙和低贱的：

> 华莱士并没有提到要发表他的论文，我现在附上他的来信。但是，由于我并没有想过要发表自己的手稿，现在因为华莱士把他的理论概要寄给了我，我这样做能算得上是光明磊落的吗？我宁愿把我的整本书都付之一炬，也不愿让他或其他人认为我是卑鄙的。

把达尔文看成是一个文艺复兴时期的复仇悲剧中阴险狡诈、不择手段的阴谋者是荒唐的。毫无疑问，他有点希望他的朋友们会说，"对，你可以正大光明地发表你的东西"；但他上面这段话却是一个真正心烦意乱的人所讲的。多年之后，当他面对塞缪尔·巴特勒的敌意时，他的语气仍然是这样悲惨无助。达尔文与赫胥黎和胡克不同，甚至与华莱士也很不一样，他不愿意，也没有能力卷入公开的争论之中。他的声明，"我所有精力都用在了这个理论的应用上"，完全可以从华莱士的口中说出。

当然，从华莱士的角度来看，这个论文的联合发表是存在着一些疑问的。达尔文自己也对宣读论文的先后顺序感到吃惊："我以为你的信和我给阿莎·格雷的信会作为华莱士论文的附录，"他在林奈会议之后，写信告诉胡克。这个按研究的时间顺序来宣读论文的决定，是胡克和莱尔做的。后来，华莱士对在论文出版前，没有给他修正手稿的机会而感到有点恼怒或介意，尽管这样做会使会刊的发表耽误六个月。（例如，他从来没有校对过他在《博物学年鉴和期刊》上发表的沙捞越论文。）然而，令人吃惊的是，有一些关键的信件却失踪了：例如，华莱士给达尔文的信，尽管它被转寄数次；还有胡克和莱尔给达尔文的强烈申辩的信的回信；还有达尔文给华莱士的信，这封信从达尔文的角度，解释了事情的发生经过——如果有人"对这些文件进行了清理"的话，那么这封信**是不可能成为被清除的信的一部分的**。然而，虽然这一切让学者们和传记作家们感到困惑——它也给人们提供了一个猜测的机会——但这些文件的遗失并不一定是有险恶用心的。人们可以根据当时足够多的信件来往，大致重现这些遗失信件的内容；写信者们也知道自己写了什么和做了什么；他们还相互认识。华莱士对英国的三巨头，达尔文、莱尔和胡克来说，是一个未知数，考虑到他们的一些科学家同伴对这种事的敏感程度，他们各自都可能对他的反应有所猜测。胡克对华莱士的大度感到惊叹，而莱尔则一直都在鼓励华莱士应该为自己争取更多的功劳。达尔文对华莱士的反应很赞赏，就像他后来对华莱士本人一样。华莱士是一个敏感，甚至易怒的人，他完全明白自己的权利，并对不公正或不平等有敏锐的嗅觉，但他从来都没有公开地或在私下对这个安排表示不满。然而，鸣谢和引证则是一个很敏感的话题：华莱士后来因在不同场合没有提到赫胥黎、西塞尔顿－戴尔和阿莎·格雷的工作，而受到了他们的批评。或许，华莱士对达尔文完全的透明度和他神一般的名誉产生了怀疑；但在另一方面，他对科学界的官方仪式在私下是持有保留态度的。

如果人们认为这个历史在当初被歪曲了，那么它就应该得以修正。达尔文确实被首先提升到了维多利亚时期的巨人地位（在这件事中，华莱士自己也完全参与了进去）。特里斯特拉姆牧师曾讽刺性地向阿尔弗雷德·牛顿抱怨了"上帝"达尔文和他的"先知"赫胥黎，还有任何人都不容许反对他们。最近出版了一系列重要传记和对他们之间的通信的详细注释，这使达尔文比任何其他英国科学家都更详细地为人所知。在这种情况下，任何不同的虚构故事都必须得写得头头是道，最好还是耸人听闻。甚至连呼吁修复华莱士坟墓的少量宣传也成了媒体和电台上引出阴谋论的诱饵:不出所料,他们马上就上钩了。现在,华莱士在一些宣传达尔文成就的关键描述中,仍然不见踪影。在伦敦自然博物馆,官方对自然选择的权威解释完全被达尔文主宰,连华莱士的名字都没有提,更不用说他的贡献了,相反地,巴黎植物园则完全不同。

然而,华莱士并不是一个受害者,他也不认为自己是一个受害者。对一个完全没有确凿证据的虚构故事进行大肆宣传,不仅会贬低达尔文,而且也会贬低华莱士。华莱士的声誉和重要地位并不取决于他是否比达尔文先发现了进化论,而是因为他(相对)独立地、标新立异地发现了它;还有他后来撰写的有关进化论的著作,和他的其他成就。达尔文也一样,他的自然选择的声誉并不取决于那个林奈学会的会议,而是取决于《物种起源》和《人类的由来》:即这个理论的实际应用。实际上,华莱士-达尔文,或达尔文-华莱士论文的发表的最有意思之处,是他们两人随后建立的个人关系和学术关系。

达尔文对自然选择的深远影响看得十分清楚:它会怎样动摇宗教信仰的根基,并影响人们对社会的态度。但华莱士则显得完全不受这些焦虑的干扰,他持有欧文主义对人的完美性的幻想,自然选择原理只是一个他需要纳入他的世界观和哲学体系的东西。而具有传统圣公会信仰的达尔文则转向了不可知论,而不是唯物主义,他认为自然选择是影响进化的众多复杂因素之一,并愿意把人看成是一种高度进化的动物。此时,华莱士已经不再把基督教信仰看得很重要,他逐渐对唯灵论,对人死后还能生存和发展产生了坚定的信仰;他把自然选择的一个"纯粹"的,甚至有点呆板的原则纳入了一个能把人升华到天使的框架中。即使在当今这个对人类遗传编码完全明了的世界中,这两种对立观点的两极分化仍在继续。通过达尔文和华莱士这两个共同主角思想上的搏斗,人们可以看到当时对动物与人类、唯物主义与唯心主义的争论的普罗米修斯式斗争的痕迹。

华莱士曾经把自己与达尔文做了比较，他回忆说，他们都是以捕捉昆虫开始的：那些产生了甲虫的规律也创造了人。然而，蝴蝶或极乐鸟对华莱士是一个更合适的象征，它们更能代表华莱士所属的那一类博物学家。华莱士在马来群岛的探险经历还在欧洲文学作品中留下了痕迹，例如，它出现在萨默塞特·毛姆的《尼尔·麦卡达姆》故事中。特别是康拉德的小说《吉姆老爷》，它利用了很多华莱士的背景资料，并在商人和昆虫学家斯坦身上重现了华莱士当年捕捉到一只蝴蝶时的激动心情：

> 向前迈一步，轻一点，再迈一步，向下一罩！逮着了！我站起身来，激动得全身像树叶一样地颤抖着，我小心翼翼地打开它的翅膀，看清了这是一个罕见的、非常完美无缺的标本，我顿时感到一阵头晕，腿也因激动而变得软弱无力，我一屁股坐在了地上。我极想在为教授收集标本时，也为自己捕捉一个这个物种的标本。我进行了长途跋涉，经历了千辛万苦；我在梦中见过它，而现在，它突然出现在我的手中——终于属于我了！

这段描述让人想起了华莱士在巴占群岛上捕捉到红鸟翼凤蝶（*Ornithoptera Croesus*）时的情景。然而，康拉德随后开始逗趣般地拿蝴蝶与人作对比，在某种程度上可以说是对华莱士学术生活的一个评价。他用斯坦的口说出了这些话：

> "我们想以各种方式来生活，"他又说，"这个非常漂亮的蝴蝶发现了一小堆土，它静静地停在上面；但它不会永远停在这堆土上一动不动，它想这样做，它想这样……"
> 他举起了他的手，然后又放了下来……"他想当一个圣徒，他又想做一个魔鬼——每当他闭上双眼，他看见自己是一个非常好的人——好得他永远都不可能做到……这只是一个梦……"

华莱士走进森林去寻找那个"谜中之谜"，即物种起源，这个他思想中飘忽不定的蝴蝶。他将会因他在自然选择原理上所做的贡献，永远受到敬仰，但他的重要贡献并不仅仅局限于那个激动人心的时刻，因为他没有放弃对人的思考和梦想。这或许与他的凯尔特出身有关，如果不是他的凯尔特血统的话。作为一个旅行家、野外博物学家、地理学家、生物地理学家和人类学家，他在每一个领域里都是硕果累累。作为一个作家，他写了两部伟大的著作，《马来群岛自然科学考察记》和《海岛生物》，还有很多非常优秀的书。作为一个科学哲学家，他在人们对自然世界和人的看法上做出了巨大贡献，他用他特有的直觉思维，不断对根本性的问题进行了探索，尽管他的答案被后来的研究和证据证明不一定是完全正确的。作为一个人，他令人惊喜地充满了矛盾：他从一个害羞、略微驼背、缺乏自信、犹豫不决的人，逐渐变成了一个在学术上非常自信、在社交场合显得自如的人，他最终对他在科学界的作用十分清楚和满意。他身上有一些东西不仅从未改变，而且变得越来越强烈，那就是他对人和民族的强烈的兴趣，以及他寻求社会公正的强烈动力。在这方面，他独树一帜，把渊博的科学知识和专业知识与深刻而根本的社会分析结合在了一起。当他在埃塞克斯、塞里和多塞特不断地寻找尽可能偏僻的地方建造家园时，他从未忘记为弱势人群或受到威胁的人而操劳。他不断地为那些社会底层人群、受剥削的人、贫困的人、流离失所的人的权利而奋争：像威尔士乡下的穷人、亚马孙和新几内亚的原住民、伦敦公寓里的城市工人和受到殖民、恶政和军国主义压迫的受害人。在他所保存的信件中，很多来自陌生人，其中几封仅仅因为他喜欢它们的奇思异想，有一封写道："如果你认识老英雄华莱士，请转达我对他的最美好祝愿。"现在，我们终于可以颂扬这个一身魄力的老英雄，他独立地创造了自然选择理论——用最简单的话说，即适者生存——并把他的后半生献给了宣扬合作和利他主义是加速人类完美的途径。

阿尔弗雷德·拉塞尔·华莱士，罗杰·雷明顿绘，1988年

# 插图来源

大自然的收集者：华莱士的发现之旅

P233 California Horned Lizard, *Phrynosoma coronatum frontale* (Elizabeth Raby)

P245 Architectural drawing of The Dell, Grays (Wallace, private collection)

P246 The Dell (Elizabeth Raby)

P254 Acorns (Wallace, private collection)

P263 Redwood leaf, *Sequoia sempervirens* (Elizabeth Raby)

P289 *Gentiana vema* (Elizabeth Raby)

P292 Corfe view (Watercolour, private collection)

P302 Family picnic at Badbury Rings (private collection)

P310 The Old Orchard, Broadstone (private collection)

P313 Blue Puya (Marianne North, Royal Botanic Gardens, Kew)

P325 Skull of Babirusa (Wallace, *The Malay Archipelago*)

P329 Wallace's funeral (private collection)

P331 Birdwing Butterfly, *Ornithoptera croesus* (Elizabeth Raby)

P341 Alfred Russel Wallace (Commemorative portrait by Roger Remington, 1998, for The Linnean Society of London)

插图来源

# 参考资料与著作

## 参考资料

华莱士的笔记本、日记、书籍手稿和信件留存数量众多，但收藏在不同的地方。主要收藏包括：

美国哲学学会（华莱士的来信和与华莱士有关的信件）

大英图书馆（大量的书信）

剑桥大学图书馆（给达尔文、塞缪尔·史蒂文斯、阿尔弗雷德·牛顿的信）

伦敦帝国学院（给赫胥黎的信）

林奈学会（书信；关于马来群岛的笔记本；杂志；带注释的书籍）

伦敦自然博物馆（信件；两本笔记本；亚马孙的鱼的图画）

英国皇家植物园，邱园（给胡克、西塞尔顿-戴尔等人的信；还包括华莱士给斯普鲁斯和米腾的信）

牛津自然博物馆，霍普图书馆（给梅尔多拉、波尔顿的信）

皇家地理学会（华莱士的来信和关于华莱士的信）

伦敦大学学院（给高尔顿的信）

华莱士家族（信件、笔记本、手稿、讲义、图纸）

伦敦动物学会（华莱士给斯克莱特的信）

另见McKinney (1972), in *Archives of British Men of Science, Guides to Sources of British History, Natural History Manuscript Resources in the British Isles* etc.

# 阿尔弗雷德·拉塞尔·华莱士的主要著作

关于华莱士大量的文章、评论和信件的出处，见 Charles H. Smith (ed.), *Alfred Russel Wallace: An Anthology of His Shorter Writings* (Oxford University Press, 1991),

*Palm Trees of the Amazon and their Uses* (John Van Voorst, 1853)

*A Narrative of Travels on the Amazon and Rio Negro, with an Account of the Native Tribes, and Observations on the Climate, Geology, and Natural History of the Amazon Valley* (Reeve and Co., 1853; 2nd edn, Minerva Library, Ward, Lock and Co., 1889)

*The Malay Archipelago: The Land of the Orang-utan and the Bird of Paradise: A Narrative of Travel with Studies of Man and Nature*, 2 vols. (Macmillan and Co., 1869)

*Contributions to the Theory of Natural Selection* (London and New York, Macmillan and Co., 1870)

*On Miracles and Modern Spiritualism: Three Essays* (James Burns, 1875)

*The Geographical Distribution of Animals; with a Study of the Relations of Living and Extinct Faunas as Elucidating the Past Changes of the Earth's Surface*, 2 vols. (Macmillan and Co., 1876)

*Tropical Nature, and Other Essays* (London and New York, Macmillan and Co., 1878)

*Australasia,* edited and extended (Stanford's Compendium of Geography and Travel, Edward Stanford, 1879)

*Island Life: or, The Phenomenon and Causes of Insular Faunas and Floras, Including a Revision and Attempted Solution of the Problem of Geological Climates* (Macmillan and Co., 1880)

*Land Nationalisation: Its Necessity and its Aims; Being a Comparison of the System of Landlord and Tenant with that of Occupying Ownership in their Influence on the Well-being of the People* (Trübner and Co., 1882)

*Bad Times: An Essay on the Present Depression of Trade, Tracing it to its Sources in Enormous Foreign Loans, Excessive War Expenditure, the Increase of Speculation and of Millionaires, and the Depopulation of the Rural Districts; with Suggested Remedies* (London and New York, Macmillan and Co., 1889)

*Darwinism: An Exposition of the Theory of Natural Selection with Some of its Applications* (London and New York, Macmillan and Co., 1889)

*Natural Selection and Tropical Nature: Essays on Descriptive and Theoretical Biology* (London and New York, Macmillan and Co., 1891)

*The Wonderful Century: Its Successes and its Failures* (Swann Sonnenschein and Co., 1898)

*Studies Scientific and Social*, 2 vols. (Macmillan and Co., 1900)

*Man's Place in the Universe: A Study of the Results of Scientific Research in relation to the Unity or Plurality of Worlds* (Chapman and Hall Ltd, 1903)

*My Life: A Record of Events and Opinions*, 2 vols. (Chapman and Hall Ltd, 1905; new edn, condensed and revised, Chapman and Hall Ltd, 1908)

*Is Mars Habitable? A Critical Examination of Professor Percival Lowell's Book 'Mars and its Canals', with an Alternative Explanation* (Macmillan and Co., 1907)

Spruce, Richard, *Notes of a Botanist on the Amazon and Andes,* edited by A.R. Wallace, 2 vols. (Macmillan and Co., 1908)

*The World of Life: A Manifestation of Creative Power, Directive Mind and Ultimate Purpose* (Chapman and Hall Ltd, 1910)

*Social Environment and Moral Progress* (London, New York, Toronto and Melbourne, Cassell and Co., 1913)

*The Revolt of Democracy* (London, New York, Toronto and Melbourne, Cassell and Co., 1913)

## 其他资料

Baker, D. B.,'Pfeiffer, Wallace, Allen and Smith: the Discovery of the Hymenoptera of the Malay Archipelago', *Archives of Natural History*, 23 (1995), 153-200

Bates, Henry Walter, *The Naturalist on the River Amazons*, with a memoir by Edward Clodd, 2 vols. (John Murray, 1892)

Beddall, Barbara G.,'Wallace, Darwin, and the theory of natural selection', *Journal of the History of Biology*, 1 (1968), 261-323

——(ed.), *Wallace and Bates in the Tropics* (Macmillan, 1969)

——'Wallace, Darwin, and Edward Blyth: further notes on the development of evolutionary theory', *Journal of the History of Biology*, 5 (1972), 153-8

Brackman, Arnold C., *A Delicate Arrangement: The Strange Case of Charles Darwin and Alfred Russel Wallace* (New York, Times Books, 1980)

Bronowski, Jacob, *The Ascent of Man* (BBC Publications, 1973)

Brooks, John L., *Just Before the Origin: Alfred Russel Wallace's Theory of Evolution* (New York, Columbia University Press, 1984)

Browne, Janet, *The Secular Ark: Studies in the History of Biogeography* (New Haven and

London, Yale University Press, 1983)

——*Charles Darwin: Voyaging, Volume 1 of a Biography* (Jonathan Cape, 1995)

Burkhardt, Frederick, Sydney Smith *et al.* (eds.), *The Correspondence of Charles Darwin*, vols 1-11, (Cambridge University Press, 1985- )

Camerini, Jane R., 'Wallace in the Field', *Osiris*, 2nd. ser., II (1987), 44-65

——'Evolution, Biogeography and Maps: An Early History of Wallace's Line', *Isis* 84 (1993), 44-65

Clements, Harry, *Alfred Russel Wallace: Biologist and Social Reformer* (Hutchinson and Co., 1983)

Clodd, Edward, Memoir, *see* Bates (1892)

Colp Jr., Ralph, '"I will gladly do my best": How Charles Darwin Obtained a Civil List Pension for Alfred Russel Wallace', *Isis* 83, I (1992), 2-27

Darwin, Charles, *Journal of Researches into the Geology and Natural History of the various Countries visited by H.M.S. 'Beagle'*(Henry Colburn, 1839; rev. edn, 1845)

——*On the Origin of Species by Means of Natural Selection, or the Preservation of Favoured Races in the Struggle for Life* (John Murray, 1859)

——*The Descent of Man, and Selection in Relation to Sex*, 2 vols. (John Murray, 1871)

Darwin, Francis (ed.), *The Life and Letters of Charles Darwin*, 3 vols. (John Murray, 1888)

Darwin-Wallace Centenary Celebrations, *Proceedings of the Linnean Society of London*, 170 (1958), 119

Daws, Gavan, and Marty Fujita, *Archipelago, the Islands of Indonesia: From the Nineteenth-Century Discoveries of Alfred Russel Wallace to the Fate of Forests and Reefs in the Twenty-First Century* (Berkeley and Los Angeles, University of California Press, 1999)

Desmond, Adrian, *Huxley: The Devil's Disciple* (Michael Joseph, 1994)

——and James Moore, *Darwin* (Michael Joseph, 1991)

——*Huxley: Evolution's High Priest* (Michael Joseph, 1997)

Durant, John R., 'Scientific naturalism and social reform in the thought of Alfred Russel Wallace', *British Journal of the History of Science*, 12 (1979), 31-58

Eaton, George, *Alfred Russel Wallace, 1823-1913, Biologist and Social Reformer: A Portrait of his Life and Work and a History of Neath Mechanics Institute and Museum, Neath* (W. Whittington Ltd, 1986)

Edwards, William H., *A Voyage up the River Amazon, Including a Residence at Pará* (John Murray, 1847)

Eiseley, Loren, *Darwin's Century: evolution and the men who discovered it* (New York, Doubleday, 1958)

Fichman, Martin, *Alfred Russel Wallace* (Boston, Twayne, 1981)

Gardiner, B.G. 'The Joint Essay of Darwin and Wallace', *The Linnean*, II (1) (1995), 13-24

George, Wilma, *Biologist Philosopher: a study of the life and writings of Alfred Russel Wallace* (Abelard-Schuman, 1964)

Gould, Stephen Jay, 'Wallace's fatal flaw', *Natural History* 89 (1980), 26-40

Huxley, Leonard (ed.), *The Life and Letters of Thomas Henry Huxley*, 2 vols (Macmillan, 1900)

——(ed.), *The Life and Letters of Sir Joseph Dalton Hooker*, 2 vols. (John Murray, 1918)

Knapp, Sandra, *Footsteps in the Forest: Alfred Russel Wallace in the Amazon* (Natural History Museum, 1999)

Kohn, David (ed.), *The Darwinian Heritage* (Princeton NJ, Princeton University Press, 1985)

Kottler, Malcolm J., 'Alfred Russel Wallace, the origins of man, and spiritualism', *Isis*, 65 (1974), 145—92

——'Charles Darwin and Alfred Russel Wallace: Two Decades of Debate over Natural Selection', in David Kohn (ed.), *The Darwinian Heritage*, 367-431

Loewenberg, Bert J., *Darwin, Wallace, and the Theory of Natural Selection* (Cambridge, Mass., Arlington Books, 1959)

Lyell, K. M. (ed.), *The Life, Letters and Journals of Sir Charles Lyell*, 2 vols. (John Murray, 1881)

McKinney, H. Lewis, 'Alfred Russel Wallace and the discovery of natural selection', *Journal of the History of Medicine and Allied Sciences* 21 (1966), 333—57

—— 'Wallace's earliest observations on evolution', *Isis*, 60 (1969), 370-73

—— *Wallace and Natural Selection* (New Haven and London, Yale University Press, 1972)

Malinchak, Michele, 'Spiritualism and the Philosophy of Alfred Russel Wallace', Ph.D. thesis, Drew University, Madison, New Jersey, 1987 Marchant, James (ed.), *Alfred Russel Wallace: Letters and Reminiscences*, 2 vols. (Cassell, 1916)

Mayr, Ernst, *The Growth of Biological Thought: Diversity, Evolution, and Inheritance* (Cambridge, Mass., Harvard University Press, 1982)

Moore, James R., 'Wallace's Malthusian Moment: The Common Context Revisited', in Bernard Lightman (ed.), *Victorian Science in Context* (Chicago University Press, 1997), 290-311

Oppenheim, Janet, *The Other World: Spiritualism and Psychical Research in England,*

*1850-1914* (Cambridge University Press, 1985)

Pantin, C. F. A., 'Alfred Russel Wallace', *Proceedings of the Linnean Society of London*, 170 (1959), 219—26

——'Alfred Russel Wallace: his pre-Darwinian Essay of 1855', *Proceedings of the Linnean Society of London*, 171 (2) (1960), 139—53

Poulton, E. B., 'Alfred Russel Wallace, 1823-1913', *Proceedings of the Royal Society of London*, ser. B 95 (1924), 1-35

Prance, Ghillean T., 'Alfred Russel Wallace', *Linnean* 15 (1) (1999), 18-36

Quammen, David, *The Song of the Dodo: Island Biogeography in an Age of Extinction* (Hutchinson, 1996)

Schwartz, Joel S., 'Darwin, Wallace, and The Descent of Man', *Journal of the History of Biology*, 17 (1984), 271-89

——'Alfred Russel Wallace and "Leonainie": a hoax that would not die', *Victorian Periodicals Review*, 17 (1984), 3-15

——'Darwin, Wallace, and Huxley, and Vestiges of the Natural History of Creation', *Journal of the History of Biology*, 23 (1990), 127-53

Spruce, Richard, *Notes of a Botanist on the Amazon and Andes*, see Wallace (1908)

Severin, Tim, *The Spice Islands Voyage: In Search of Wallace* (Little, Brown and Co., 1997)

Smith, Charles H. (ed.), *Alfred Russel Wallace: An Anthology of his Shorter Writings* (Oxford University Press, 1991)

Smith, R., 'Alfred Russel Wallace: Philosophy of Nature and Man', *British Journal of the History of Science*, 6, 2, 22 (1972), 179-91

Turner, Frank M., *Between Science and Religon: the Reaction to Scientific Naturalism in late Victorian Britain* (New Haven and London, Yale University Press, 1974)

Williams-Ellis, Amabel, *Darwin's Moon: A Biography of Alfred Russel Wallace* (Blackie, 1966)

Wilson, John G., *The Forgotten Naturalist: In Search of Alfred Russel Wallace* (Kew, Victoria, Arcadia, 2000)

Wilson, Leonard G. (ed.), *Sir Charles Lyell's Scientific Journals on the Species Question* (New Haven, Yale University Press, 1970)

Wollaston, A. F. R., *Life of Alfred Newton* (John Murray, 1921)

Young, Robert M., *Darwin's Metaphor: Nature's Place in Victorian Culture* (Cambridge University Press, 1985)

大自然的收集者：华莱士的发现之旅

# 译名对照

## 图书、报纸、期刊与文章

A Defence of Modern Spiritualism 《为现代唯灵论辩护》（文章）

A Delicate Arrangement: the Strange Case of Charles Darwin and Alfred Russel Wallace 《一个精心的安排：达尔文与华莱士的离奇案件》（文章）

A Narrative of travels on the Amazon and Rio Negro 《亚马孙河与内格罗河游记》（图书）

American Museum 《美国博物馆》（文章）

Annals and Magazines of Natural History 《博物学年鉴和期刊》（期刊）

Anthropological Review 《社会学评论》（期刊）

Anticipation and Hope of the Immediate Future 《对不远的未来的期待和希望》（文章）

Are the Phenomena of Spiritualism in Harmony with Science? 《唯灵论现象与科学协调吗?》（文章）

Athenaeum 《雅典娜神殿》（期刊）

Australasia 《澳大拉西亚》（图书）

Bad Times: An Essay on the Present Depression of Trade, tracing it to its Sources in Enormous Foreign Loans, Excessive War Expenditure, the Increase of Speculation and Millionaires, and the Depopulation of Rural Districts; with Suggested Remedies 《困难时期：一篇关于当今贸易萧条的论文，在巨大国外贷款、过度战争开销、投机和百万富翁剧增和农村人口减少中寻找根本原因；并提出了解决方案》（文章）

Banner of Light 《光明旗帜》（期刊）

Biologist Philosopher 《生物哲学家》（图书）

Clarion 《号角》（期刊）

On Miracles and Modern Spiritualism　《论奇迹和现代唯灵论》（文章）

On the Geographical Distribution of Animal Life　《论动物的地理分布》（文章）

On the Progress of Civilisation in Northern Celebes　《关于北西里伯斯岛文明的发展》（文章）

On the Tendency of Varieties to Depart Indefinitely from the Original Type　《论变种与原种无限偏离的倾向》（文章）

Pall Mall Gazette　《蓓尔美街报》（报纸）

Palm trees of the Amazon and their uses　《亚马孙的棕榈树及其用途》（图书）

People's Museum　《人民的博物馆》（文章）

Pigeons of the Malay Archipelago　《马来群岛的鸽子》（文章）

Principles of Geology　《地质学原理》（图书）

Progress of Civilisation in Northern Celebes　《北西里伯斯岛文明的发展》（文章）

Quarterly Journal of Science　《科学季刊》（期刊）

Quarterly Review　《评论季刊》（期刊）

Social Environment and Moral Progress　《社会环境和道德进步》（图书）

Studies Scientific and Social　《科学和社会研究》（图书）

The "Why" and "How" of Land Nationalisation　《土地国有化的"原因"和"方法"》（文章）

The Antiquity of Man in North America　《北美人的原始时代》（文章）

The Bird of Paradise in the Arabian Nights　《阿拉伯之夜的极乐鸟》（文章）

The Descent of Man　《人类的由来》（图书）

The Development of Human Races under the Law of Natural Selection　《人类在自然选择定律下的发展》（文章）

The Expressiveness of Speech　《演讲的表达性》（文章）

The Field　《野外》（期刊）

The Geographical Distribution of Animals　《动物的地理分布》（图书）

The Ice Age and its Work　《冰川时期和它的作用》（文章）

The Life and Letters of Charles Darwin　《达尔文的一生及书信》（图书）

The Limits of Natural Selection as Applied to Man　《自然选择应用于人类的局限性》（文章）

The Malay Archipelago　《马来群岛自然科学考察记》（图书）

The Measurement of Geological Time　《地质时间的测量》（文章）

The Origin of Human Races from the Theory of Natural Selection　《从自然选择理论看人种的起源》（文章）

## 人名与机构名称

译名对照

357

## 地名

Ceylon (Sri Lanka) 锡兰（斯里兰卡）

Cincinnati 辛辛那提

Coupang 古邦

Davos 达沃斯

Dobbo 多波岛

Dodinga 多丁阿

Dolgellau 多尔盖莱

Dorey 多瑞

Ega 额伽

Egypt 埃及

Etna (volcano) 埃特纳火山

Flores 弗洛雷斯岛

Frith Hill 弗里斯山

Galapagos Islands 加拉帕戈斯

Gilolo (Halmahera) 济罗罗岛（哈马黑拉岛）

Gnoll Estate 格诺尔地产商

Goram 戈拉姆岛

Grays 格雷斯

Guama river 瓜马河

Guaribas rapids 瓜里巴斯急流

Guía 吉亚

Hertford 赫特福特

Higham Gobion 海厄姆戈比恩

Hoddesdon 霍兹顿

Hurstpiepoint 赫斯特派波因特

Isánna river 伊沙纳河

Jauarite 加维莱特

Java 爪哇岛

Javíta 哈维塔

Ke Islands 卡伊群岛

Kew 皇家植物园（邱园）

Kington 金顿

Lake District 湖区

Leicester 莱斯特

Llanberis 兰贝里斯

Llandrindod Wells 兰德林多德韦尔斯

Lobo Raman 洛博拉曼

Lombok 龙目岛

Macassar 望加锡

Magury 马古里

Malacca 马六甲

Malta 马耳他

Menado 万鸦老

Mexiana 梅希亚纳岛

Moluccas 摩鹿加群岛

Montealagre 蒙特阿莱格雷

Mucura 穆库拉

Muka 穆卡

Mysol 密索尔岛

Nazaré 纳扎雷

Neath 尼思

New Guinea 新几内亚

New York 纽约

Obydos 奥比多斯

Ophir, Mount 俄斐山

Orinoco river 奥里诺科河

palembang 巴邻旁

Pangrango 庞朗奥火山

Pará (Belém) 帕拉

Penang 槟榔屿

Peru 秘鲁

Pimichin 皮米清

Rockie Mountains 落基山脉

Sadong diver 沙东河

Santarem 圣塔伦

Santubong Mountain 山都望山

Santubong river 山都望河

译名对照

363

São Carlos　圣卡洛斯

São Gabriel　圣加夫列尔

São Jeronymo　圣热罗尼穆

São Joaquim　圣若阿金

Sarawak (Kuching)　沙捞越（古晋）

Sarawak river　沙捞越河

Sedingole　锡当奥利

Serra de Cobatí　科巴蒂山

Serra of Cocoí　可可伊山脉

Simunjan　实文然

Simunjan river　实文然河

Singapore　新加坡

Soulbury　索尔伯里

Sourabaya　泗水

Stockton (America)　斯托克顿

Sumatra　苏门答腊

Switzerland　瑞士

Tapajóz river　塔帕若斯河

Ternate　特尔纳特

Timor　帝汶岛

Tocantins river　托坎廷斯河

Tómo　托莫

Torquay　托基

United States of America　美国

Usk，river　阿斯克河

Vaupés river　沃佩斯河

Villa Nova　维拉诺瓦

Wadhurst　沃德赫斯特

Wahai　瓦哈伊

Waigiou　卫吉岛

Wales　威尔士

Wanumbai　瓦努白

Washington　华盛顿

Welburn　威尔伯恩

Wokan　沃坎岛

## 物种名

agouti　刺豚鼠

*Alchemilla alpina*　高山羽衣草

androsaces　点地梅

ant-thrushes　蚁鸫

*Apatura iris*　紫闪蛱蝶

*Apis dorsata*　大蜜蜂

aquilegia　耧斗菜

*Argus pheasant*　大眼斑雉

*Arnica cordifonia*　山金车茜草

assai-palm　菜椰

*Attalea funifera*　纤维直叶椰

babirusa　鹿豚

barbet　拟啄木

bee orchid　蜂兰

beech　水青冈

bell bird　钟伞鸟

blue puya　蓝普雅花

buprestid　吉丁虫

butterfly orchid　拟蝶唇兰

*Cacatua sulphurea*　小葵花凤头鹦鹉

*Caiman gibbus*　驼背凯门鳄

cajuputi　白千层树

*Callithea sapphira*　撒非喇蝴蝶

caripe tree　"卡里佩树"

*Cedrela odorata*　洋椿

*Cephalopterus ornatus*　亚马孙伞鸟

364

译名对照

365

*Papilio rhesus*　小燕尾蝶

*Papilio ulysses*　天堂凤蝶

*Paradisaea apoda*　大极乐鸟

*Paradisaea rubra*　红极乐鸟

*Parnassia fimbriata*　花篮梅花草

paxiuba　高跷桐

*Pericrocotus miniatus*　巽他山椒鸟

pirahiba　鸭嘴鱼

pitcher plant　猪笼草

*Pitta elegans*　华丽八色鸫

primula　报春花

*Primula impeialis*　大樱草

rhacophorus　树蛙

sandfly　白蛉

sapiutan　倭水牛

sauba ants　切叶蚁

*Saxifraga magellanica*　星虎耳草

*Saxifraga nivalis*　雪花虎耳草

saxifrages　虎耳草

*Semioptera wallacii*　幡羽极乐鸟

siamang　合趾猿

*Simethus bicolor*　双色百合花

skunk　臭鼬

St John's wort　贯叶连翘

*Swainsona formosa*　沙鹦豆

*Thalictrum alpinum*　高山唐松草

toucan　巨嘴鸟

trilliums　延龄草

*Trogonoptera brookiana*　红颈鸟翼凤蝶

trogons　咬鹃

walking-stick insects　竹节虫

waxwing　太平鸟

Yellow Dogtooth Violet　美洲猪牙花

**图书在版编目（CIP）数据**

大自然的收集者：华莱士的发现之旅 /（英）彼得·雷比著；赖路明译. — 北京：商务印书馆，2020
ISBN 978 - 7 - 100 - 19121 - 0

Ⅰ. ①大…　Ⅱ. ①彼…②赖…　Ⅲ. ①科学家 — 传记 — 英国 — 近代　Ⅳ. ①K835.616.1

中国版本图书馆 CIP 数据核字（2020）第182489号

大 自 然 的 收 集 者
华莱士的发现之旅

〔英〕彼得·雷比　著

赖路明　译

商 务 印 书 馆 出 版
（北京王府井大街36号·邮政编码 100710）
商 务 印 书 馆 发 行
山 东 临 沂 新 华 印 刷 物 流
集 团 有 限 责 任 公 司 印 刷
ISBN　978 - 7 - 100 - 19121 - 0

2021年1月第1版　　　　开本 787×1092　1/16
2021年1月第1次印刷　　印张 23½

定价：75.00元